全球价值链视角下中国对外投资结构优化研究

沈桂龙 等著

The Optimization of the Chinese ODI Structure under Global Value Chains

上海交通大学出版社
SHANGHAI JIAO TONG UNIVERSITY PRESS

内容提要

本书从全球价值链理论发展、趋势与特点以及与国际直接投资理论的交叉与融合关系出发,剖析基于全球价值链视角的对外直接投资问题,对基于全球价值链视角的中国产业竞争优势,中国对外投资发展与投资结构特点,基于全球价值链视角的中国对外绿地投资、跨国并购与中国跨国公司全球价值链布局,中国对外投资结构优化的基本路径与方式,发达国家对外国投资限制及对中国对外投资的影响,以及中国对外直接投资结构优化的供给侧改革等问题展开了详细论述。并在此基础上,针对中国提升全球价值链中的分工地位,采取多渠道并举、多维协同的投资方式,找准全球价值链高端环节的切入口,降低边际产业和富余产业转移的社会、政治风险等问题提出一系列对策建议。

本书适合相关专业的研究者、高校师生阅读和参考。

图书在版编目(CIP)数据

全球价值链视角下中国对外投资结构优化研究/沈桂龙等著.—上海:上海交通
大学出版社,2020
ISBN 978-7-313-23305-9

Ⅰ.①全…　Ⅱ.①沈…　Ⅲ.①对外投资—投资结构—研究—中国
Ⅳ.①F832.6

中国版本图书馆 CIP 数据核字(2020)第 094464 号

全球价值链视角下中国对外投资结构优化研究
QUANQIU JIAZHILIAN SHIJIAO XIA ZHONGGUO DUIWAI TOUZI JIEGOU
YOUHUA YANJIU

著　　者:沈桂龙　等
出版发行:上海交通大学出版社　　　　地　　址:上海市番禺路 951 号
邮政编码:200030　　　　　　　　　　电　　话:021-64071208
印　　制:江苏凤凰数码印务有限公司　经　　销:全国新华书店
开　　本:710mm×1000mm　1/16　　印　　张:17.25
字　　数:246 千字
版　　次:2020 年 7 月第 1 版　　　　　印　　次:2020 年 7 月第 1 次印刷
书　　号:ISBN 978-7-313-23305-9
定　　价:75.00 元

前　言

　　近年来,随着中国经济实力不断增强,"走出去"与"引进来"并重,中国对外投资速度持续加快。2002—2018 年,中国对外直接投资流量年均增长速度高达 28.2%,2014 年首次成为净资本输出国,现已成为全球对外投资中的前三名投资大国。2019 年,中国对外直接投资 1 106 亿美元,较上年略有下降,中国境内投资者共对全球 166 个国家和地区的 5 791 家境外企业开展非金融类直接投资。

　　在中国对外投资迅速增长的过程中,一方面,中国对外投资集中于原材料供给、产品加工制造以及商业销售的全球价值链低端和低附加值环节,即仍处于微笑曲线的中部和底部,说明中国对外投资结构需要适应国家创新驱动战略,沿全球价值链增值环节优化;另一方面,在国内产业转型和"一带一路"倡议推出的大背景下,中国边际产业如何对外转移、化解过剩产能,在全球价值链的地区布局中平衡好对外投资,是中国对外投资结构亟待解决的重要问题。在中美贸易摩擦加剧,美国意图低端锁定中国全球产业链,甚至推动中美技术乃至产业脱钩的大背景下,通过投资结构优化倒逼国内产业结构升级的问题愈加显得重要而紧迫。

　　国际直接投资理论的演变和发展表明,对外投资与产业的互动关系不断增强,基于全球价值链布局的直接投资,不仅是发达国家跨国公司的重要考量,也是发展中国家跨国企业培育和提升竞争优势的重要手段。本书将全球价值链理论置于中国对外直接投资的现实问题中加以研究,可以从特定视角解释中国当前对外投资中的现实问题,并从组织结构、地理分布和投资主体三个方面展开研究,从而将国际直接投资理论、价值链理论和产业组织理论更好地融合并在实际问题中加以运用。

从理论和实践的角度看,中国经济转型以及创新驱动的战略任务,"一带一路"倡议的推进,需要中国对外投资双向并进,兼顾国内外产业互动、升级,平衡全球价值链高端升级与相对比较优势产业的低端转移。在工业文明向信息文明过渡的发展阶段,互联网技术迅猛发展,价值模块重组全球价值链,中国对外投资在充分发挥比较优势的同时,应通过培育竞争优势,采取发展中国家经济属性决定的产业选择次序均衡的渐进突破策略,在"渐进"的边际产业转移与小部分高端产业对外直接投资"突破"的均衡中积累优势,有助于中国更好实现对外投资结构转型,逐步提高在全球价值链中的话语权和控制力。

中国提升在全球价值链中的分工地位,对外投资应多渠道并举,采取境外上市、股权置换、跨国并购等国际通行的跨国投资,而不能仅仅采用绿地投资的方式。对外投资应找准全球价值链高端环节切入口,减少对外投资的各种阻力。边际产业和富余产业转移应和公益投资、社会责任、慈善捐赠相结合,降低可能出现的政治和社会风险。对外投资的多维协同,一是政府规制与市场力量要协同;二是产业选择与区域发展应协同;三是对外投资与资本流向选择要协同。特别重要的是,中国应培养具有竞争力的本土跨国公司,并利用好跨境园区布局全球价值链条。

对外投资结构与全球价值链之间的紧密关联,在产业链全球布局、资本全球配置的大背景下显得非常突出。本书在分析中国产业链和对外投资结构现状的基础上,提出了优化对外投资结构以提升中国全球价值链的有关建议,这对于中国建立在强势产业基础上的国家竞争优势具有非常深远的意义。但在中美经济竞争加剧,美国试图在多方面与中国脱钩并重置产业价值链的新形势下,一些重大突发变量,比如新型冠状病毒疫情的出现,对中美投资阻断、产业链条重置产生的巨大影响,本书未能及时分析,这是本书的遗憾,但反过来这也为未来的相关深入研究提供了契机,打开了重新思考、进一步研究的广阔空间。

目　录

第一章

全球价值链理论与国际直接投资理论

自第二次世界大战以来,技术和生产方式经历了多次革新,技术进步带来的企业产能的提升使得跨国间的贸易越来越频繁,贸易的全球化进程日益加快。在全球贸易刚刚发展起来的时候,生产主要由发达国家的企业完成。随着贸易全球化的加深,发达国家逐渐将一些非核心的生产和服务等业务分离出去,由此产生了生产的垂直分离和国际分工。各国企业间生产体系整合和国际分工的趋势也越来越明显,同一产品的研发、设计、生产、营销、分销和针对最终消费者的售后服务等环节通常不再是在同一地区或同一国家完成,而是分布在全球不同地区,呈现出区域空间上的分割性,同时生产活动也在这段时期出现了快速的功能性整合。全球价值链描述了这些企业将一种产品从无形的概念变成有形的实际产品或服务并传到消费者手中的全球性布局的一系列活动,其一系列活动的发生过程也是产品增值的过程。在全球价值链中,跨国公司的行为起着举足轻重的作用,而跨国公司在国际上的行为通常都是通过对外直接投资来完成的。

本章将在梳理全球价值链理论发展、趋势以及特点,阐述国际直接投资理论的沿革和国际直接投资对全球产业布局影响的基础上,对全球价值链理论和国际直接投资理论的交叉和融合进行归纳,并基于全球价值链视角剖析对外直接投资。

第一节　全球价值链理论的发展、趋势及特点

一、全球价值链理论的发展

全球价值链理论(global value chains，GVC)是在价值链理论的基础上发展而来的。"价值链"的概念最初在 20 世纪 60—70 年代被用来分析矿产出口导向经济体的发展路径，90 年代后价值链的分析方法才开始被广泛使用(Kaplinsky，2004)。对于"价值链"的分析方法，被普遍接受的定义可以追溯到 1985 年美国哈佛大学商学院教授迈克尔·波特(Michael E. Porter)所著的《竞争优势》一书，它将企业的活动分成了产品的设计、生产、营销和分销等互相分离的活动。通过价值链分解企业战略的相关活动，我们能够理解企业如何控制成本以及企业现有的和潜在的差异的来源，从而理解企业的竞争优势(Porter，1985)。波特认为，一家企业的价值链内嵌于由大量活动组成的价值系统中。在这个价值系统中，产品通过供应商价值链(上游价值)传递到生产最终产品的企业，再经由渠道价值链到达买家价值链，且各个价值链中的活动不是相互独立而是相互联系的，企业的竞争优势往往就来源于最优化和协调各环节的活动。波特的价值链概念为 GVC 的提出奠定了基础。

和波特出版《竞争优势》差不多同时，柯古特(Kogut)使用增值链(value-added chain)的概念来分析企业全球战略的设计。增值链指技术、原材料和劳动力投入相结合，然后被处理过的投入品被组装、销售和分配的过程，一家企业可能仅仅是这个过程中的一个节点，也可能在这个过程中被广泛地垂直整合(Kogut，1985)。柯古特认为，企业的国际战略是比较优势和竞争优势相互作用的产物，在高度竞争的市场中设计全球战略时，确定每一环节对总成本贡献度最好的方法是价值链；对于竞争是由产品差异化驱动的行业的战略设计来说，增值链是最好的可以用来分析各环节对市场价值的贡献度的方法。柯古特关于企业在价值链中可能是垂直整合的观点在 GVC 理论的发展过程中有着重要的影响。

GVC 的概念由 Gereffi 等多位研究价值链的学者于 2000 年参加了在意大利贝拉焦(Bellagio)洛克菲勒基金会会议中心举行的会议后正式提出。在定义 GVC 之前,Gereffi 先发展了全球商品链(global commodity chains,GCC)的概念。Gereffi(1994)提出 GCC 根植于一个会产生特定协调贸易的生产系统,这个生产系统将企业的经济活动和能够使公司开发、生产和经销特定商品的技术以及组织网络连接起来。全球商品链意味着企业的经济活动不单在地理上是跨国界的,更意味着这些分布在全球的经济活动有一定程度的功能整合。由此,价值链的分析方法中开始纳入全球的范围。Gereffi(1994)认为,GCC 主要有三个维度:投入—产出结构(an input-output structure)、地域性(territoriality)、治理结构(a governance structure)。在这三个维度中,对于协调跨国生产系统来说最重要的就是治理结构,即权威和权利关系如何决定资金、原材料和人力资源在整条链内的分配和流动。Gereffi 将 GCC 的治理结构分成两种类型——生产者驱动的商品链和购买者驱动的商品链。许多研究基于 Gereffi 对 GCC 的定义和对 GCC 治理结构的分类对价值链进行更进一步的探讨(Gereffi,1999;Gereffi,2014;Humphrey & Schmitz,2002;Kaplinsky,2004;Ponte & Sturgeon,2014;黄永明等,2006)。

Gereffi(1999)在其之前工作的基础上进一步完善了 GCC 理论。通过分析服装行业在全球的价值链分布,Gereffi 提出参与 GCC 对产业升级来说是必要的一步,因为这会使企业和经济体产生潜在的动态学习曲线。经济学理论认为,当人力资本和物质资本相对于劳动力和其他国家的禀赋变得更充足时,国家会在资本和技术密集型产业发展出比较优势。而 Gereffi 的研究表明,产业升级并不出现在随机的一组资本或技术密集型产业或活动中,而是出现在那些在组织上与全球商品链的领导企业有关的产品中。也就是说,产品的升级与企业在价值链中的分工有关。Gereffi 对于领导型企业在产业升级中起着重要作用的观点为后续关于 GVC 中产业升级问题的研究奠定了一定基础(Giuliani et al.,2005;Golini et al.,2018;Humphrey & Schmitz,2002;文嫣和曾刚,2005;张辉,2004;王克岭等,2013)。

Gereffi 等于 2001 年正式提出了 GVC 的概念。GVC 指一系列活动的相对价值,通过这一系列活动,一种产品或服务得以由概念经过不同的生产阶段(包括物质转化和各种生产者服务的投入)到达最终消费者的手中,并在使用后被最终处置(Gereffi et al.,2001)。在研究中,他们将"全球化"和"价值链"两个概念联系在了一起。Gereffi 等人指出,如果生产领域的全球化指分布在全球的活动的功能性整合,那么价值链视角就是一种概念化这种整合所需的形式的一个有效方法。换句话说,价值链是理解生产如何在全球分工的一种有效方法。全球价值链视角将过去仅仅对生产的关注转移到所有参与价值链的活动,如产品设计、营销等。与 GVC 相比,GCC 更关注整个链内的投入—产出结构、价值链在地区的分布和治理问题,即整条价值链内的资源如何分配。GVC 不仅关注这三个问题,还关注升级(不仅包括产业升级,也包括价值链参与者在链内地位的提升)、当地制度、行业利益相关者。根据 Gereffi & Fernandez-Stark(2016)的分类,GCC 考虑的是全球范围内的问题,而 GVC 不仅包括全球范围内的问题,也包括当地的问题。因此,可以认为 GVC 是由 GCC 的概念衍生出来的。

由上述 GVC 概念的脉络梳理可以看出,GVC 的概念是经过了价值链和 GCC 两个概念的发展和整合而产生的。20 世纪中期以来,尤其是进入 21 世纪后,是贸易全球化蓬勃发展的一段时期。当发达国家的企业没有足够的产能或希望降低成本时,越来越多的发展中国家开始被纳入全球生产中,成为某个行业 GVC 中的一环,产生了被 Arndt & Kierzkowski(2001)称为"碎片化"(fragmentation)的现象,即跨国界的组件专业化和生产共享。20 世纪 90 年代后,GVC 或相似概念的分析方法(如 GCC)变得盛行起来,关于这些概念的研究颇多。本节的以下部分将对这些文献做一梳理,并分析 GVC 概念发展的趋势和特点。

二、全球价值链理论发展的趋势和特点

关于 GVC 研究的一个重要关注点是在全球范围拓展的价值链中价值是如何创造和捕捉的(Golini et al.,2018)。目前,诸多文献主要从治理和升级两方面来讨论 GVC。GVC 中的治理主要关注全球产业中的领导型企业和组织,是一个自上而下的视角;升级主要关注国家、地区和其他利益相

关者采取的保持或提升自身在全球经济中地位的战略,是一个自下而上的视角(Gereffi & Fernandez-Stark,2016)。这一部分将从这两个角度对GVC理论的发展做一梳理,并分析 GVC 研究的发展趋势。

(一) 全球价值链中的治理

Gereffi(1994)研究 GCC 时提出了治理结构,他将治理结构定义为权威和权利关系,这种关系决定了资金、原材料和人力资源如何在一条链中分配和流动,且从治理结构角度将商品链分成两类——生产者驱动的商品链和购买者驱动的商品链。这个治理的概念与之后研究 GVC 的文献中的治理的涵义是一致的。生产者驱动的商品链指那些跨国企业或其他大型综合性工业企业在控制生产系统中起着中心作用的行业;相对的,购买者驱动的商品链指的是那些大型零售商、品牌商品销售商和贸易公司在设立分散的生产网络时起着关键作用的行业,这些生产网络往往处于第三世界国家的出口型国家中(Gereffi,1994)。也就是说,根据 Gereffi 的定义,治理对于优化整条价值链(如成本最小化、利润最大化)或协调价值链中各部门的活动(如分配各部门的利益)起到了至关重要的作用。查日升(2015)认为,在经济一体化的过程中发展中国家和发达国家的权利关系是不对等的,价值链参与者所要遵守的规则不是由市场决定而是由产业的领导者制定,因此导致了GVC 治理的产生。

若干针对 GVC 的研究强调了治理的重要性。Humphrey & Schmitz(2001)认为治理是全球价值链方法中的一个中心概念,它对发展中国家的生产商进入发达国家的市场、快速提高产能、理解价值链中的收益分配等问题都有重要的作用。此外,他们认为供应商可能不能按要求生产的风险是价值链治理发展的一个关键驱动力。Kaplinsky(2004)指出 GVC 中治理的重要性是由全球化的性质决定的,而不是因为近几十年全球化时代的贸易程度。全球化时代贸易的复杂性需要复杂的协调形式——不仅是物流方面的(谁什么时候在哪儿运了什么货物),还有关于组件是如何整合到最终产品的设计中的,以及这种整合需要达到什么质量标准,这种协调形式正是治理行为(Kaplinsky,2004)。Gereffi et al.(2005)指出,治理 GVC 对发展中国家的公司理解如何进入全球市场是至关重要的。因为进入发达国家市场越来越依赖于参与由发达国家的企业领导的全球生产网络,因此发展中国家的企业需要通过治理来了解如何提升参与 GVC 的净收益。同时,大量关于 GVC 的研究表明治理结构对于 GVC 中各参与者的升级也是至关重要的,后文将对此做具体分析。

基于管治原则,Kaplinsky(2004)拓展了 Gereffi 的理念,他认为治理还可以分为另外 3 种形式,即规则治理(legislative governance)、司法治理(judicial governance)、执行性治理(executive governance)。Kaplinsky 认为,之所以有些讨论治理的研究无法说清对哪一方实际上在治理一条特定的价值链,而且没有能够意识到在同一条价值链中的不同群体可能会参与不同形式的治理,是因为这些研究没有分清这三种治理形式的区别。与 Gereffi 的生产者驱动和购买者驱动分类不同,Kaplinsky 更多是从治理的功能性角度来进行分类的。

Gereffi et al. (2005)指出,完全基于市场形成的企业间的关系网和垂直化整合的企业间的关系网会形成完全相反的明确协调的范围,而这种网络关系会折中产生一种价值链治理的中间模式。基于此,Gereffi 将 GVC 中的治理分成了 5 种类型——市场治理、模块治理、关系治理、俘虏治理、等级治理。这 5 个 GVC 治理类型对应的价值链内供应商和购买者的关系的依赖程度和合作模式的清晰度依次递增,其中市场治理的价值链中供应商和购买者的关系最为自由,两者转换合作伙伴的成本都很低;模块治理的价值链中供应商相对于购买者更有话语权;关系治理的价值链中转换合作伙伴的成本对两者来说都较高且两者相互依赖;俘虏治理的价值链中购买者的话语权大大高过供应商,对于供应商来说转换成本非常高;等级治理则代表治理权几乎完全在某一方手中,因为该方是价值链中其他参与者的总公司或总部。基于与 Gereffi 等类似的价值链中企业关系的不对等程度,Humphrey & Schmitz(2002)将治理分为放手式市场关系、网络、准等级、等级四种类型。Pietrobelli & Rabellotti(2011)通过巴西、中国台湾和墨西哥的实证研究发现,GVC 治理的类型会受这条链中的创新体系的影响,结构良好且高效的创新体系能够减少交易的复杂程度,从而削弱 GVC 治理的等级度。

相比 Kaplinsky 从另一个角度分类治理类型,Gereffi 等以及 Humphrey 和 Schmitz 对治理的分类可以看作是在 Gereffi 的生产者驱动型治理和购买者驱动型治理的基础上,做出了更细化的分类,因为他们的分类是基于供应商和购买者之间权利的掌控程度来进行的。

Gereffi 等从理论角度提出了治理的 5 种分类,并通过自行车、服装、新鲜蔬菜和电子 4 个行业的案例指出同一条全球价值链的治理结构会随着时间推移演化。除此之外,其他对于产业的研究也为这 5 种治理结构类型提供了现实的例子。比如,Sturgeon & Lee(2001)在研究美国和中国台湾的电子产业时发现,合同制造商与多家全球知名品牌企业合作,同时它们开发了处理技术、组件采购和次要产品设计适应性的技术。在整条价值链中它们转换客户成本很低,所处的价值链治理结构可以被看作是模块治理。而对巴西西诺斯谷的研究发现,鞋类生产商的大量销售额仅依赖于一个或少数大型顾客,而且所生产鞋子的设计也依赖于其顾客的需求(Schmitz, 1999)。在这个例子中鞋类生产商转换客户的成本很高,在价值链中相对于买家对它们的依赖度,它们对买家的依赖度更高,权利更多地掌握在买家手中,这可以被看作是俘虏价值链。

在 Gereffi et al. (2005)归纳出 GVC 治理结构的 5 种形式前,就有文献探讨价值链中各环节产生除市场与等级治理外的关系的原因。Humphrey & Schmitz(2002)在 Powell(1990)的理论基础上指出,之所以会产生处于市场治理和等级治理之间的网络关系(也就是 Gereffi 等提出的模块、关系和俘虏治理结构),是因为相比通过公平的市场关系来协调,价值链中的参与者更需要其他的协调方式,同时他们要避免出现等级关系。Jones et al. (1997)整合了交易成本经济学和社会网络理论,认为网络关系治理结构是因为存在由资产专用性、需求不确定性、任务复杂度和交易频率组成的交换条件。这些交换条件促使企业在结构上内嵌交易,因为这使它们能够利用社会机制来协调和保障彼此之间的交易,也使得网络治理形式比市场治理和等级治理更具优势。这些对产生不同治理结构的解释都是从成本角度出发,为了降低交易成本,GVC 中的权利会向某一方倾斜,但很少会出现一方完全服从另一方的情况(即等级治理结构),从而产生了介于市场治理和等级治理之间的治理结构。

虽然 Gereffi 等关于 GVC 治理结构分类的观点被广泛接受(Golini et al.，2018；Sturgeon et al.，2008；刘明宇和芮明杰，2012)，但是在现在这个和以前经济发展模式非常不同的时代，GVC 的治理结构也许已经发生了改变。到 21 世纪头 10 年的中期为止，华盛顿共识的发展模式已经开始逐渐瓦解。具体表现为美国霸权的衰落，以及由中国和印度领导的大型新兴经济体开始改变机构的生产方式以及会影响全球经济的规则制定方式，在这种情况下，GVC 的治理结构也开始发生变化(Gereffi，2014)。Gereffi 认为，在新的时代条件下，GVC 中的治理结构问题不再是协调分布广泛的、碎片化的、高度分工的全球供应链，而是如何将供应链从 300～500 家供应商"合理化"到 25～30 家供应商，这些新的供应商应该比以前的供应商规模更大、产能更高，同时更能接触到大的市场。也有文献开始提出从新的角度来研究 GVC 中的治理。Gereffi & Lee(2016)使用 Mayer(2014)提出的协同治理 (synergistic governance)概念，指出个人治理(private governance)、社会治理(social governance)和公共治理(public governance)相互协调是推进企业全面和可持续升级的一种重要方式。

综上所述，GVC 中治理的发展主要经历了三个阶段：由生产者驱动和购买者驱动的治理结构；在驱动型治理结构基础上发展出的市场治理、模块治理、关系治理、俘虏治理、等级治理 5 种类型的价值链；符合新的时代特征的治理结构形式，如 Gereffi & Lee(2016)支持的具有协同治理结构的 GVC。之所以 GVC 中会产生不同的治理结构，或者说之所以需要治理存在的原因主要是存在交易成本和交易前后会产生的摩擦，包括资产专用性、需求不确定性、任务复杂度和交易频率等。为了降低交易的成本和摩擦，处于 GVC 中的参与者会形成不同的治理结构，且通常上下游参与者之间的相互依赖度介于市场价值链和等级价值链之间。

(二) 全球价值链中的升级

在一条价值链中，几乎总会存在两种企业，一种企业面对着激烈的竞争，且它们随时可能会被其他企业所取代，在 GVC 的治理结构中通常处于较低的地位；与此相反，另一种企业则具有强竞争力，且通常处于 GVC 治理结构中较高的地位。其中第一种企业往往面临着提升自己的竞争力以免被新进企业挤出的压力,而要提升竞争力,就需要企业进行升级。

目前的研究文献中对于升级的定义尚未统一。Kaplinsky & Morris (2002)提出,企业进入全球经济有两条路径,一条即贫困化增长,通过这条路径进入全球经济的企业面临着激烈的竞争,且处于"逐底竞争";通过另一条路径进入全球经济的企业则有能力进入一个良性循环,实现可持续的收入增长。为什么会产生这样的不同? 其中一个关键的因素在于创新,且不单单是创新本身,如果相对于竞争对手创新较慢,可能仍会导致产品增值下降且市场份额萎缩,因此更重要的是与竞争对手相比有相对快的创新,而这个达到相对快的创新的过程就叫作"升级"(Kaplinsky & Morris,2002)。类似的,Giuliani et al.(2005)定义升级为能够增加增加值的创新。Gereffi & Fernandez-Stark(2011)将升级描述为企业、国家或地区为了增加自己的利益(如安全、利润、增值、能力)通过参与全球生产而在 GVC 中转移到更高价值的活动中。Humphrey & Schmitz(2002)认为创新是指企业生产更好的产品,且能更有效地生产它们,或是参与更需要技术的活动。此外,也有学者认为升级指企业获得了参与具有更高收益且难以被其他公司复制的活动的能力(Navas-Aleman,2011)。尽管诸多文献有不同定义,但这些文献对升级的认识的核心基本上是一致的,即升级是能使企业更具竞争力的行为。

不同行业和不同企业通常会经历具有不同特征的升级过程。学界普遍认为在 GVC 框架下升级有 4 种类型,分别是过程升级(process upgrading)、产品升级(product upgrading)、功能性升级(functional upgrading)和跨部门升级(inter-sectoral upgrading)(Humphrey & Schmitz,2002)。过程升级指通过重组生产系统或引进更高级的技术来提高生产效率;产品升级指转移到更复杂的生产线,以生产单位价值更高的产品;功能性升级指通过增加新的功能或摒弃现有的功能来提高所有活动的技术水平;跨部门升级指产业集群中的企业转移到新的更具生产力的活动中。

尽管有研究认为在给定价值的累进增加是在每一步升级过程中产生的情况下,升级过程可以假定有一个时间上的维度,即企业会由过程升级转移到产品升级,接着再进入功能性升级,但经验证据表明并不一定总是这样,比如企业可能跳过产品升级直接进入功能性升级(Rossi,2011)。Fernandez-Stark et al. (2011)通过案例分析在 Humphrey 和 Schmitz 的基础上又提出了另外 3 种类型的升级——进入价值链、后向连接升级(指一个产业中的当地企业开始向原本就处于一条不同 GVC 中的公司供给可交易的投入和服务)和终端市场升级。Humphrey 和 Schmitz 从商品生产的过程以及产品的性质和企业的活动角度对升级进行了分类,而 Fernandez-Stark et al. (2011)则从企业参加 GVC 过程的角度补充完善了对升级的分类。

大量研究升级的文献通常从两个角度出发,一个是研究 GVC 中企业或产业的经济升级与社会升级之间的关系,另一个是研究 GVC 中治理与升级的关系。社会升级指作为社会角色的工人的权利的提升过程,这个过程加强巩固了他们的就业质量(Barrientos et al. ,2011;Rossi,2011;Gereffi & Lee,2016)。Rossi(2011)较早关注了 GVC 中经济与社会升级的关系,她通过分析摩洛哥服装业的升级情况,发现过程升级、产品升级和功能性升级对社会升级的影响是不同的。她指出,过程升级对改善工人的权利有积极影响,但影响有限;产品升级对社会升级几乎没有影响;而鉴于功能性升级通常是大幅增加生产中的增值幅度和供应商在产品链中的定位的必要升级策略,它会较大地影响社会升级,且这种影响既可以是正面的也可以是负面的,这取决于工人的类型。对于常规工人(具有高技能)来说,当企业经历了功能升级后,他们很可能是升级的主要受益者;而对于非常规工人(具有低技能)来说,他们得到的好处有限,且有可能得不到任何好处,反而遭遇更低的工资和生产压力(Rossi,2011)。Rossi 的研究表明,GVC 中的企业经历升级后,可能同时带来社会的升级和降级。

Barrientos et al. (2011)提供了一个系统地描述经济升级与社会升级轨迹的框架,并分析了经济升级与社会升级发生的机会,以及降级的风险,讨论了经济和社会升级同时发生的条件。他们指出,如果经济升级需要时间上一致的高质量标准,而这种持续的高质量标准最好由稳定、熟练且正规的劳动力实现,那么经济和社会升级就可能是正相关的,尤其是在升级过程促进了工人的生产力的时候。相较于 Rossi 通过案例分析得出的结论,

Barrientos et al. (2011)的研究提供了一个系统研究经济升级与社会升级的架构，以便讨论两个方面的升级之间的相关性。

作为 GVC 研究中的两个重要议题，升级和治理之间的关系是除经济升级与社会升级间关系之外另一个学者们关注的问题。Humphrey & Schmitz(2000)通过分析巴西西诺斯谷的企业的发展情况发现准等级的价值链非常有利于过程和产品升级，但不利于功能性升级；而在基于市场关系的价值链中，功能性升级会更容易出现，过程升级和产品升级的进程往往会更慢；在具有网络特征的价值链中，虽然企业具有理想的升级条件，但由于这种价值链要求企业具有高竞争力，发展中国家的生产商不太可能会经历升级。他们的研究表明在治理上具有不同特征的价值链中的产业或企业面临的升级机会是不同的。Giuliani et al. (2005)分析了拉丁美洲不同产业聚集的升级情况，发现集体效率(指由局部外部经济和集体行动导致的竞争优势)会影响企业的升级，且对不同部门的影响路径是不同的，而企业升级的程度、范围和升级的方式除了受集聚带来的集体效率影响外，也会受它们所处的价值链的治理模式影响。

Golini et al. (2018)利用国际制造策略调查的 22 个国家的制造业的数据研究了治理对包含经济和社会、环境在内的升级的影响，发现买家侧关系型治理有利于所有类型的升级，而供应商侧关系型治理仅促进功能性升级和社会升级。此外，他们的研究还发现供应商侧的俘虏型治理有助于除了产品升级之外的其他类型的升级，买家侧则不利于过程和环境升级。在 Golini 等的研究中供应商侧(买家侧)俘虏型治理指具有更紧密的供应商(买家)间的合作关系，且供应商(买家)的议价能力更高的价值链；供应商侧(买家侧)关系型治理指具有更紧密的供应商(买家)间的合作关系，且供应商(买家)的议价能力中等或较弱的价值链。Ponte et al. (2014)通过研究亚洲主要经济体水产业升级情况，认为虽然俘虏型合作(即治理)模式可能能够促进产品、过程、功能性升级，但其他主要的合作(即治理)机制对亚洲水产业升级轨迹的影响并不明显。从上述文献的观点可以看出，虽然各研究对具体的治理类型如何影响不同类型的升级的结论并不统一，如 Humphrey & Schmitz(2000)发现准等级的价值链不利于功能性升级，

Golini et al. (2018)和 Ponte et al. (2014)却发现俘虏型(即准等级)治理有利于功能性升级,但他们在一点上是统一的,即不同的治理类型对升级的影响是不同的,且影响程度取决于企业或产业经历哪个类型的升级。

除了讨论治理对升级的影响之外,也有文献尝试解释为什么企业的升级会受治理模式的影响。Navas-Aleman(2011)指出不同治理类型对不同类型的升级影响不同可能是因为不同类型的治理对链中的产业或企业的学习和发展能力的改善程度不同。Golini et al. (2018)也提到,不同类型的升级对企业的知识提升、信息的可获得性和技能发展的要求是不同的。

不少学者提出了除治理之外的其他会影响企业或产业在 GVC 中升级的外部因素。Humphrey & Schmitz(2002)指出,对企业来说,尤其是对于想要进行跨部门升级(通过在一个部门中获得的特定产能来进入另一个部门)的企业来说,升级在很大程度上依赖于当地和国家的创新资源。也有研究发现,本国的管理框架强度和公共部门对产业的扶持对升级轨迹有重要的影响,但这个影响仅限于促进产品和过程的升级以及产品数量和种类的增多,对产业内企业的功能升级却几乎没有影响(Ponte et al.,2014)。通过对 40 个发展中国家的实证研究,唐海燕和张会清(2009)发现在人力资本、服务质量和制度环境满足一定条件的情况下,参与产品内分工显著有利于促进在价值链中的升级。对中国制造业的垂直专业化生产的研究发现,垂直专业化生产也会影响 GVC 中的升级,且随着垂直专业化生产的加强,它对升级的正面促进效应先上升后下降,即垂直专业化对升级的影响呈倒"U"形的非线性关系(马红旗和陈仲常,2012)。也有研究发现企业在 GVC 中升级的难易程度与其嵌入位置有关。就中国的企业来说,处于价值链下游的低技术制造业的增值能力更强,比处于价值链中上游的中、高技术企业更容易提升自己在 GVC 中的地位(王岚和李宏艳,2015)。这也就是说,企业的增值能力在一定程度上决定了企业在 GVC 中升级的难易程度,增值能力强的企业更容易提升自己在价值链中的地位。

(三)全球价值链理论发展趋势评述

综上所述,GVC 理论是随着全球化的加深而发展起来的。自 GVC 发展以来研究的关注点主要在全球价值链的治理与升级上。在早期的理论发展中,学者主要关注 GVC 中的治理问题。随着全球化的加深,越来越多的企业,尤其是发展中国家的企业参与到 GVC 中,企业逐渐自水平竞争,即与同行业的其他企业相竞争,逐渐转向垂直竞争,即与同处一条价值链的其他企业相竞争(Cattaneo et al.,2013)。因而企业在 GVC 中的动态发展和演变过程,即升级,也引起了学者们的兴趣,对升级(包括经济升级与社会升级)的研究逐渐流行起来,其中治理如何影响升级是一项主要的议题。

第二节　国际直接投资理论的发展、趋势及特点

国际直接投资(foreign direct investment,FDI)包括对外直接投资(OFDI)和外商直接投资(IFDI),两者的区别在于对外直接投资是针对资本输出国(母国)而言的,而外商直接投资则是对于资本输入国(东道国)而言的。鉴于本书的研究对象和研究目的,本节主要梳理基于母国视角的国际直接投资理论的相关文献,且下文中提及的国际直接投资特指对外直接投资。对外直接投资指跨国公司在东道国进行的投资行为,是跨国公司①进入一个新市场的有效手段。第二次世界大战后发达国家国内的需求趋于饱和,企业为了获取更多的利润,开始逐步开拓其他国家的市场,跨国投资行为由此兴起。跨国公司的对外直接投资行为对其进入的东道国和其本身所在的母国都产生了巨大影响,因而学界开始关注这些跨国投资活动,并逐渐发展出了一系列的国际直接投资理论。本节将讨论对外直接投资理论的发展、趋势和特点。

一、国际直接投资理论的发展:动因、影响因素和决策时机

在 20 世纪 70 年代中期以前,外商直接投资理论的关注点主要集中在解释企业从一个国家进入另一个国家时增值活动是如何扩展的(Dunning,2003),即为什么一个国家的企业要进入另一个国家进行经营活动,以及怎样进行这些活动。随着理论和现实的发展,相关的研究开始关注企业是否

---

① 指那些控制和协调跨国增值活动的企业。

进行对外直接投资以及投资的目标国选择的决定因素。对国际直接投资的动因、决定因素和形成条件的研究逐渐形成了三个主流理论,即垄断优势理论、内部化理论和国际生产折中理论。这里将简述这三个解释产生国际直接投资的理论,同时介绍其他尝试解释国际直接投资产生原因的理论,包括对 FDI 理论发展影响较大的产品生命周期理论与边际产业扩张理论。同时,这一部分也将介绍关于 FDI 决策时机的研究。

(一) 垄断优势理论

垄断优势理论是基于产业组织理论发展起来的,主要观点在于市场是不完全的,且市场的不完全特征为某些垄断或寡头企业带来了特定优势,从而使它们得以通过对外直接投资在国际市场利用这种优势获取利润。在垄断优势理论以前,解释 FDI 的理论通常是从企业增值活动的区位转移出发,而不是从企业本身的性质出发(Vernon, 1966)的产品周期理论。

通常认为,垄断优势理论的奠基人是加拿大经济学家 Hymer。Hymer 在其 1960 年发表的博士论文[①]中从产业组织理论出发,探讨了美国企业能够在国外设立子公司的原因。他清楚地论述了强调市场的不完全性的现代外商直接投资理论和"内部化"的概念,认为跨国公司的出现主要归因于市场的不完全竞争性,不完全竞争市场能够为企业带来垄断优势(Rugman, 1978)。Hymer 认为,企业之所以要有位于国外市场的企业的所有权,是为了消除国外企业间的竞争,以获得垄断力量。这个观点为跨国公司的对外直接投资行为的产生提供了一定的解释。在 Hymer 的论点的基础上,Kindleberger(1969)对企业跨国投资行为的解释进行了拓展和扩充,后期逐渐形成了基于产品市场和要素市场不完全、规模经济和政府管制、税收、关税的存在的现代 FDI 理论(Rugman, 1980)。Kindleberger 认为,国际直接投资之所以会存在,是因为国际资源转移是一个不完全竞争的市场。如果在国际市场上技术、管理、劳动技能、零件和其他投入材料能够完全流动,那么只会存在国际贸易而不会存在国际直接投资。他指出,跨国公司因为市

---

① HYMER S H. The international operations of national firms: a study of direct foreign investment [D]. Cambridge, MA: MIT, 1960 (published by The MIT Press under the same title in 1976).

场的不完全性而产生了垄断优势,得以实现跨国经营。这些不完全性包括:第一,商品市场的不完全,包括产品差异化、特殊的营销手段、定价管理等引起的商品市场不完全;第二,要素市场的不完全,包括由技术专利或技术的不可得性、资本获取途径的不同、具有不同技巧的管理者分配方式的不同产生的要素市场不完全;第三,内部和外部经济规模的存在;第四,政府对于进出口的限制。

在 Hymer 和 Kindleberger 研究的基础上,后来的许多学者深入探讨了跨国公司在国外市场拥有所有权优势的原因和条件,完善和丰富了垄断优势理论。Johnson(1970)将生产知识纳入考虑范围。他将知识转移看作直接投资的关键,认为对知识资产的控制和转移是跨国公司拥有垄断优势的主要原因,总公司对知识的所有权使子公司在东道国市场中具有了优势(梁军,2007)。Caves(1971)提出能够生产差异化的产品是跨国企业具有垄断优势的原因。他指出,如果企业拥有某些特殊的资产从而能够实施对外投资,那么这些资产必须满足两个条件。首先,这些资产必须是企业内具有公共产品特征的资产,如生产的知识、技能等;其次,这些特殊资产必须在某种程度上依赖于在当地生产才能产生回报。之所以需要满足这两个条件,是因为相对于资产输入的企业,东道国当地的企业在经济、社会、法律、文化知识上具有优势。如果跨国公司在其他方面不具有信息优势,那么它们将不能克服身为外来企业所存在的信息劣势。将这些条件一起考虑在内,就要求市场具有产品差异化的特征,这意味着跨国公司通常处于一个寡头市场或是垄断竞争的市场中。

也有研究从企业行为的角度来解释企业为什么选择对外投资而不是通过国际贸易来创造利润。Knickerbocker(1973)提出用寡占反应(oligopolistic reaction)来解释企业的对外直接投资。他通过考察美国企业的投资决策,发现防御性投资策略即企业的跟从行为能够解释大部分企业的对外直接投资行为。在一个市场份额集中的行业(即寡头市场),当一家寡头公司在海外进行直接投资,建立子公司(Knickerbocker 称之为进攻性投资)之后,其他寡头公司会随之跟进,进行防御性投资。除了美国企业,也有研究表明欧洲和加拿大流向美国的直接投资中,有很大一部分可以由寡占反应来解释(Flowers,1976)。

在早期,解释国际要素流动的理论都基于完全竞争市场(如李嘉图模型、Heckscher-Ohlin 模型),但是这在解释对外直接投资产生的原因上失去了解释力——如果要素是完全流动的,那么就不应该产生国际直接投资,而应只存在国际贸易。垄断优势理论的发展以不完全竞争市场为前提,突破了完全竞争市场的理论框架,能够很好地解释早期的国际直接投资行为。然而,垄断优势理论没有考虑到跨国企业在区位选择上的影响因素。根据垄断优势理论,跨国公司应当选择技术知识水平较低的东道国进入以获得更大的优势,这无法解释为什么发达国家的企业之间存在交叉投资行为(如欧洲、加拿大的企业选择在美国进行直接投资,而这三个地区的技术知识水平差距较小)。同时,垄断优势理论对发展中国家的企业直接投资到发达国家市场也缺乏解释力。此外,垄断优势理论在关注结构性市场不完全的同时,忽略了交易成本市场不完全,即在强调跨国公司自身优势(包括规模经济、知识优势、分配网络优势、产品多样化、信用优势等)的同时,忽略了对于跨国公司来说由外生的交易成本带来的市场不完全(Dunning & Rugman,1985)。

(二) 内部化理论

与垄断优势理论不同,内部化理论(internalization theory)从交易成本型市场不完全出发,认为出现跨国公司的原因是企业需要内部化交易成本,通过内部化来获得所有权优势。

"内部化"概念起源于 Ronald H. Coase 在 1937 年发表的《企业的本质》一文。Coase(1937)指出,市场的运营是有成本的,这些成本来自价格机制。一个最显而易见的例子就是为了发现与生产相关的价格,企业会产生相应的成本。除此以外还有合同的谈判成本,等等。这类成本被 Williamson(1975)称为交易成本。Buckley & Casson(1976)将 Coase 的理论应用到国际直接投资领域,提出企业为了避免外部市场的不完全带来的成本,而选择对外直接投资以内部化市场。在 Buckley & Casson(1976)的理论中,不完全的市场更多指的是中间品市场,当且仅当内部化中间品市场的收益大于成本时才会出现跨国公司。在这里,中间品市场不仅指生产过程中的半成品,也指不同类型的由人力资本、专利带来的知识和专业技能。同时,在考虑了区位选择理论后,他们指出鉴于不同地区的生产成本不同(如原材料的成本、中间品的成本等),企业在选择对外直接投资的地区时倾向于选择能够最小化生产成本的市场进行投资。因此,内部化理论将全球市场看作一个体系,从企业全球商业策略的视角来分析跨国公司是否进入以及进入哪个特定国家市场的决策(Buckley & Casson,2009)。

内部化中间品市场能够为企业带来五种类型的收益。①产生内部期货市场以更好地协调市场中各方的力量;②实行差别定价从而有效地在中间品市场掌握权利;③避免双边(指中间品的买方与卖方)议价的成本;④消除买方不确定性,包括交易双方在产品的价值和性质上的信息不对称;⑤通过转移定价来提升最小化政府干预(关税、对资本流动的限制等)带来影响的能力。

在这五点收益中,前四种主要依赖于产品的性质和外部市场的结构,第五点不仅依赖于产品的性质和外部市场的结构,也与市场所在地区的财政系统有关。虽然内部化市场能够为企业带来收益,但同时这一过程也需要相应的成本。第一,市场分化带来的资源成本,这一类成本与市场活动的最优规模有关;第二,由内部化带来的额外的交流成本,这个成本会随着母国与东道国之间距离(包括地理距离与社会、语言、文化上的距离)的增大而增加;第三,由当地政府对外资企业的政治歧视产生的成本,包括政府对本土厂商的资助、外资企业有被政府征收的可能等,母国与东道国间的政治关系越不稳定这一类成本越高;第四,管理内部化市场的成本,此类成本与管理的专业水平有关。

由于企业是否可能内部化市场取决于内部化收益与成本的权衡,因此内部化理论认为最终企业是否存在内部化市场的动机由以下四个方面的因素决定:①行业因素,包括产品的性质、外部市场结构和市场活动的最优规模;②地区因素,即东道国与母国地理和社会上的距离;③国家因素,也就是东道国与母国的政治和财政关系;④企业因素,如企业的管理专业水平。

与垄断优势理论相比,内部化理论在一定程度上可以解释为什么发达国家之间存在互相投资的行为,以及为什么会有发展中国家的企业向发达国家直接投资。根据内部化理论,只要企业认为在内部化市场之后的收益能够大于成本,那么便会选择进行跨国投资。

虽然垄断优势理论和内部化理论在考察国际直接投资的成因和决定因素上的思考角度并不相同——垄断优势理论从企业所处市场的结构性不完全出发,考虑了由企业内生的因素产生的市场不完全;内部化理论从存在交易成本的市场不完全出发,考虑对企业来说是外生的因素产生的市场不完全——但是有研究认为垄断优势理论在本质上也属于内部化理论(Rugman,1980)。Rugman认为,企业是通过内部化市场之后产生的垄断优势,因此上述垄断优势理论的内容也可以看作是内部化理论的一个分支。

(三) 国际生产折中理论

Dunning(1977)综合运用了要素禀赋理论、垄断优势理论和内部化理论,提出了折中各理论观点的国际生产折中理论(the eclectic paradigm of international production),用以解释国际直接投资的成因和决定因素。

国际生产折中理论认为,企业的所有权(ownership)优势、区位(location)优势和内部化(internalization)优势共同决定了企业是否进行海外直接投资,因此国际生产折中理论又称为OLI模式。

企业的所有权优势是指企业在无形和有形资源上相对同一个市场中的其他企业拥有的优势,这一类优势是企业的内生优势。Dunning(1977)认为所有权优势有三类:一是源于规模(能够产生规模经济,抑制有效竞争)、垄断力量、更好的资源可得性的优势;二是子公司相对于新企业所拥有的优势;三是作为跨国企业所拥有的优势(跨国公司在多个经济环境中运营,因此在利用不同要素禀赋和应对不同市场情形时具有优势)。

区位优势指企业在东道国进行直接投资,利用东道国的资源进行生产,相较于直接在母国生产的优势,包括东道国自身的地理位置、自然资源等禀赋。区位优势对于企业来说是外生的优势,是企业决定在哪个市场进行生产的关键因素。

内部化优势产生于对不完全市场的内部化。与内部化理论不同的是,国际生产折中理论讨论的不完全市场不仅指认知性市场不完全（即交易成本型市场不完全），也包括垄断优势理论中讨论的结构性市场不完全。通过将企业所有权保持在企业内部，企业因此能够避免结构性市场不完全中的竞争壁垒、经济租金壁垒等，也能够降低认知性市场不完全中由信息不完全带来的成本。在国际生产折中理论中，内部化优势和所有权优势不是相互独立的，企业的所有权优势在一定程度上源于对经济的内部化。

　　国际生产折中理论中每种优势的重要程度在不同地区、不同行业可能是不同的（Dunning，2001）。所有权优势可能会因为企业母国的不同而不同，例如韩国企业与加拿大企业在所有权优势上很可能是不同的（如两个国家的企业在不同资源上的可得性存在差异）。不同行业的市场失效程度有所差异，因而不同市场的内部化优势也会不同，比如木浆市场和半导体市场内部化技术获得的内部化优势是不同的。相同几个地区之间的相对区位优势对不同企业来说也可能是不同的，比如汽车制造商丰田（Toyota）和本田（Honda）在考虑将泰国和中国台湾作为生产基地时，这两个地区的相对区位优势对它们来说可能是不同的。如表1.1所示，只有同时具备这三种优势的情况下，企业才有可能采取对外直接投资策略。当企业只有所有权优势和内部化优势，而没有区位优势时，企业更可能采取的策略是进行对外贸易。当企业只具有所有权优势时，企业只会进行对外技术转让。

表1.1　企业优势与参与国际经济活动方式的选择

	所有权优势	内部化优势	区位优势
FDI	√	√	√
对外贸易	√	√	
对外技术转让	√		

　　资料来源：DUNNING J H. International production and the multinational enterprise [M]. London: George Allen & Unwin, 1981: 111.

　　国际生产折中理论综合了垄断优势理论和内部化理论的要点，相对于后两种理论具有更强的解释力，因此有学者将它称为FDI理论中的"通论"。但自Dunning提出国际生产折中理论后，这个理论仍面临着不少批评。最主要的批评有 5 点[1]：①国际生产折中理论中包含的解释变量太多，所有权优势、区位优势和内部化优势三种优势各自包含了许多不同的解释变量，使得 OLI 模式的预测价值变得很小；②所有权优势、区位优势和内部化优势是相互依赖的，因而没有必要分成这三种因素；③国际生产折中理论从静态的角度回答产生 FDI 的原因，无法解释在给定 OLI 三种因素的组合时不同企业产生决策的不同，且无法有效地解释跨国公司如何形成和利用优势；④内部化理论忽略了企业管理和企业家精神对企业投资战略的影响；⑤OLI 框架忽略了金融因素对 FDI 决策的影响。有学者认为，企业资源基础理论能够很好地补充国际生产折中理论（林季红，2007）。资源基础论认为，企业拥有的资源和能力决定了企业如何创造和维持竞争优势。

（四）产品生命周期理论和边际产业扩张理论

除了上述垄断优势理论、内部化理论和国际生产折中理论三个主流的解释 FDI 的理论外，也有学者从其他角度研究了 FDI 产生的原因和决定因素，其中影响力较大的有产品生命周期理论和边际产业扩张理论。

Vernon（1966）通过研究美国跨国公司的行为，将产品的发展轨迹分成了三个阶段，即创新→成熟→标准化。他认为，在新产品阶段，也就是创新产品刚刚投入生产的阶段，厂商尤其会考虑调换投入品的自由度，同时，此时产品的需求弹性相对较低，且厂商对与消费者、供应商及竞争对手有效沟通的需求很高。因此，在这个阶段厂商倾向于在本国进行生产并出口到其他国家。到了产品的成熟阶段，竞争者开始变多，成本因素的重要性上升。为了降低产品的运输成本，避免关税壁垒等不利于控制成本的因素，企业开始在其他国家（通常是发达国家）设立分公司生产产品。最终当产品变成标准化产品后，即在这个产品市场中不存在信息上的垄断或是其他企业特有的优势时，企业往往会将生产活动转移到劳动力成本低的欠发达国家，本国逐渐停止生产并进口这个产品。

与垄断优势理论、内部化理论和国际生产折中理论从企业角度解释企

---

[1] 参考 DUNNING J H. The eclectic (OLI) paradigm of international production: past, present and future [J]. International Journal of the Economics of Business, 2001, 8(2): 173 - 190; 林季红. 国际生产这种理论的局限及进一步发展的新视角 [J]. 国际贸易问题, 2007(9): 93 - 101, 107.

业进行 FDI 的原因不同,产品生命周期理论从产品的发展角度来看待这个问题,更加动态地解释了企业从国际贸易转向国际直接投资的过程和原因。然而,产品生命周期理论依然是基于对美国这样发达国家中善于创新产品的跨国公司进行的分析,对发展中国家进行跨国生产的行为和非创新产品的跨国生产缺乏解释力。

垄断优势理论和产品生命周期理论虽然从不同角度解释了 FDI 产生的原因,但这两个理论有一个共同点,就是都解释了如美国这样发达国家中的跨国公司的国际直接投资现象,在解释其他国家的 FDI 现象上并不具有普适性。20 世纪 60—70 年代,日本的对外直接投资迅猛发展,日本学者小岛清(Kiyoshi Kojima)在尝试用欧美学者提出的 FDI 理论解释日本现象失败后,针对日本的现实提出了边际产业扩张理论。

Kojima(1978)基于赫克歇尔—俄林模型(Heckscher-Ohlin model,H-O 模型)提出了针对日本 FDI 的比较优势投资理论,也就是边际产业扩张理论。他认为,与美国的跨国企业通常处于具有比较优势的产业不同,日本的 FDI 通常出现在日本具有比较劣势的行业,以获得东道国在这个行业所需要的资源上的比较优势,弥补国际贸易上的不足。边际产业扩张理论认为企业进行 FDI 的动机可以分为 3 种类型,分别是获得东道国更丰富的自然资源(即获得东道国自然资源上的比较优势);获取更便宜的劳动力(即获取东道国的劳动力比较优势);减少贸易壁垒的影响(即降低贸易壁垒对企业具有的比较优势的影响)。通过 FDI 获得上述比较优势后,企业能够为获得更大收益的贸易创造条件。事实上,边际产业扩张理论对企业对外直接投资的动因的解释与国际生产折中理论有一定的重合,OLI 模式中包含了这三类动机。

边际产业扩张理论从比较优势和国际分工的角度来解释企业采取 FDI 的动因,以产业为对象,而不是像垄断优势理论、内部化理论和国际生产折中理论那样以企业为对象进行分析。虽然这可以很好地解释日本在 20 世纪 60—70 年代出现的大量对外直接投资,但是这个理论仍存在一定的缺陷。最主要的一个缺陷是,它是在一个静态框架下分析产生 FDI 的动因,要求世界处于完全竞争市场以及满足其他 H－O 模型的假定①(Rugman,1980)。在这些假定下,边际产业扩张理论忽视了技术的动态演进过程。

(五) 解释国际直接投资的其他理论

尽管解释企业对外直接投资行为的理论层出不穷,每一种理论都能在一定程度上解释为什么企业选择对外直接投资而不是国际贸易,但仍缺乏一种能够适用于所有国家的理论。如前所述的理论都是基于老牌工业化国家的跨国公司展开的讨论,对欠发达国家和新兴工业化国家出现的跨国公司缺乏一定的解释力。20 世纪 80 年代以来,尤其是随着经济全球化的推进,新兴市场(如巴西、智利、中国、印度、印度尼西亚等)的企业在国际直接投资上增长迅速,扮演的角色也越来越重要。因此,解释发展中国家或新兴工业化国家 FDI 动因的决定因素成为学者们感兴趣的新话题。基于发展中国家的现实情况,不少研究提出了致力于解释发展中国家的对外直接投资的理论。

企业的对外直接投资可分为垂直扩张和水平扩张。垂直扩张指企业为了保障原材料、零部件和其他生产所需的投入品的生产,或是为了保障产品或服务的配送和销售而选择在国外进行直接投资;水平扩张指企业在继续在本国生产产品或服务的情况下,为了在其他国家销售产品或服务而在这个国家设置厂房或服务配送设施(Guillén & García-Canal,2009)。发展中国家的企业进行垂直直接投资的原因和发达国家的企业进行垂直直接投资的原因是一样的,都是为了减少产品在生产过程中整条供应链中存在的不确定性,以及最小化这个过程中可能存在的投机行为(Lall,1983;Lecraw,1977;Wells,1983)。发展中国家与发达国家出现 FDI 原因的差异主要在于水平直接投资。如前文所述的几个解释 FDI 的理论,发达国家进行水平直接投资的一个重要原因是企业拥有知识、技术水平等无形资产,进行 FDI 有助于它们获得相应的优势,或是本身具有垄断优势,而这个原因对于发展中国家的企业通常并不适用。因此,多数文献主要致力于回答为什么发展

---

① H－O 模型假定贸易两国在生产上具有相同的技术,且生产函数满足规模报酬不变的性质,同时也假定每个要素投入的边际产出递减。

中国家的企业会出现水平 FDI。

有学者认为,发展中国家和新兴工业化国家的企业进行海外扩张是为了克服母国政府对其施加的限制和监管。在很多发展中国家和新兴工业化国家,政府施行许可制度或是配额分配制度,这些都限制了企业的发展(Lall,1983；Wells,1983)。同时,在这些国家,政府可能对家族企业进行审查或没收它们的资产(Wells,1983),因此,企业有动机为了避免这些政府带来的影响而选择 FDI。此外,也有研究认为,母国的经济改革会促使企业选择对外直接投资(Goldstein,2007；Guillén,2005)。通常,企业希望能够保持自己的垄断或寡头地位,国内的私有化、自由化或去监管政策可能会威胁它们的垄断或寡头地位,因而它们可能进行 FDI 作为应对策略。

也有研究表明知识溢出也是企业进行对外直接投资的动因。在研究了亚太地区发展最好的前 50 家跨国公司的发展情况后,Mathews(2006)提出,新兴市场中的跨国企业作为后来者有缩小和已有跨国企业之间竞争力差距的动机。因此,他在 Dunning 的 OLI 模型基础上构建了 LLL(linkage,leverage,learning)框架来解释新兴市场产生跨国企业的原因。通过成为跨国公司,企业更有可能和其他跨国公司联系(linkage)起来,从而能够和其他跨国公司交换资源或是"杠杆"(leverage)资源,即借用其他跨国企业的资源。在"联系"和"杠杆"过程重复多次后,企业可能学到(learning)其他企业的知识或技术,从而提高自己的运营效率。Fosfuri & Motta(1999)通过构建一个参与者存在技术差异的古诺竞争博弈模型,指出技术落后国出于获得技术进步的目的有很强的动机向海外进行直接投资。

(六) 影响企业国际直接投资决策的因素: 基于中国的经验研究

改革开放以来,中国企业对外直接投资增长迅速,到 2017 年位居世界第三位,1982—2017 年的年均增长率为 25.8%[①],国内学者开始关注影响中国企业包括动机、区位选择等对外直接投资决策的因素,并做了大量经验性的研究。

中国企业的 FDI 行为既有符合上文提到的传统 FDI 理论的地方,也有

---

① 国家统计局. http://www. stats. gov. cn/ztjc/ztfx/ggkf40n/201809/t20180917_1623312. html.

上述理论无法解释的地方,这可能是因为中国有国有跨国公司,国有企业的投资行为通常难以由针对自由市场的理论来解释。Buckley et al. (2007)发现,虽然中国企业 OFDI 行为与传统理论所认为的一样,会受东道国的资源驱动,也会受中国政府的政策自由度以及东道国与本国的文化接近程度的积极影响。但不同的是,中国企业更倾向于投资政治风险高的地区。研究认为,这可能是因为中国进行 OFDI 的企业通常是国有企业,而国有企业的资本成本较低导致决策者对风险的敏感度较低。陈松和刘海云(2012)、Kolstad & Wiig(2012)等的研究也发现了类似的现象。然而,也有文献得出相反的结论,认为中国的跨国公司更倾向于在政治风险低的发达国家进行直接投资(Cheung & Qian, 2009)。对于这些结论相悖的研究,不同的学者做出了不同的解释。杨娇辉等(2015)认为,中国跨国公司呈现出的风险偏好是由于中国企业出于得到比较优势和资源寻求的目的,偏好于对经济发展水平较低、自然资源更丰富的国家或地区进行直接投资,而这些国家或地区通常政治风险较高,因而表现出对风险的偏好。也有研究认为,中国企业的风险偏好程度依赖于企业的所有制,国有企业倾向于投资资源富有型国家,尽管这些国家的政治系统可能不太稳定;私有企业进行 FDI 活动通常是为了市场开拓和生产转移,表现出风险回避的特征(Ramasamy et al.,2012;余官胜和林俐,2014)。

上文中介绍的传统理论认为,企业进行 OFDI 时会考虑到能让自己产生区位优势的地区进行投资,包括地理优势、自然资源优势等,也会考虑东道国的市场规模、成本、东道国与母国在地理和文化上的距离等因素。对于中国的企业来说,它们在区位选择时同样也会考虑这些因素。有不少研究发现中国企业的资本倾向于流入市场规模大、劳动力价格低、对外贸易成本高、和中国文化相似的地区(阎大颖,2013;罗伟和葛顺奇,2013;陈松和刘海云,2012)。也有研究提出中国企业在进行 FDI 时会考虑东道国与中国是否有双边投资协定等合作关系。邓新明和许洋(2015)、宗芳宇等(2012)指出,虽然当东道国制度质量较高时,双边投资协定的促进作用不明显,但如果东道国制度质量低于一定水平,双边投资协定会起到显著的促进中国企业对该国投资的作用。也就是说,在几个同样制度质量低的国家中,中国企业更可能投资与本国有双边投资协定的国家。

　　因此,对中国的实证研究表明,中国企业的对外直接投资决策既有与传统 FDI 理论相同的地方,也有不同的地方。不同的原因主要是由公司所有权的不同所导致,私有企业的行为与传统理论更一致,表现出风险回避性;而国有企业的行为决策较难用传统理论解释,表现出更弱的风险回避性。

(七) 关于 FDI 决策时机的研究

　　FDI 决策时机研究指对企业在什么时候会决定进行对外投资的研究。目前这方面的学术研究较少,主要从成本的角度分析企业进行 FDI 的时机。尽管 Vernon(1966)的产品生命周期理论已经指出当产品发展到一定阶段时厂商会将产品的生产转移到国外,但是通过许可贸易的形式还是通过 FDI 的形式进行转移仍是一个需要探讨的话题。Aliber(1970)最早提出了对于 FDI 决策时机问题的看法。在假设了资本来源国具有垄断优势或拥有专利的情况下,Aliber 认为关税、运输成本、某一时刻"在国外经营的成本"和"国家间资本化率的差异"是影响企业在国外生产时决定采用许可贸易的方式还是采用 FDI 方式的关键因素。当在国外经营的成本较高时,企业更愿意采用许可贸易的方式;而当市场规模大到足以降低国外经营成本时,企业更愿意采用 FDI 的形式。此外,对于同样一笔收入流,当母国的资本化率更高时,企业也更愿意采用 FDI 的方式转移生产(Buckley & Casson, 1981)。Buckley & Casson(1981)指出 Aliber 的理论基本上是在静态框架下讨论的。基于 Aliber 的模型,Buckley 和 Casson 除了比较出口、许可贸易以及 FDI 的固定成本和可变成本外,将在不同模式间转换的装置成本和产品价格通常会随时间下降的动态性质也纳入考量范围,在相对动态的框架下讨论了企业在不同阶段选择的贸易或投资模式。结论表明,企业的出口、许可贸易或 FDI 决策除了会受成本影响外,还会受到东道国市场的需求情况和产品的市场增长率的影响,且通常三种模式是渐次进行的。他们特别指出,如果一家企业曾经有另一种产品进入过某国市场,企业很可能会跳过出口这一环节,直接选择在该国投资生产。

　　Aliber,Buckley 和 Casson 的研究虽然具有开创性,分别从静态与动态的模型,站在产品发展阶段的角度讨论了很少被研究的 FDI 决策时机的问题,但是他们的研究可以被认为是在 Vernon(1966)的产品生命周期理论的基础上进行的,即企业的 FDI 行为是因为产品发展到了可以向国外市场扩张的阶段,这意味着他们的结论与前文中提到过的其他理论一样更适用于发达国家企业,而对欠发达国家的跨国公司行为缺乏一定的解释力。理由同上文阐述的一样——欠发达国家的企业拥有的专利、技术等由于通常落后于发达国家的企业,因此它们的 FDI 行为往往不是为了转移产品的生产地,而是出于学习技术、管理技巧等其他目的。因此,这些国家的企业是否在某个时刻做出 FDI 决策,除了考虑成本、东道国市场需求等因素外,可能也会受其他因素(如企业自身的财力、技术水平等)影响。目前关于这方面的研究不多,值得做进一步的讨论。

二、国际直接投资的影响:基于母国视角

国际直接投资是企业为了寻求自身利益进行的活动,且直觉上会对资本输入国产生诸如技术溢出、知识溢出、增加出口等影响。作为资本输出国,OFDI 是否会影响母国的经济发展? 对母国的经济环境是否有正面影响? 接下来将对考察 OFDI 对母国经济影响的文献做一简要回顾,梳理母国经济主要受影响的方面。

(一) OFDI 与母国对外贸易

有不少研究表明 OFDI 会影响母国的出口,对出口存在互补或替代效应。在早期的相关研究中,都认为 OFDI 与母国的出口之间存在替代关系,跨国公司的对外直接投资活动会减少该企业的对外出口。Mundell(1957)从纯理论的角度证明,在一个两国两商品两要素的世界中,贸易障碍会促进要素流动,对要素流动加紧控制则会促进贸易。当在两国之间流动的要素是资本时,就产生了 FDI。因此,Mundell(1957)的研究说明,OFDI 与一国的对外贸易之间存在替代效应。前文介绍的 Vernon(1966)的产品周期理论认为,产品处于生命周期的不同阶段时产地会发生变化。也就是说,OFDI 带来的生产地转移会导致母国进口原本出口的产品,意味着 OFDI 与母国的出口规模之间存在相互替代的关系,且 OFDI 的增加会伴随进口规模的扩大。同时,根据上文介绍的 Buckley & Casson(1981)建立的模型,当企业以

转移生产为目的进行 OFDI 时,企业会停止向东道国出口该产品,母国的出口也会因此受到负面影响,即 OFDI 与出口之间是相互替代的。

有不少实证研究验证了 OFDI 与母国出口间确实存在替代效应(Gopinath et al.,1999;Helpman et al.,2004),也有实证研究发现 OFDI 与出口间存在互补效应或替代效应与互补效应同时存在(Grubert & Mutti,1991;张春萍,2012)。如前文所提,在 Kojima(1978)的边际产业扩张理论中,他认为企业进行 FDI 活动是为了获得优势,这有助于促进两国之间的国际贸易,这个理论为 OFDI 与母国进口之间的互补效应奠定了一定基础。Helpman(1984)通过建立一个跨国公司国际贸易的一般均衡模型,论证了当企业在具有与本国不同要素禀赋的国家进行直接投资时,企业间的贸易会增加,母国的出口规模也会因此扩大。Blonigen(2001)通过产品级的数据表明,OFDI 与母国出口之间既存在替代效应,又存在互补关系。他指出,当企业在海外投资的生产与本国的生产是垂直关系且本国生产处于生产链的上游时,一国的出口会增加,因为此时在海外的子公司会从母公司进口中间品来制造面向消费者的最终品。因此,一国的净出口是否会因本国 OFDI 的增加而增加,取决于由此产生的替代效应和互补效应哪种效应的力量更强。

综上,目前的研究表明,OFDI 与母国的对外贸易规模之间替代效应和互补效应同时存在,具体 OFDI 是否会扩大母国的出口,取决于跨国公司与海外子公司之间是否是垂直分工关系,以及垂直分工关系下互补效应是否能够超过替代效应。

(二) OFDI 与母国技术水平

OFDI 对母国技术水平和生产率的逆向溢出效应是一个受到较多实证研究关注的问题,多数研究表明 OFDI 并不总是能提高母国技术水平和生产率,有时甚至可能产生负面影响。OFDI 是否能够发挥积极作用与东道国和母国自身的经济环境有关。Dunning(1994)通过考察 20 世纪 70—80 年代主要的跨国公司的研发情况,发现在合适的环境下,对外直接投资能够加强和提升母国的科技能力,但如果环境不合适,则会有相反的效果,具体的效果取决于资本输入国的经济和体制环境,以及东道国政府在其中起到的作用。例如,当跨国公司因为国内市场扭曲或国内供应能力较弱而选择在国外子公司进行研发投入时,母国的创新能力可能会因此受损;但是当投资是为了了解国外企业的研发活动时,从长期来看,母国的创新能力会因此受益。蒋殿春和张宇(2008)认为,母国完善的制度环境是 OFDI 发挥积极作用的前提条件,如果母国的制度不完善,知识和技术的价值容易受到低估,难以激励企业和个人进行创新性的活动,从而制约 FDI 对母国的技术溢出效应。虽然有很多研究表明 IFDI 和 OFDI 一样也能够促进国内的技术进步,但是 Nam & Li(2013)的研究发现,比起接受外商直接投资被动的学习模式,OFDI 更有助于企业接触知识类的资产并学习,进而通过人力资本的技术进步促使生产技术的进步,化 IFDI 被动的学习模式为 OFDI 主动的学习模式。

也有研究认为,OFDI 在技术进步上是否对母国有正向作用与投资资本的流向有关,且地区与地区之间存在差异。Potterie & Lichtenberg(2001)利用美国、日本和 11 个欧洲国家的数据,发现只有当一个国家的 FDI 流向研发密集型国家时,母国的生产率才会得到提升。Bitzer & Görg(2009)检验了经济合作与发展组织(OECD)中的 17 个国家的 FDI 情况,结论表明,总体来说国家的生产率与对外直接投资是负相关的,但是国与国之间存在明显差异——法国、波兰、瑞典、英国和美国的对外直接投资促进了国内的生产率。在对中国的实证研究中也发现了 FDI 对技术进步和生产率存在地区间的差异性。李梅和柳上昌(2012)研究发现,对外直接投资对中国不同地区的技术进步的影响不同,东部地区显著从中获益,而其他地区并未能得到正面溢出效应。然而,对外直接投资能否在整体上促进中国的技术进步,目前的研究尚未达成一致结论。对中国的实证研究中,有研究发现中国对研发要素丰富的国家或地区的直接投资有利于促进中国的技术进步(赵伟等,2006)。而最近的研究却发现中国对发达国家或地区的直接投资会阻碍中国的技术进步(邵玉君,2017)。同时,也有研究表明技术研发型对外直接投资对企业生产率的影响呈倒"U"形,随着投资后时间的推移,OFDI 对生产率的正面影响程度先上升后下降(蒋冠宏等,2013)。

除了能否促进国内的技术水平,OFDI 对出口技术复杂度和含量的影响也是一个吸引颇多学者关注的问题,尤其是中国的学者。陈俊聪和黄繁华(2013)利用中国的数据实证发现对外直接投资规模的扩大会提升制成品出口技术复杂度。他们指出,由 OFDI 带来的国际市场需求信息、研发反向溢出效应和人力资本积累等促进了中国的出口技术进步和国际分工地位提升。陈俊聪(2015)通过测算全球 112 个经济体的服务贸易出口技术复杂度考察 OFDI 对母国服务出口技术水平的影响,研究发现,由于发达国家和发展中国家在产权保护制度和研发创新能力上存在差异,OFDI 对母国服务出口技术水平的影响在这两类国家之间是不同的。具体地说,更注重产权保护以及研发创新能力更强的发达国家的跨国直接投资行为更能促进母国服务出口技术水平的进步。同时,研究也指出服务经济市场规模的扩大和服务贸易开放度的提高有助于促进 OFDI 对母国服务出口的技术水平,无论进行 FDI 的企业来自发达国家还是发展中国家,都是如此。

与陈俊聪等人测算技术复杂度来考察 OFDI 对出口技术的影响不同,毛海鸥和刘海云(2018)将研究拓展到出口技术含量层面,深入分析了 OFDI 促进母国出口技术含量的渠道来源。一个产品的技术含量指它所有生产工序的技术含量的总和(Lall et al. ,2006)。通过对中国的实证检验,发现 OFDI 是通过技术效应(即通过提升技术水平促进技术含量进步)、规模效应(即对外直接投资对出口规模的影响)、结构效应(即通过改变产品生产的投入产出结构改变出口品技术含量)三个渠道来提高母国出口技术含量的,且三个效应对 OFDI 促进作用的影响依次递减。此外,研究还发现资源寻求型、市场寻求型和技术寻求型 OFDI 对母国出口技术含量的促进程度是不同的,技术寻求型 OFDI 对出口技术进步的作用最强而市场寻求型的作用最弱。

因此,OFDI 是否能够促进母国的技术水平仍存疑,目前的研究认为,母国技术水平能否因 OFDI 的增加而提高,可能与跨国公司所在国国内的市场、国内的制度、资本流向地等因素有关。虽说如此,目前的多数研究一致认为 OFDI 对母国的出口技术含量有正向作用,即 OFDI 的增加有助于母国提高出口品的技术含量。

(三) OFDI 与母国就业

FDI 对母国的就业影响是另一个学界十分关注的议题,且 OFDI 对母国就业是否有正面影响仍存在争议。Stevens & Lipsey(1988)认为,跨国公司的资源是有限的,因此当跨国公司进行对外投资时其资金成本会随之上升,这时将生产从母国转移到投资国对企业来说会变得有利可图,而这将导致母国就业的下降。不少实证研究支持了这一观点(Kravis & Lipsey,1988;Hijzen et al.,2005;Driffield & Chiang,2009)。但同时,也有研究认为企业对外投资后需要国内母公司进行辅助类活动,如研发、监管等,且OFDI对母公司就业的影响会受到东道国的要素禀赋、企业自身的投资动机等影响,因而对外直接投资可能有利于母国就业的增长以及影响母国的就业结构。确实有不少研究发现进行FDI能够促进母国就业(Desai et al.,2009;Yamashita & Fukao,2009;Maaso et al.,2008)。Debaere et al.(2010)利用韩国跨国公司的数据,研究发现流向欠发达国家的FDI会降低母国的就业增长率,但流向较发达国家的OFDI对母国就业增长率没有显著影响。对中国的实证研究发现,中国企业OFDI对国内生产人员和非生产人员的就业影响都是正向的,且OFDI的次数越多,对国内就业的促进作用越明显(李磊等,2016;阎虹戎等,2018)。

三、国际直接投资发展评述

对国际直接投资的理论研究源于快速增长的FDI活动。学者分别从企业的内部因素(如垄断优势),或是外部因素(如内部化理论)以及产品自身发展周期的特点来解释企业进行FDI活动的原因和决定因素。虽然每个理论对跨国公司的出现都有一定的解释力,但都有各自的不足,包括不具备动态性、适用范围不全面等。同时,现有的研究表明,企业作出是否在某一时刻进行FDI的决策取决于出口、许可贸易和对外直接投资之间成本的权衡以及目标国市场、资本化率的情况。由于早期的跨国公司大多出现在如美国这样的老牌工业化国家,现有的发展较成熟理论大多针对这些国家中的对外直接投资进行研究,对发展中国家和新工业化国家的对外投资行为的解释力不足。对中国的经验性研究表明,除了传统投资理论提出的企业在进行区位选择时会考虑的因素外(包括成本、母国与目标国的地理和文化距离、区位优势等),不同所有制的企业考虑的因素有所不同,国有企业更偏好虽然政治较不稳定但资源丰富的国家,私有企业则更厌恶风险。现有的理论和实证研究发现,虽然企业进行对外直接投资是为了自身更好地发展,但它们的 FDI 活动可能在无意中会对母国产生溢出效应,包括促进技术进步、提高母国出口技术水平和技术含量、增加就业率等。

第三节 基于全球价值链视角的国际直接投资

在当今的全球经济中,跨国公司扮演着越来越重要的角色。在传统上,全球价值链中治理的主导方通常是来自发达国家的企业,当发展中国家的企业进行 FDI 参与全球价值链后,可能会影响传统的全球价值链结构。在基于 GVC 视角的世界中,价值创造、价值捕捉和经济租金产生于一个更具流动性的国际生产网络,而不是仅产生于企业的生产活动和 OLI 优势(Lee & Gereffi, 2015)。因此有必要基于 GVC 视角来认识跨国公司的活动。本节将介绍基于 GVC 视角对 FDI 的理解。

Pananond(2013)指出处于价值链中低附加值位置的企业会采用 FDI 的方式以期在 GVC 中升级。但是 Lee & Gereffi(2015)的研究发现,许多 GVC 在地理和组织上越来越集中,这导致各新兴跨国公司之间升级机会不均等。同时,他们还发现,虽然新兴跨国公司能够受益于价值链的区域化,但是如果没有进一步的升级,获得这种好处可能会以社会降级为代价,即员工的状况可能会变差,要避免这一点需要跨国公司、当地企业、跨国或当地的非政府组织、工会和政府基于不同层级组建共同的 GVC 治理系统。Kowalski et al.(2015)的研究发现,外商直接投资与全球价值链后向参与率正相关,与全球价值链前向参与率负相关。Palit(2006)认为一国可通过 OFDI 获得技术,从而促进其技术水平升级,提升其在国际分工中的地位。Brach & Kappel(2009)则发现 OFDI 是发展中国家从发达国家获得技术溢出的重要途径之一,能够提升其在全球价值链中的地位。

随着中国企业"走出去"及中国对外投资的加速,对中国对外直接投资与中国在全球价值链中地位和布局影响的研究逐渐增多。这些研究主要从以下几个方面展开。

一是从整体上对中国对外直接投资对中国全球价值链布局的影响进行论述。如胡日东和衣长军(2008)较早从价值链的视角对中国民营企业的价值链布局,并区分为民营高新技术企业和非高新技术中小企业两种类型,提出了其在全球产业链布局中的思路。孙黎和李俊江(2015)运用全球价值链理论分析了影响中国对外直接投资的因素,认为主要原因是克服要素流动性约束、获得销售市场、购买战略性资产、最佳规模经济、发达国家的竞争倒逼和经济发展方式转变等。白光裕(2015)也认为对外投资是主动布局全球价值链的关键举措。姚战琪(2016)从中国企业全球价值链布局的角度对中国企业的对外投资进行了论述分析。马述忠等(2017)通过分析中国和G20国家农业价值链地位的情况,发现中国的农业价值链地位较低,同时,G20的对外直接投资能够显著提升其价值链水平,因此提出中国农业"走出去"提升价值链的设想。

　　二是从逆向技术溢出的视角进行分析。如刘斌等(2015)采用 Pol Antràs et al. (2012)提出的上游度的测算方法测算企业在 GVC 中的"分工地位",考察中国对外直接投资的价值链升级效应,结论表明,对外直接投资存在价值链升级效应,促进了企业的产品升级和功能性升级。但是,他们发现这种升级效应存在异质性——为了获得逆向技术溢出而投资于发达国家有利于企业的产品升级却不利于功能性升级,而为了获得边际产业转移效应或市场寻求效应投资于发展中国家则更利于功能性升级。聂名华(2016)研究了对外直接投资逆向技术溢出与全球价值链升级之间的协同演进关系,发现新兴国家的对外直接投资动机发生了变化,它们不再是单纯的技术寻求,而是以进入发达国家市场和寻求效率为目标。杨连星和罗玉辉(2017)在利用2003—2011年的行业面板数据对中国对外直接投资的逆向技术溢出效应进行测定,实证分析了中国对外直接投资对中国全球价值链的影响,发现整体上 OFDI 的逆向技术溢出对中国全球价值链升级呈现显著的促进效应,技术密集型行业尤其是高新技术密集型行业并不显著,且行业的价值链提升主要体现在行业全要素生产率提升和行业贸易规模扩大方面。李梅和柳世昌(2012)也有类似结论。李超和张诚(2017)使用2000—2014年的世界投入产出表数据,测算了中国制造业全球价值链的分工地位变化和中国对外直接投资的影响,总体上结果与杨连星和罗玉辉(2017)一致,但分行业上刚好相反,特别是对高技术制造业影响显著,但对低技术制造业和中低技术制造业没有显著影响。

三是从产品垂直产业分工的视角进行分析。Saliola & Zanfei(2009)指出,知识会在同一条全球价值链中发生垂直转移,且知识密集型治理模式的价值链,即更容易出现知识转移的价值链,与当地市场跨国公司的密集程度是呈正相关的。跨国公司进入东道国市场后会促使分支机构根据当地需求调整产品与生产过程,这有利于促进知识的转移。然而,Saliola和Zanfei的研究是从东道国角度来考虑跨国公司对GVC中知识转移的作用,对于母国来说OFDI在GVC中的知识转移作用可能会有所不同,这方面仍需进一步做相关研究。张中元(2017)利用出口产品垂直专业化程度作为价值链构建的指标,实证检验了东道国外商直接投资限制对该国和中国双边价值链构建的影响,发现明显降低了中国对该国出口产品的垂直专业化水平。罗军和冯章伟(2018)实证研究了对外直接投资影响中国制造业全球价值链竞争力的问题,发现中国的对外直接投资能够通过技术进步和服务创新两条路径推动中国制造业全球价值链升级,且不同要素密集度制造业都有影响。李俊久和蔡琬琳(2018)利用随机效应模型以及系统GMM方法进行实证分析的结果也表明,对外直接投资对一国全球价值链升级有显著的促进作用。姚战琪和夏杰长(2018)的研究表明,中国对"一带一路"沿线国家的直接投资能够同时显著促进沿线国家全球价值链参与指数和这些国家全球价值链地位指数的提升。李宗明和高兴民(2018)在考虑了空间因素影响的基础上研究了FDI对GVC分工地位的影响,结果发现,对于大部分国家来说,FDI能够促进价值链中的分工地位,且市场潜力、劳动力水平和市场开放程度有助于加强FDI对分工地位的正面效应。

总体而言,现有的从GVC视角探讨FDI的文献仍不多。但随着中国对外直接投资的日益频繁,对中国对外直接投资中的全球价值链投资问题的研究将日益成为当前研究的重点问题之一。

第四节　本章小结

本章简要梳理了GVC理论和FDI理论发展的脉络和特点,并讨论了基于 GVC 视角的 FDI 的影响。在 GVC 理论中,价值链的治理和升级是两个最重要的主题。全球价值链的治理指权威和权利关系,这种关系决定了资金、原材料和人力资源是如何在一条链中分配和流动的。治理产生于价值链中各参与者地位与权利的不对等,它对企业进入新的市场、快速提高产能、理解价值链中的收益分配等问题都有重要的作用。全球价值链的升级指能使企业更具竞争力且从事更高价值的活动的行为。在 GVC 中,治理与升级不是独立的两个议题,企业得到各类升级的可能性依赖于它们处于哪种类型的治理的价值链中。

在 FDI 理论中,有很多理论尝试解释 FDI 出现的原因和决定因素,其中影响最大的主要有三个理论,分别是垄断优势理论、内部化理论和国际生产折中理论。垄断优势理论和内部化理论分别从企业的内生因素和外生因素来考虑它们进行对外直接投资的动因,而国际生产折中理论则综合了前两个理论且另外考虑了区位因素。同样是为了转移生产,Aliber 以及 Buckley 和 Casson 的研究认为只有在 FDI 有利于贸易许可的时候企业才会选择 FDI。由于早期的理论主要基于发达国家的情形进行分析,对发展中国家出现 FDI 的原因缺乏一定的解释力,因此出现了针对欠发达国家产生跨国公司的理论。这些理论认为欠发达地区出现 FDI 的主要原因是企业希望能够由此获得技术溢出效应,或摆脱母国政府的管制。对母国来说,企业进行 FDI 活动可能会产生溢出效应,包括促进技术进步、增加就业率等,而母国是否能够由此获益依赖于企业投资地区的科技发展程度和母国自身的经济环境。此外,由于企业对外直接投资有可能获得知识和技术的溢出效应,FDI 也有利于企业在 GVC 中的升级,且可能会改变它们所处的价值链的治理结构。同时也有研究指出有跨国公司参与的价值链更容易出现知识转移。由于中国对外直接投资的步伐越来越快,与各国经济的融合越来越深入,面临的价值链问题将越来越突出,这就需要我们将全球价值链理论置于中国对外直接投资的现实问题中加以研究,才能够更好地解释和解决中国当前对外投资中的现实问题,并提出更有针对性的对策建议。

第二章

基于全球价值链视角的中国产业竞争优势

　　我国对外投资结构的优化应致力于沿全球价值链增值方向推进。因此,明确我国现阶段在全球价值链中所处的方位,特别是认清全球价值链视角下我国产业的优势和劣势,应成为研究的出发点。本章主要从全球价值链视角出发,说明中国产业发展在全球价值链中所处的方位,在与一些主要西方发达国家进行对比的过程中,分析和判断中国产业的比较优势和劣势。

　　本章将从四个方面展开研究。第一节回顾全球价值链的演进历程,指出在全球金融危机后发达国家要求"制造业回流"以及我国要求改善国际分工角色的冲击下,全球价值链面临新一轮的重塑和构建。第二节则具体考察中国产业发展在全球价值链所处的方位,并从历史的角度,即我国产业嵌入全球价值链的历史进程,以及定量的角度,即运用学术领域目前较为认同的指标评定,共同进行判断。结果显示,我国在改革开放后嵌入全球价值链的程度日益深化,然而附加值较低的情况普遍存在,且资本、技术密集型产业的表现要低于产业结构更低的劳动力密集型产业。第三节分类探讨不同产业的优势和劣势,具体涉及劳动力密集型产业、资本、技术密集型产业、知识密集型产业和战略性新兴产业。第四节则是对全球价值链视角下我国产业进一步提升竞争优势提出可能的优化方向。

第一节　全球价值链演进回顾与趋势分析

一、全球价值链形成发展的历史回顾

全球价值链这一概念和现象的形成发展是国际贸易及经济合作不断深化的结果，截至当前，其相关理论和发展情况可归纳为三个阶段。

（一）第一阶段：20 世纪 80 年代以来

国际分工在开放化的市场经济发展以及科学技术水平不断提升的背景下，开始从早期产业间、产业内的分工，逐步发展到产品内或以产品价值链为基础的分工。最早提出"价值链"（value chains）概念的是 1985 年迈克尔·波特在《竞争优势》一书中的论述。该书指出，"每一个企业都是用来进行设计、生产、营销以及对产品起辅助作用的各种活动的集合"，"一定水平的价值链构成是企业在一个特定产业（业务单元）内的各种活动的组合"①，即企业的活动及其相互联系构成了企业创造产品价值的链条。价值链提出的意义在于将产品的生产环节以价值形成的视野进行了分解，不过主要针对垂直一体化的公司，最终的落脚点也是强调个体企业的竞争优势。而后随着国际贸易特别是国际外包的兴起，价值链的探讨开始逐步运用于企业之间。

（二）第二阶段：20 世纪 90 年代以来

在世界经济沟通合作愈加频繁的背景下，全球化开始作为高频词汇出现在社会各界，随后，"全球价值链"的概念开始逐渐形成。较早提出的相关概念是格里芬（Gary Gereffi）和科尔泽涅维茨（Miguel Korzeniewicz）所提出的全球商品链（global commodity chains）②，旨在探讨不同产业环节的全球化劳动分工问题，构成了全球价值链的核心基础，也使得以价值创造为核心的全球范围内资源再配置整合逐步进入研究者的视野中。理论的发展与事

---

① 迈克尔·波特. 竞争优势[M]. 陈小悦，译. 北京：华夏出版社，2005：36 - 37.

② GEREFFI G, KORZENIEWICZ M. Commodity chains and global capitalism [J]. Contemporary Sociology，1994,24(24)：348 - 349.

实的发展相辅相成。有数据显示,自 1970 年以来全球中间产品出口占比一直处于上升状态,其中,1970—1995 年该占比上升最快。事实上,中间产品出口占比反映的是全球价值链的发展情况,该占比的快速提升恰恰反映出价值链分工进入了快速演进的阶段①。

(三) 第三阶段:21 世纪以来

格里芬等人正式提出了"全球价值链"的术语,也引发了大量管理学与经济学研究者围绕全球价值链展开了有关其分工类型、治理模式、动力机制、影响因素等方面的探讨。国内比较有影响力的一种定义为,"为实现商品或服务价值而连接生产、销售、回收处理等过程的全球性跨企业网络组织,涉及从原料采集和运输、半成品和成品的生产和分销,直至最终消费和回收处理的整个过程。它包括所有参与者和生产销售等活动的组织及其价值、利润分配"②。在现实领域,全球价值链的发展得益于跨国企业的勃兴。跨国公司自身就具有因生产全球化、分工的深化和细化而产生的价值创造环节在全球范围内的配置特征,特别是其作为企业,可以对价值链上各项价值创造活动开展非市场化协调,进而提高价值链整合的效率。调查显示,2009 年全球 300 家年销售额超过 10 亿美元的公司,平均 51% 的零部件制造、47% 的总装、46% 的仓储、43% 的客户服务及 39% 的产品研发都在国外完成③。而 2001 年的数据显示,按照海外资产排序的世界最大 21 家跨国企业,涉及的领域主要集中在电信、电子设备、石油开采、汽车等,企业主要来自英国、美国、法国、德国等地④,这也从一个侧面反映出全球价值链所涉及的主要领域和主导国家。

二、全球价值链的新一轮冲击与重塑

传统经济发达国家参与全球价值链的程度通常较高,而且在很多环节具有竞争能力,大多占据价值链附加值较高的环节,如"微笑曲线"两端,即

---

① 戴翔,张二震. 全球价值链分工演进与中国贸易失速之"迷"[J]. 经济学家,2016(1):75-82.
② 张辉. 全球价值链理论与我国产业发展研究[J]. 中国工业经济,2004(5):38-46.
③ 经济合作与发展组织. 互联经济体[M]. 北京:中国商务出版社,2013:2.
④ 联合国贸发会议. 以发展为目标的 FDI 政策:国家与国际视角[R]. 2003 年世界投资报告,2003.

概念提出、研发、关键部件制造等的上游环节,以及市场营销、品牌建造和客户服务等的下游环节,而将价值链附加值较低的环节,主要是制造和组装等分配给发展中国家。然而近年来,随着世界经济格局的变动以及我国综合国力的大规模崛起,全球价值链迎来了新一轮的冲击和重塑的机遇,对我国的全球价值链布局和提升将造成不小的影响。

(一) 从国际环境来看

发达国家提出"再工业化"与"制造业回流",力图推行新一轮的工业革命和贸易协定。所谓"再工业化"是对"去工业化"的对应,而"去工业化"和全球产业链的形成直接相关。产业发达国家大多凭借全球价值链的搭建将产品的制造和生产环节转移出去,这是一种对发展中国家劳动力与自然资源价格较低的比较优势的充分利用。由此,产业发达国家的制造业比重相对而言较低,以美国为例,其经济总量超过 80% 皆为服务业,且主要集中在金融服务业,制造业对美国经济的贡献不断萎缩。然而"去工业化"是一把双刃剑,虽然美国控制了利润最为丰厚的价值链环节,且减少了可能造成的环境污染,可随之而来的是国内产业"空心化"现象严重,失业率节节攀升,产业结构过于倚重金融业、房地产业等的虚拟经济,因而在次贷危机严重打击美国的金融业后,制造业薄弱的产业结构不堪一击,市场大幅度萎缩。这与重视制造业,因而在危机后恢复较为迅速的德国明显不同。可见,过度的"去工业化"导致产业发达国家经济发展缺乏长驱动力,造成抗危机能力不足。因此,奥巴马政府执政后,即提出"再工业化"发展战略,标志性的文件为 2010 年 8 月 11 日生效的《美国制造业振兴法案》(*United State Manufacturing Enhancement Act of* 2010),旨在振兴实体制造业,鼓励美国制造业发展。在相应的系列战略推动下,美国制造业虽然对其国内 GDP 贡献尚未形成显著增长,但从国际视野来看,其全球占比在 2011 年前呈下降趋势,从 2001 年的 24% 下降至 2011 年的 15.2%,而后 2014 年则上升至 16.6%①。类似的,欧盟也在积极推进"再工业化",如"去工业化"严重的西

---

① 马鑫,崔艺. 特朗普时代的美国"再工业化"[EB/OL]. [2017 - 05 - 12]. http://www.sohu.com/a/140105997_463913.

班牙制订援助计划,旨在推动工业基础设施建设和工业技术的发展,从而推动制造业创新。瑞典政府也积极引导企业将高新技术应用于传统产业领域,发展高端制造业。以上举措必然导致在21世纪最初10年间形成的价值链格局发生变化,对于掌握制造业外包的发展中国家将造成冲击,相应的贸易协定也会发生变化。

(二) 从国内环境来看

中国在全球贸易中的地位大幅度提高,积极要求产业升级和向全球价值链上游攀升。21世纪以来,中国在全球的贸易份额持续上涨,2013年,中国货物进出口总额为4.16万亿美元,其中出口额为2.21万亿美元,进口额为1.95万亿美元,并且已经成为120多个国家和地区最大的贸易伙伴。世界贸易组织秘书处的统计显示,2013年中国已经成为世界第一货物贸易大国[①]。与之相应的,中国在全球价值链中扮演的角色也愈加重要。众所周知,中国承接了大量来自世界各地的制造业外包,成为名副其实的"世界工厂"。然而大量掌握低价值环节的状态已经与我国贸易大国的现状以及要求发展创新型国家、在国际上发挥更大影响力的现状不相称。特别是,长期以来我国所凭借的低价劳动力的人口红利以及对自然资源的消耗已经不可持续,经济增长方式的转型也必然要求我国在国际分工体系中的角色进行转换。因此,中国积极要求重塑自身在全球价值链中所处的方位,凭借分工的进一步深化细化、自身技术与效率的提升和产业结构升级,结合全球范围内的资源整合和积极的贸易协定,以期在价值链上有所提升。

三、当前全球价值链发展的基本趋势

虽然受世界发达国家经济发展放缓乃至衰退的影响,国际贸易及经济往来受到一定程度的冲击,然而经济全球化仍然是历史的趋势与时代的主题,全球价值链也是跨国间经济贸易合作以及国际分工体系的主要形式,只是其趋势和重点将会发生调整,在以下几方面将有更为突出的体现。

---

① 刘晓翠. 2013年中国首次超越美国成为世界第一货物贸易大国[EB/OL]. [2014 - 03 - 01]. https://wallstreetcn.com/articles/78697.

(一) 创新化的发展趋势

无论是产业发达国家要求"再工业化"还是产业发展中国家要求产业升级、提升价值链,其核心都在于要求技术的创新。特别在当前,技术创新越来越具有全球化的特征,随着互联网的发展以及信息的共享,技术创新越来越打破传统严格的空间与条件限制,开始在世界的广泛角落实现,因而创新也可以作为一种资源进行整合,而非以往全球价值链上技术和研发领域牢牢由发达国家所把控。与之对应的是,创新也开始变得可分割,服务创新项目可以分散在不同的地区和国家。因此,在传统全球价值链中相对而言较为重要的采购商的主导作用相对弱化,技术创新将作为新的力量开始对全球价值链进行整合。

(二) 服务化的发展趋势

前文提到当前产业发达国家要求"制造业回流",然而制造业的性质也将发生变化,即侧重于高端制造业。同时,服务业与制造业的结合将是一个重要趋势。这主要是因为,服务业中所包含的信息通信、金融等成为产业发展的重要平台机制,开始在价值链的不同环节(如品牌设计、市场销售、研发等)中扮演越来越重要的角色,可以说,制造业产品在生产活动中都需要服务业的渗透,服务业不仅是制造业生产过程中较为高级的一种要素投入,而且生产性服务业更是作为服务业与制造业融合的一种直接的产业体现,处于价值链的高端位置。事实上,服务贸易和服务外包在近年间呈现出积极的发展趋势,特别是在金融危机严重影响货物贸易的同时,服务外包所受到的影响相对不那么显著。因此在制造业重塑的过程中,服务业的发展也是各国都将重视的一个领域。

(三) 区域化的发展趋势

全球价值链虽然以全球化为基本特征,但近年间,世界经济发展也呈现出很强的区域化特征。这是由于,经济的互动合作与区域及各国间的经济制度、社会体系、市场规则、营商环境、产业基础等的兼容性密切相关,因而一些成熟区域自然会形成价值链塑造的路径依赖。与此同时,以往大规模、低成本、单一化的价值创造链将被小规模、高端化、定制化的价值创造链取代,这意味着全球价值链将在不断提升的同时向区域化聚集。特别是一些国家还试图通过建立区域价值链而获得更大优势。如中国就是在推行"一带一路"的策略中,努力获得区域价值链的主导地位,这将比仅仅是嵌入全球价值链承担价值附加较低环节更能获得较大的收益。

(四) 复杂化的发展趋势

在分工不断深化细化的背景下,全球价值链的链条和构成日益复杂,很难再简单地用设计、生产组装、销售这样的模式去囊括。同时,发达国家与发展中国家价值塑造的链条轨迹,如发达国家向发展中国家发包、发展中国家向发达国家出口最终产品等的单一轨迹已不再清晰。每一个价值形成环节均可能被进一步碎片化、分散化,而发达国家和发展中国家在价值链上的合作可能更多是重复化的贸易,即因环节的碎片化而需要更多往来。换言之,所谓价值链可能会被更为复杂的价值网络所替代。

第二节　中国产业发展全球价值链的所在方位

一、中国产业嵌入全球价值链的四次机遇

中国在全球价值链中得以呈现出当前的历史方位,除了与产业结构、生产力技术水平以及资源禀赋等密切相关,也与加入全球价值链的历史机遇密切相关。总体而言,从 20 世纪 80 年代逐步开放、融入国际分工体系以来,我国经历了四次主要的嵌入全球价值链的机遇。

(一) 我国以轻工业加工装配环节嵌入全球价值链

虽然在改革开放的最初阶段,我国主要参与的是产业间分工,以 1983 年为例,出口商品大类中仅有石油、煤炭、建筑材料三类盈利[①]。但在 1984 年后中国积极推进外贸体制改革,通过开放特区建设,发展三资企业,积极地利用外资和技术,推进以纺织品和初级制造业为主的外向型经济,如 1987 年轻工业部制定《轻工业振兴纲要》指出轻工业在未来发展中,应"处理好国内市场与国际市场的关系""推进沿海地区轻工业外向发展"和"支持优势产

---

① 郑有贵.中华人民共和国史 1949—2012[M].北京:当代中国出版社,2016:205.

业"①,进而开启了嵌入全球价值链的步伐。特别提出了"三来一补",即"来料加工""来料装配""来样加工"和"贸易补偿",是一种典型的产业内参与分工。因此可以说,20 世纪 80 年代,我国把握住了以轻纺产品为代表的国际劳动密集型产业向发展中国家转移的历史机遇,初步通过加工、装配环节加入全球价值链。虽然这是一个附加值较低的环节,但考虑到我国劳动力和自然资源的比较优势,加入全球价值链在我国赚取外汇、解决就业、产业结构升级等方面发挥了重大的积极影响。据统计,1978 年初级产品出口占我国出口总额的 54.8%,到 1985 年初级产品出口和工业制成品出口的比重基本持平,至 1991 年,工业制成品比重上升至 77.46%②。

(二) 我国在跨国企业发展背景下承接了大量的国际制造业转移

20 世纪 90 年代以来,中国在上一阶段的路径下,进一步深化了委托加工的嵌入模式,使得原厂委托制造(original equipment manufacturer, OEM)逐步形成规模,成为中国参与全球价值链的主要形式。此过程中,我国的加工贸易规模持续扩大,大量的原材料和中间产品进入我国,而后被加工成最终产品和半成品后出口,由此,我国被更深入地嵌入全球价值链体系。数据显示,1992 年我国加工贸易出口比重为 46.64%,1999 年该数值进一步增长至 56.88%③。由此,中国开始逐步成为"世界工厂"。除了纺织鞋帽、玩具等轻工业品,机电产业在 OEM 中开始崛起。这一方面得益于我国在"八五计划"将机械电子、汽车制造作为支柱产业,特别强调努力扩大机电产品特别是成套设备的出口,进而出台了相关的扶植政策,另一方面,这也得益于世界经济在发展中自然形成的产业结构升级。据统计,1980 年我国机电产品的出口比重仅为 7.7%,此后该比重一路上升,至 1990 年为 17.9%,至 2000 年更是高达 42.3%④。客观而言,该时期我国仍主要被定性为低技术档次的加工组装基地,虽然对全球价值链的嵌入更为紧密,但仍然锁定在附加值较低的环节上。不过一个利好的趋向是,该时期我国加入全

① 陈新,丛国滋.中国轻工业四十年(1949—1989)[M].北京:中国轻工业年鉴社,1990:240.
② 王昌林.中国产业发展报告 2013—2014[M].北京:经济管理出版社,2014:90.
③ 王昌林.中国产业发展报告 2013—2014[M].北京:经济管理出版社,2014:91.
④ 王子先.中国参与全球价值链的新一轮开放战略[M].北京:经济管理出版社,2014:154.

球价值链的一个重要方式是由跨国公司主导。20 世纪 90 年代是我国 FDI 大量增长的阶段,跨国公司的介入在一定程度上会产生技术的外溢效应,为我国的技术、管理等带来积极的改善。而跨国企业也成为我国加入全球价值链的助推器。

(三) 我国在加入 WTO 后进一步承接国际产业转移

加入 WTO 后,我国经济进一步实现了更为全面、更为多层次、更加宽领域的对外开放格局,同时伴随着市场经济体系和产业结构的发展,我国成为 FDI 的首选地区之一。国家统计局官方网站的数据显示,2000 年我国实际利用外商直接投资金额为 4 072 000 万美元,2005 年攀升至 6 032 500 万美元,2010 年更是高达 10 573 000 万美元[①],而且超过 90% 的世界 500 强企业都选择在华投资。在这种积极的局面下,我国对于国际产业转移的承接在规模和质量上也有了提升,进而使得我国在全球价值链上呈现出新的变化。其一,承接的制造业环节进一步向技术密集、资本密集环节攀升,大量以 IT 为代表的高科技产业环节开始向我国转移,这在我国的高科技产业出口额占比上就有所体现。其二,承接的环节有所延长,企业在承担单一产品乃至产品单一部分的加工和生产的基础上,进一步向相关产业延伸,进而在国内形成了一定的价值链条。这与 FDI 在我国的增多直接相关。其三,我国也开始承接服务业环节,服务外包在我国逐渐起步,同时房地产、商务服务业、交通运输等也吸收了较多外资,一些跨国公司甚至将研发中心设立在我国。至此,我国在全球价值链中已经扮演了非常重要的角色。

(四) 我国 2011 年后开始通过对外直接投资的快速增长融入全球价值链布局

2011 年以后,随着中国企业"走出去"步伐的加快,中国对外直接投资快速增长。2012 年中国的对外直接投资金额达到 878 亿美元,首次成为世界第三大对外投资国。2013 年中国的对外直接投资额首次突破 1 000 亿美元,达到 1 078.4 亿美元。2014 年又再次实现突破,在创下 1 231.2 亿美元历史新高的同时,首次实现对外直接投资与吸引外资接近平衡,双向差额仅为

---

① 数据来源:国家统计局 http://www.stats.gov.cn/。

53.8亿美元。2015年,中国的对外直接投资进一步增长,达到1 456.7亿美元,超过了同期吸收外资的规模,实现资本净输出,并超过日本成为全球第二的对外投资大国。2016年中国对外直接投资达到1 961.5亿美元,首次在全球对外投资中占比超过一成,达到13.5%。在保持全球第二的对外投资大国同时,存量资产超过5万亿美元,其中累计净额达到13 573.9亿美元,在全球占比提高到5.2%,存量排名全球第六。2017年虽有所下降,但仍然达到1 583亿美元,居全球第三位,存量规模达到18 090.4亿美元,占全球对外投资总存量的5.9%,已经成为仅次于美国的全球第二大投资存量国①。中国一改原来被动接受技术转移和产业转移的方式,通过积极开展对外直接投资,主动对全球价值链进行重新布局和调整。

二、中国产业参与全球价值链的评估指标及基于各项指标的整体判断

除了从历史的角度对中国全球价值链所处方位进行描述性的考察,当前的学术领域提供了诸多的评估方法和大量的文献研究成果,可以对中国参与全球价值链的程度进行定量的指标评估。本书选取了增加值贸易额、全球价值链指数、上游度指数和出口技术复杂度四个在学界较为通用的指标,通过对文献的梳理,希冀从客观上反映中国对于全球价值链的参与情况。

(一) 增加值贸易额

贸易额无疑是反映一国参与国际经济体系的重要指标。然而,随着全球价值链的不断扩大,传统贸易统计体系作为统计指标已经不能反映一国的真实状态。随着生产过程或是价值创造过程的不断分割,大量价值链上的国家需要进口中间品在本国加工成最终产品或进一步的加工品而后再出口,因而出现了大量的"为了出口而进口"的情况,不仅可能造成贸易额的重复计算,更会造成出口水平的虚高,即对于发展中国家而言,其所在生产环节越处于下游,传统贸易统计体系就会对其真实创造的价值和获得的收益

---

① 数据来源:商务部历年《中国对外直接投资统计公报》。

产生高估。这一问题已经得到国际广泛认同。因此，OECD 和 WTO 提出以价值增值为口径的统计方法，公布了世界投入产出数据库（World Input-Output Database，WIOD），进而引发了国内一批学者基于该数据库对中国的增加值贸易额展开计算。

张海燕（2013）运用 WIOD 所提供的 1995—2009 年的数据对中国及世界主要经济体的出口附加值进行了计算，并与传统出口额进行了比对。指出 1995—2008 年间两种出口额的差距在持续扩大，即中国的出口额存在被高估，这反映了我国的出口附加值并未随着出口额的扩大而扩大，侧面印证了锁定在低附加值链条的粗放型增长模式大量存在于我国的全球价值链参与过程中，直至 2009 年差距才有所缩小，不过这也是国际金融危机后我国出口额减少所造成的。罗长远和张军（2014）则运用 WTO 和 OPEC 在 WIOD 数据库基础上开发的 TiVA 数据库，该数据非连续，涉及 1995 年、2000 年、2005 年、2008 年和 2009 年，以此对中国附加值比重进行测算。该比重在 1995—2005 年间是下滑的，从 88% 降至 64%，随后回升至 2009 年达到 67%，而且分解结果显示，产业内效应，即行业内本地附加值发生变化而出口行业构成不变，是导致该比例下滑和回升的首要原因。而导致这一原因的，则是我国本土的直接附加值占比较低，即自身创造附加价值的能力有限。王岚（2014）运用附加值贸易框架，指出 1995—2009 年中国制造业出口中大部分行业的国内价值增值比例有明显下降，随后呈现出微弱的上升趋势，但整体上中国的制造业处于下游位置，特别是国内价值增值比例的提升很大程度是由于纺织、鞋类等技术水平较低的行业的经济附加值出口提升，资本和技术密集型行业存在被锁定在低端环节的风险。

（二）全球价值链指数

全球价值链指数主要指全球价值链参与（GVC-participation）指数和全球价值链位置（GVC-position）指数。这是对附加值贸易统计方法的拓展性应用，由 Koopman et al.（2010）开发，主要思路是运用一经济体对某产业中间品的出口额和对于该产业中间品的进口额进行比较，进而形成衡量一经济体对全球生产网络的参与程度的 GVC 参与指数和衡量一经济体在全球价值链中所在位置的 GVC 位置指数。

　　刘琳(2015)运用 WIOD 的数据库,对中国的 GVC 参与指数进行了测算,认为其在 1995—2011 年间逐年提高,特别在 2001 年我国加入 WTO 后增速加快,反映出我国与全球价值链的关系日益密切,而此阶段 GVC 位置指数均为负,并无显著变化,表明中国处于 GVC 的下游位置,在国际分工中地位较低。而岑丽君(2015)则运用 TiVA 数据库进行测算,认为中国的 GVC 参与指数呈现倒"L"形轨迹,即在 2005 年达到最高,随后又小幅度降低,不过仍在数据库涵盖国家中排名第一位。与此同时,中国的 GVC 地位非常低,且呈"V"形轨迹,即在 2005 年地位最低,而后虽有所上升,但不显著。可见,在我国不断融入全球价值链的过程中,所处地位仍然较低,改善并不明显。类似的,周升起、兰珍先和付华(2014)也运用此方法及 TiVA 数据库,分析了中国制造业 1995—2009 年的 GVC 位置指数,指出中国制造业的地位在 1995—2005 年下滑,2005—2009 年缓慢回升。但在此过程中,中国劳动密集型制造业部门的国际分工地位明显高于资本、技术密集型和资源密集型制造业部门,特别是"化学品与非金属矿产品"和"电子、电气与光学设备"的 GVD 地位指数为负,反映其创新能力低于平均水平。刘海云和毛海鸥(2015)也运用了 WIOD 2000—2011 年的数据,结果反映包括中国在内的发展中国家的国际地位的确低于发达国家,但呈现出一定的上升趋势,此过程中积极的影响因素包括技术提升,交易费用下降,人力资本、外商直接投资以及公共产品增加。

(三) 上游度指数

　　上游度指数是用于衡量一经济体在全球价值链中所处位置的指标,其主要思路为,计算一经济体某一部门产品距离最终产品间的远近(Antràs P et al.，2012),如果上游度高,则该经济体的该产业离最终需求较远,处于价值链的上游;反之,如果上游度低,则该产业离最终需求较近,处于价值链的下游。但客观而言,该指数只能反映一个物理位置,即距离,与前文探讨的主要针对影响力方面的"上下游"并非同一语义。虽然也有一些文献反映发达国家、国内生产力与上游度的相互关系,但该值本身并不能反映附加值的创造程度。

　　从已有文献来看,目前无论是我国上游度的变化趋势,还是我国上游度的相对位置,国内研究并未形成较为公认的看法。马风涛(2015)运用 WIOD 数据库测算了 1995—2011 年中国制造业部门的上游度指数,结果显示大部分部门在此期间在全球价值链的位置都在向上游移动,这表明大多数部门开始越来越多地生产出中间品而出口到其他国家,不过一些部门如机械制造部门的上游度有所下降,即更多地接近最终产品的生产。然而,苏庆义和高凌云(2015)改进了已有的上游度指数测算方法,同样运用 WIOD 数据库,指出 1995—2002 年我国出口上游度呈现下降趋势,即朝向下游移动,随后较为稳定。2004—2008 年开始,出口上游度不断提高,朝上游发展,而 2009 年金融危机后,又再次下降,往下游发展。但总体来看,我国出口上游度处于相对上游的位置。鞠建东和余心玎(2014)的结论与此不同,他们同样采用国际比较的研究方法,指出就目前经验来看,发达国家通常偏向于价值链的下游,然而中国作为一个发展中国家,平均的上游度是偏低的,位置与法国、意大利等发达国家相近,甚至比美国、德国更接近最终产品。然而,依据 2006 年海关数据测算,中国出口产品单位价值偏低,这显示了中国在全球价值链位置和特征上的双重状态。

(四) 出口技术复杂度

出口技术复杂度描述一个经济体加工并出口某种产品时其所包含的技术含量,基本思路是用每一产品的劳动生产率,以该经济体各类产品出口占总出口的份额为权重进行加权求和,进而得到该经济体的出口技术复杂度。从这个角度,该指标并不直接反映该经济体在全球价值链中的地位,但可以从一个角度反映其创造价值的能力。因此,除了直接将该指标的测算作为研究对象外,一些文献还考察了该指标与其他因素之间的相互关系,用以反映我国在出口领域技术密度上的变动情况。

戴翔和张二震(2011)使用 HS92 六位数分类商品贸易数据,实证测算了 1994—2009 年中国出口技术复杂度,并以 OECD 部分高收入国家作为比较对象,结果表明,中国出口技术复杂度在资源密集型和低技术密集型产品上与发达国家相仿,而在中等技术密集型和高技术密集型产品上则存在一定差距。在此基础上,戴翔和金培(2014)再次对 1996—2010 年的 62 个经济体的出口复杂度进行了测算,主要考察制度变量和产品内国际分工程度对一经济体出口贸易复杂度的关系。结果显示,除了制度质量的提高对于出口技术复杂度的积极作用得到了验证,产品内国际分工程度及其与制度质量的交互作用对于出口复杂度提升也具有显著的正向作用。换言之,进一步开放并深层次地融入国际分工体系,对于我国技术提升以及分工定位的改善具有促进作用。文东伟(2011)运用 OECD 2009 年版投入产出数据库和2008 年版双边贸易数据库,测算比较了 1995 年、2000 年和 2005 年中国及其他一些国家的制造业的出口技术复杂度。结果显示,与产业发达国家相比,中国制造业各行业的技术密集度相当低下,同时出口篮子的技术复杂度也很低下,与中国出口额的庞大形成极大反差。类似的,刘维林等(2014)针对中国 27 个制造部门,运用其 2001—2010 年的数据,检验了国外附加值率对于出口技术复杂度的影响,进而反映嵌入全球价值链的程度对于我国出口技术复杂度的影响。结果显示,中国从国外获取的中间投入对于出口技术复杂度的提升有积极影响,但来自发达国家的国外附加值对于我国出口制造业的研发活动具有抑制作用,即确实更容易造成所谓的"低端锁定"。

第三节　中国产业发展在全球价值链中的优劣势分析

如前文所言,如若从全球价值链的角度出发,从事所谓的劳动力密集型产业,不一定不能创造高的附加值,而处于价值链的物理位置(即物理意义上的上下游)也不一定代表附加值的高低。因此,有必要从全球价值链的角度,即紧密围绕价值创造的视角,对我国参与国际分工体系的各产业进行优劣势的对比。为了便于理解,本书还是主要依据要素结构,将产业分成四类展开讨论,分别是劳动力密集型产业、资本、技术密集型产业、以服务业为代表的知识密集型产业和战略性新兴产业。

一、劳动力密集型产业在全球价值链中的优劣势分析

劳动力密集型产业,如纺织、服装、鞋帽、玩具、食品等,是我国传统的优势型出口企业。因为从比较优势的角度,我国具有庞大的劳动力数量,因此价格较为低廉,吸引了其他国家将劳动力密集的产业和环节转移到我国。

劳动力密集型产业在我国加入国际贸易和全球价值链中扮演了重要的角色。以纺织品服装为例,该品类一直保持着较为客观的贸易顺差和较大程度的出口比重。据统计,1996 年我国纺织品服装出口额为 349.7 亿美元,占全部出口的 23.1%,是全国货物贸易总顺差的 1.5 倍;2000 年,纺织品服装出口额上升至 521.7 亿美元,占全部出口的 20.7%,是全国货物贸易总顺差的 1.6 倍;至 2005 年,出口额暴涨至 1 150.3 亿美元,占全部出口的 15.1%,而全国货物贸易总顺差倍数有所下降,为 0.96[①],可见纺织业始终是我参与国际分工的一项重要产业。2012 年,纺织品服装出口额为 2 559.42 亿美元,仍保持增长势头[②]。因此,这一类产业在全球价值链中是否具有竞争优势,是比较重要的一项研究课题。

(一) 产业发展创造更多附加价值

不同于一般性的从产业结构的角度出发,认为劳动力密集型都是较为低端的产业,现在大多研究证实,从全球价值链的角度,劳动力密集型产业是我国在 21 世纪以来表现最好的产业,在增加值贸易额上是有所提升的,同时全球价值链地位指数也有所提高,比资本及技术密集型产业明显有更好的表现。这主要是由于以下几点原因。

第一,产业集群使得国内产业能够创造更多价值。我国劳动力密集型产业能够创造更多价值并减少对进口中间品的依赖,很大一个原因就是从加工贸易转向一般贸易,即更多的价值可以在国内生产形成。数据显示,2006 年我国的纺织服装及纺织制品的加工贸易出口比重为 29.4%,而 2011 年则下降至 19.4%,皮革制品也是类似,从 36.8% 下降至 22.8%[③],相对其他行业特别是资本、技术密集型产业如电气机械设备、光学用品等明显较低。形成这一现象与我国劳动力密集型产业的集群密不可分,在多年的发展中,一些产业在特定区域形成了具有一定产业特色的、生产和合作较为完备的群体,能够向产业的上下游拓展,从生产最初的纺织原料到最终的服装

---

① 中国纺织品进出口商会. 中国纺织品服装对外贸易年鉴 2005—2006[M]. 北京:中国农业科学技术出版社,2006:145.

② 中国社科院工业经济研究所. 中国工业发展报告 2013[M]. 北京:经济管理出版社,2013:363.

③ 参见《中国贸易外经统计年鉴 2007》《中国贸易外经统计年鉴 2012》。

服饰加工门类齐全的产业群体,进而承担了更长的产业价值创造链条。我国的纺织服装产业在 2009 年以后的集群效应愈加凸显,如江苏省金坛市"中国出口服装制造名城"、福建省石狮市的休闲服装名城等。据中国纺织工业协会对 142 个集群的统计,2005 年集群内企业 3.69 万户,2009 年则攀升至 15.04 万户,规模以上企业增长更是高达 63.8%[1]。

第二,对国际贸易波动的抗风险能力得到显著提高。中国的劳动力密集型产业是较早进入国际贸易的产业,也是贸易摩擦发生的重灾区,发达国家的保护措施呈多样化,如反倾销、社会责任、技术贸易壁垒、区域优惠安排等。但从数据来看,以纺织业为例,我国的纺织业工业产值都保持着较为理想的增长率,在 2008 年国际金融危机后也有着不错的表现,不仅保持着出口国第一的位置,所占份额也进一步扩大。一个重要的原因就是我国的纺织业已经逐步形成了对于贸易摩擦完整的应对流程和应对机制,在许多重点案件中都取得了良好结果[2]。这无疑降低了市场交易的成本,从而提高了价值的创造额。

第三,产业升级提升了创造价值的能力。近年来,提升劳动力密集型产业升级,包括提升技术、提升工艺、加强创新等一直是一个重要课题。国家和各地也出台了系列相关政策,涵盖技术、人力、环保等,进一步促进了产业的重组和升级。如根据国际纺织工业联合会的统计,2006 年中国作为世界纺机的最大买家,所购纺机在国际总量上占比 52%[3]。而且也有研究显示,嵌入全球价值链无论在我国纺织企业知识溢出的直接影响方面,还是由价值链主导企业推动链上我国纺织企业制造能力提升方面,都具有积极的意义[4]。因此,具有比较优势的产品种类日益增加,比较优势日益提高,附加值

① 钟安华. 现代服装产业导论[M]. 武汉:湖北科学技术出版社,2016:37.
② 如欧盟化纤布反倾销案件获得了史无前例的 26 个企业的市场经济地位裁决;美国聚酯短纤反倾销案件得到了罕见的零税率;印度绸缎反倾销案件撤销了一个类别产品的调查;土耳其和巴西杆件均首次获得部分分别税率裁决. 对外经济贸易大学国际经济研究院课题组. 中国出口产业国际竞争力研究报告 2012[M]. 北京:人民日报出版社,2012:84.
③ 高长春. 现代纺织经济与纺织品贸易[M]. 北京:中国纺织出版社,2008:88.
④ 吴波,李生校. 发展中国家集群企业的功能升级?——基于绍行纺织产业集群的实证研究[J]. 科学学与科学技术管理,2010(8):60-65.

也日益提高。

(二) 禀赋结构变动构成市场冲击

作为我国传统贸易优势产业,劳动力密集型产业也受到如下冲击。

第一,人口红利逐渐消散,各项生产要素成本迅速上升。禀赋结构的变动会直接导致产业的比较优势发生变动。以纺织业为例,2012 年中纺联服装出口企业专项调查结果显示,88.2%的企业劳动力成本较 2011 年有所提升,而其余份额中,8.8%的企业劳动力成本较 2011 年持平,仅有 2.9%的企业劳动力成本较上一年有所下降。在企业看来,人工成本上涨是影响企业效益的首要因素[①]。因此,社会各界广泛认为,由于劳动力成本迅速上涨,我国的劳动力密集型产业正面临较大挑战。除此之外,用地即房租成本也在持续上涨,2016 年全国实体经济(剔除了房地产开发和建筑施工企业)用地即房租成本同比上升了 9.7%[②]。而我国的劳动力密集型产业之所以具有比较优势,主要还是因为劳动力及相关生产要素的禀赋结构具有比较优势。因此,当前各项生产要素成本的上涨,使得相关产业面临比 2008 年国际金融危机时还要大的挑战。

第二,东南亚国家和地区的劳动力禀赋优势凸显,成为我国的竞争对手。在我国,劳动力成本连同其他生产要素价格上升的同时,东南亚一些国家和地区如越南、印度开始显露出其比较优势。东南亚国家以劳动力优势加入国际分工体系相对较晚,但其劳动力成本远远低于中国,特别自 21 世纪初以来,中国劳动力价格持续上涨。据调查,2004 年中国沿海地区的劳动力成本为 0.76 美元/小时,而越南仅为 0.28 美元/小时,巴基斯坦为 0.37 美元/小时[③]。而且,这些国家大多具有政策优势,如纺织品出口到欧盟、日本、加拿大等免交关税。这对我国构成极大的冲击。但除了劳动力低廉外,这些东南亚国家的产业基础没有我国完备,工人素质也没有我国理想,这为我

---

① 陈卫,高素梅. 中国工业年鉴 2013[M]. 北京:北京理工大学出版社,2014:40.

② 财科院. 实体经济用工成本刚性上升　东部上涨 9.84%[EB/OL]. [2017 - 08 - 01]. http://www.ce.cn/xwzx/gnsz/gdxw/201708/01/t20170801_24725233.shtml.

③ 梁文玲,李鹏. 基于全球价值链治理的中国纺织企业升级战略思考[J]. 经济问题探索,2008(7):67 - 71.

国劳动力密集型产业转型留下了一定的余地。

第三,环境污染问题造成劳动力密集型产业的隐性成本较高。劳动力密集型产业除了密集使用劳动力生产要素外,由于其工艺因素,事实上对环境造成了很大影响。以纺织业为例,其生产的大量废水一直是我国污染的一个重要来源。如调查显示,2011 年纺织业的废水排放量在整个工业行业中排第三位①。因此即便能创造较大价值,这一类产业对我国自然生态环境造成的负面影响长期存在,而且发展难以长期持续,可谓参与国际分工的代价惊人。

二、资本、技术密集型产业在全球价值链中的优劣势分析

所谓资本与技术密集型产业,主要是指在资本和技术使用上较为密集的制造业,但这里的探讨不包括高新技术产业,而主要指电子产品、机械设备、仪器仪表、汽车、化工、有色金属等。特别是电子产品机械制造一类,在我国出口贸易中的地位比劳动密集型产业还要重要。如前所述,早在 20 世纪 80 年代,我国为扩大出口创汇就积极发展加工贸易,而机电产业由于具有可以精细化、程序化分工的特色,而且由于电子产业的发展,90 年代机电等外商投资规模在加工贸易中的比重持续上升,已经超过纺织、鞋帽等产业,并成为第一大类出口产品。特别是 21 世纪以来,IT 技术的发展使得我国大量承接了相应的加工贸易产品。统计显示,2000 年机电产品出口额占我国全部出口额的 42.3%,2005 年为 56.0%,2013 年进一步上升到 57.3%②。截至 2012 年,我国有 64 种机电产品出口排名世界第一,其中又有 20 种产品加工贸易出口占比超过 50%③。所以,中国能够成为机电产品出口大国,主要是由于嵌入全球价值链、承接加工贸易的原因。因此,机电产业在全球价值链的参与程度也是较高的。

(一)"锁定效应"导致附加值难以提升

虽然从出口的产品来看,机械、电子产品、电脑等比纺织、鞋帽、家具等要更高端,即技术和资本密集程度更高,但从全球价值链的角度,"只赚数字

---

① 中国社科院工业经济研究所.中国工业发展报告 2013[M].北京:经济管理出版社,2013:369.
② 王子先.中国参与全球价值链的新一轮开放战略[M].北京:经济管理出版社,2014:154.
③ 周达.中国制造业结构变动研究 1981—2006[M].北京:知识产权出版社,2008:70.

不赚钱"在以机电产业为代表的资本、技术密集型产业中格外突出。一些研究显示,劳动密集程度较高的制造业部门在全球价值链中的地位明显高于资本、技术密集程度较高的制造业部门,甚至低技术制造业的国际分工地位都要明显高于中高技术制造业。

(1) 我国参与全球价值链存在低端环节锁定现象。资本与技术密集产品价值分割程度较高,研发和包括核心技术的环节都由发达国家掌控,而我国则事实上承接了产业链条上相对劳动力较为密集的加工、组装环节。因此,一方面我国虽然出口额较高,但这其中包含了大量进口的别国中间品的价值,所以我国实际获得的贸易增加值较低。另一方面,因为产业链被高度细分,我国从事的环节就是大量的重复的加工工作,因此很难发挥技术外溢效应,被长期锁定在低端环节,难有较大幅度的改善。

(2) 承担要素价格上涨的巨大压力。我国在土地、人力等方面的比较优势在资本与技术密集型产业上也是存在的,因此跨国公司对这些要素价格的变动极其敏感。近年来,就有多家从事资本与技术密集产业的跨国公司将生产线撤离我国,如微软、诺基亚于 2014 年撤出东莞,西铁城于 2015 年撤出广州,松下于 2015 年撤掉洗衣机、微波炉、家用空调等多个在我国的生产线,都是由于我国的劳动力成本已经丧失了优势,而希捷于 2017 年撤离苏州,也与过高的房价和赋税有关。这种被动的减少组装环节,势必对我国参与全球价值链造成一定冲击。

(3) 发达国家制造业回流对我国造成负面影响。如前文所述,近年来发达国家为实现再工业化,要求制造业回流。如奥巴马政府曾制定了一系列相关的包括科技进步、投资环境、人才培养、市场拓展和能源在内的政策。当然,其在低端制造业上的比较优势没有我国显著,然而在创新环境、信息技术以及价值链的主导能力上远胜我国。发达国家如若集中将中端制造业回流,那么对我国制造业产业升级将造成很大影响,凭借承接国外产业获取先进技术的可能性随之降低。

(4) 产业转型滞后于市场发展需要。当前国际市场对资本与技术密集的制造业的要求正处于加速升级的阶段。个性化、高精度、高标准、环保化、节能减排化、提供整体解决方案等的要求正在日益提升,因而高品质、高技术含量的产品成为竞争重点。然而我国的制造业转型升级相对缓慢,相关行业主要集中在加工装备上,生产同质化现象严重,研发投入亟待提高,缺乏自主创新能力和自有品牌,所以中高档产品供给能力不足,难以在市场发展中发挥主动性。

(二) 通过资源整合实现更大影响力

虽然我国资本与技术密集型产业受到诸多不利因素影响,显现出一定劣势,但其也积累了一定的比较优势。部分产业实现资源整合,承担更长的价值链。这一点与前文探讨的劳动力密集型产业较为近似,不过只有部分资本与技术密集型产业较好地完成了资源整合,主要代表是家电产业。近年来,中国已经成为全球最大的家电生产国家,而中国之所以能够成功取代欧美、日韩对于家电价值链的主导,主要是由于在多年的发展过程中,我国的零部件配套完善,形成了庞大的供应体系,在多个环节都有较为知名的企业,如处于零部件供应的华意压缩、三花智控、聚隆科技,能整机生产的如格力电器、美的集团、海信电器、老板电器、苏泊尔,处于渠道和市场营销环节的如苏宁云商、国美电器、京东、阿里巴巴等。因此虽然我国家电产业链各环节的毛利率低于国外产业,但得益于产业链逐渐搭建、供应体系较为完备,因而已经形成了能够自给自足,能够从事 OEM 生产,也能创造自有品牌的较为成熟的体系。当前,中国的机械设备、计算机、电气设备等产业已经深刻地嵌入全球价值链中,能否利用我国作为经济快速发展的大国在产业体系健全上的优势,进一步实现资源的整合,是这些产业能否塑造竞争优势的一个关键。

三、知识密集型产业在全球价值链中的优劣势分析

本书所探讨的知识密集型产业主要指服务业,如前文所述,服务业现在被看作是塑造全球价值链竞争优势的一个重要发展方向。然而不同于货物贸易,我国的服务贸易开放相对较晚,这也在一定程度上影响了我国服务业参与全球价值链。在 20 世纪 80—90 年代我国实行对外开放且加工贸易发展得如火如荼的时期,我国服务业的对外开放主要集中在有限的餐饮业,而后是商业、旅游、房地产业,而且多是以试点为基础逐步铺开。进入 21 世纪,

我国的服务业开放步伐才开始加快,如 2001 年《关于"十一五"期间加快发展服务业若干措施意见》提出,根据加入 WTO 承诺和我国经济发展需要,"有步骤地进一步开放银行、保险、证券、电信、外贸、商业、文化、旅游、医疗、会计、审计、资产评估、国际货运代理等领域",特别在金融领域,我国在承诺范围内逐步赋予了外资银行以国民待遇,证券和外资行业内外资也开始扮演积极的角色。2007 年《关于加快发展服务业的若干意见》,重点内容就是要提高服务业对外开放水平,还提出"把大力发展服务业贸易作为转变外贸增长方式、提升对外开放水平的主要内容",这就为我国的服务业加入全球价值链奠定了坚实的基础。特别是配合自贸试验区的建立,我国服务业加入国际分工体系已经进入了大力开放、快速发展的阶段。

(一)发展迅速,超世界平均水平

我国的服务业目前而言最大的优势就是发展较为迅猛,体量迅速扩大。统计数据显示,在 20 世纪 90 年代以前我国的服务业进口额和出口额总体均较低,直到 90 年代后,开始有较大的幅度增长。如 1992 年我国的服务进口额为 92 亿美元,2002 年则发展至 461 亿美元,扩大 5 倍左右;而出口额的发展也同样迅速,1992 年为 91 亿美元,而 90 年代的增长率惊人,保持在 10%～50%,90 年代末受到金融危机的影响有所下滑,所以 2002 年为 394 亿美元,仍有 4 倍左右的扩大[1]。根据中国商务部公布的数据,2017 年我国服务贸易出口额为 15 406.8 亿元人民币,进口额为 31 584.3 亿元人民币,且出口增速超过进口增速[2]。和世界平均服务进出口相比,无论是进口服务还是出口服务,我国的发展趋势都基本与世界同步,但呈现出略高的趋势。如 2000 年我国服务进口增长率为 15.8%,而世界平均水平为 6.5%,2009 年全球金融危机爆发,我国服务进口增长率为 0.1%,而世界平均水平仅为－9.4%。 出口的增速则明显比世界平均水平要高,如 2000 年我国出口增长率为 15.2%,世界仅为 6.3%,不过出口增长受世界经济影响更为巨大,

---

[1] 数据来源:《中国服务贸易统计报告》http://tradeinservices. mofcom. gov. cn/c/index. shtml? method=qqtjYear。

[2] 数据来源:中华人民共和国中央人民政府官方网站 http://www. gov. cn/xinwen/2018-02/06/content_5264184. htm。

如 2009 年世界服务出口增长率为 -12.2%,而我国为 -9.5%①。从世界水平来看,中国服务贸易进出口水平有显著提升,2014 年的数据显示,我国的出口额在世界排名第 5,而进口额排名第 2②。因此客观而言,我国服务业在参与全球价值链的进程中尚处于发展阶段,在比较优势和竞争优势上并不凸显,然而发展趋势迅猛,有较大的发展前景和竞争潜力。

(二)开放不足制约竞争优势塑造

然而,在发展形势可观的同时,我国服务业还存在诸多劣势,其中最主要的原因是服务业开放问题。换言之,开放是服务业的生命线,服务业如果能够开放,实际上是能够分享全球价值链带来的成本的节约和价值的提升,原因在于,当前出口制成品中所创造的增加值越来越多是由服务业提供的,服务业的增加值现在成为本土增加值的重要构成③。而我国的开放度不足,造成了一系列的竞争劣势。

(1)我国服务贸易水平与大国贸易地位极不相称。虽然我国服务业贸易规模快速扩大,而且贸易逆差不断缩小,但与我国作为全球第一的贸易大国相比,地位是不相称的。货物贸易和服务贸易占 GDP 的比重显示,虽然我国货物贸易占比波动,而且近年来还呈现下滑趋势,但最高能有超过 60%的比重,至 2014 年仍有 40%以上。然而相比之下,我国服务贸易比重直至2014 年仍未超过 10%。可见,虽然服务贸易进出口体量增大,但从某种程度上也是我国国民经济发展的一个反映,并未有更为突出的增长④。

(2)开放度不足导致我国服务业利用外资水平较低。外商直接投资是将我国产业嵌入全球价值链的一个重要方式,然而,由于我国服务业的开放程度较低,利用外资的水平也较低。这种低水平不在于投资量上——事实

---

① 数据来源:《中国服务贸易统计报告》http://tradeinservices. mofcom. gov. cn/c/index. shtml?method = qqtjYear。

② 数据来源:《2013 年我国服务进出口保持世界第三进口跃居第二》http://tradeinservices. mofcom. gov. cn/a/2014-04-17/235884. shtml。

③ 刘世锦. 服务业开放能够分享全球价值链带来的成本节约、价值提升[EB/OL].[2018-03-24]. http://economy. caijing. com. cn/20180324/4424270. shtml.

④ 数据来源:《2013 年我国服务进出口保持世界第三进口跃居第二》http://tradeinservices. mofcom. gov. cn/a/2014-04-17/235884. shtml。

上以投资额占总额的比重,2011 年我国服务业吸收外资的能力已经超过制造业——而是在结构上。2014 年的数据显示,房地产行业是我国服务业吸收外资的主要部门,金融行业、运输服务业、计算机应用服务业等占比都较低[①]。而这也在很大程度上限制了这些较高级别的服务业嵌入全球价值链体系。

(3) 服务贸易结构较低,尚处于全球价值链的低端环节。目前文献对于我国服务业在全球价值链的地位判断上,大多认为是处于较低位置,主要原因就是我国的服务业结构较低,如李慧娟和蔡伟宏通过测算我国服务业各部门的 GVC 地位指出,我国服务业分工主要是住宿餐饮、租赁与商务业、公共管理和社会组织业[②]。中国服务业中具有国际竞争力的是相对劳动密集型的住宿和餐饮业,以及相对资本密集型,如水路运输类,而对知识要求较高的服务业如教育、金融、公共管理、租赁等都没有比较优势[③]。可见,服务业目前面临的问题与制造业类似,即看似从事产业结构较高的产业,然而在全球价值链中却处于相对低端的环节。有研究认为,造成这一现象的原因除了我国服务业发展较晚,相关产业发展落后,尚未形成集群效应外,还有我国自主培育高级要素的能力也较低,另外很重要的一个原因就是,我国服务业的开放度不够,因此既缺乏竞争,又不能充分享受外资带来的直接和间接收益[④]。

四、战略性新兴产业在全球价值链中的优劣势分析

战略性新兴产业在国务院 2012 年 7 月出台的《"十二五"国家战略性新兴产业发展规划》有明确定义,"战略性新兴产业是以重大技术突破和重大发展需求为基础,对经济社会全局和长远发展具有重大引领带动作用,知识

---

① 《中华人民共和国年鉴 2015》。

② 李慧娟,蔡伟宏. 中国服务业在全球价值链的国际分工地位评估[J]. 对外经济贸易大学学报,2016(5): 28 - 50.

③ 尹伟华. 中、美两国服务业国际竞争力比较分析——基于全球价值链视角的研究[J]. 上海经济研究,2015(12): 41 - 51.

④ 王厚双,李艳秀,朱弈绮. 我国服务业在全球价值链分工中的地位研究[J]. 世界经济研究,2015(8): 11 - 19.

技术密集、物质资源消耗少、成长潜力大、综合效益好的产业"。规划还直接明确了我国的七大战略性新兴产业,包括节能环保、新一代信息技术、生物、高端装备制造、新能源、新材料和新能源汽车产业[①]。事实上,自 21 世纪以来,随着我国的经济持续发展、产业基础夯实、技术不断进步,我国已经日益具备大力发展战略性新兴产业的条件,特别是在加入国际分工体系后,我国以战略性新兴产业获得国际竞争优势地位的意愿不断增强。2009 年温家宝同志向首都科技界发表题为"让科技引领中国可持续发展"的讲话,指出国际金融危机给中国带来了前所未有的机遇和挑战,我国转变发展方式、调整经济结构的任务越来越艰巨,国际经济和科技竞争的压力越来越大,我国必须在这场竞争中努力实现跨越式发展,把争夺经济科技制高点作为战略重点,逐步使战略性新兴产业成为经济社会发展的主导力量[②]。由此,战略性新兴产业开始成为我国经济转型的热点话题。

(一) 政策大力扶植促进创新发展

在加大支持力度和投入后,我国的战略性新兴产业在近年来发展迅速。《中国战略性新兴产业发展报告》显示,2017 年 1—7 月间我国战略性新兴产业实现跨越式发展,在产业结构、产业投资和产业创新上都有突出表现,27 个重点行业营业收入同比增长 13.8%,增速表现优于 2016 年同期水平且优于全国工业企业总体水平,相关产业上市公司营业收入总额高达 1.69 万亿元,同比增长 19.8%,因此已经成为我国经济下行压力下实现逆势增长的一股重要力量,对维持宏观经济平稳运行产生了积极影响[③]。

(1) 政策扶植与科研投入构成了产业发展的重要助推。2010 年《国务院关于加快培育和发展战略性新兴产业的决定》构成了指导产业发展的重要思想。2012 年《"十二五"国家战略性新兴产业发展规划》和《战略性新兴产业目录》(2012 年版),随后多项专项型政策随之出台,各地也颁布了相应

---

① 《国务院关于印发"十二五"国家战略性新兴产业发展规划的通知》http://www.gov.cn/zwgk/2012-07/20/content_2187770.htm。

② 《国务院总理温家宝:让科技引领中国可持续发展》http://www.gov.cn/ldhd/2009-11/23/content_1471208.htm。

③ 《报告显示:我国战略性新兴产业发展全面提速》http://www.gov.cn/xinwen/2017-11/18/content_5240750.htm。

的产业政策。2016 年《"十三五"国家战略性新兴产业发展规划》指出"要把战略性新兴产业摆在经济社会发展更加突出的位置",并随后更新了《战略性新兴产业重点产业和服务指导目录》(2016 版)。在政策支持下,我国加大了相关的扶植力度。以研究与试验发展经费支出为例,2012 年我国全年支出 10 298.41 亿元,2016 年增长至 15 677 亿元[①]。

(2)"举国体制"有利于重大技术创新突破。所谓"举国体制",即调动和动员全国相关的物质资源和人力资源,攻克国家级乃至世界级的尖端领域或重大项目,可谓"集中力量办大事"。一方面,我国建立了诸多国家级工程技术研究中心、国家重点实验室、国家级企业技术中心以支持战略性新兴产业;另一方面,在攻克重大项目时,我国还利用体制优势,打通研究中心、高校、企业、政府相关部门等形成产、学、研、政府四位一体的创新机制,极大地降低了合作成本并提高了创新实力。我国高铁的研发就是一个典型案例,其坚持政府主导,融合了数十家国内重点一流高校、一流研究院所、国家级实验室和工程研究中心,吸收了大量院士、教授、科研人员和工程技术人员,因此实现了从引进、消化,到吸收、再创新的过程,在高铁领域打造出了高技术含量的中国自主品牌。

(3)目前已积累了一定的创新成果,奠定了产业发展的良好基础。在我国推进战略性新兴产业建设后,一些产业和重点项目已经取得了跨越式突破。我国在载人航天、载人深潜、超级计算、高铁、可燃冰、页岩气、移动通信等领域,目前已经突破了一批关键核心技术,进入世界先进行列[②]。而在应用产业领域,以云计算、大数据以及绿色节能环保等为代表的新兴技术与商业模式,如移动支付、互联网电子商务等正在快速变革着人们的生产生活,在世界领域都颇具竞争优势。

(二)创新实现机制尚不充分明晰

创新的实现是一项具有巨大不确定性的试验性过程,在技术水平与发达国家尚存在巨大差距的情况下,虽然我国在近年来投入大量的资源来推

---

① 国家统计局 http://data.stats.gov.cn/。

② 工业和信息化部赛迪研究院.2018 年中国战略性新兴产业展望:新兴产业是经济增长的重要力量[EB/OL].[2018-04-12].http://zgsc.china.com.cn/2018-04/12/content_40289442.html.

动战略性新兴产业的发展,然而投入与产出的关系难以量化,同时创新实现机制、创新成果转化机制、创新成果传导机制等尚不明确,还处在探索过程,进而在很大程度上阻碍了相关产业在国际领域塑造竞争优势。国内学界很多研究将战略性新兴产业政策绩效作为一个研究的重点。如南晓莉和张敏(2018)指出,政府补助其实增强了企业的成本黏性,即成本与业务量变化的关系存在不对称性,成本在随着业务量增加而增加后,在业务量减少后却未能同比例减少,这在国有企业中表现更为突出。换言之,政府补助存在过度投资和降低企业效率的问题。余东华和吕逸楠(2015)以光伏产业为例,指出光伏产业存在结构性和体制性的产能过剩,主要就是因为政府对于战略性新兴产业在政府补贴、土地价格和金融支持上的不当干预。可见单一维度地促进某一产业孤立地扩大,并不能实现产业长期的可持续发展,市场结构和消费结构的同步升级同样重要。这也反映出,直接对目标产业进行定向扶植的结果可能并不理想,对于战略性新兴产业的扶植也应体现在关键技术研发和制造能力上,以此为基础应积极推动要素市场化改革,引入市场竞争机制以提高企业的竞争能力,避免以产能产量为标准的政策导致产业同质化,陷入新兴产业的低端锁定。

第四节　全球价值链视角下中国产业优化升级路径分析

本节分析显示,我国产业在全球价值链视角下亟待实现产业结构优化,中国对外投资在充分发挥比较优势的同时,应通过培育竞争优势,采取发展中国家经济属性决定的产业选择次序均衡的渐进突破策略。然而,中国发展中国家的现实国情,决定了对外投资结构不具备高端产业大规模对外直接投资的条件,不可能在短期内实现全球价值链的全面突破。所以,应发挥比较优势,提高边际产业和过剩产能对外投资的水平。与此同时,应抓住互联网技术迅猛发展和价值模块重组全球价值链带来的机会,力争实现小部分高端产业对外直接投资的突破。

第一,应对比较优势转变,转移部分低附加值环节。如前文所言,我国一些产业如劳动力密集型产业已经在多年来的发展中一定程度上实现了产业升级,在产业集群、侧重品牌与技术研发方面有所突破,然而国内比较优势发生变化,劳动力价格、土地价格等显著上升,成为这些产业实现进一步发展的阻碍。与我国禀赋结构改变相伴的是,东南亚的一些国家和地区近年来在劳动力以及关税上的比较优势日益凸显,同时与中国关系友好,因此已经吸引了一些企业将生产线转移过去。此举不仅可以降低企业成本,而且还能使得企业集中资源,专注于创新和研发乃至全球产业链的治理,进而实现全球产业链的地位提升。大量运用劳动力资源且产能较为过剩的行业如纺织行业、初级工业品加工等均可以遵循这样的思路。

第二,锁定海外比较优势环节,以投资促进创新转化。我国的一些产业在近年来取得了一定发展,在提升创新能力和产业基础搭建上取得了一定进步。然而如需进一步提升取得国际竞争优势,我国产业在先进技术、人才培育、企业管理思想与理念、品牌等环节上皆和海外知名企业存在一定差距。而随着我国资金实力的不断提高,向处于全球价值链高端地位的产业进行投资,整合其具有比较优势的环节和资源,从而为我国产业所吸收、学习、创新和再利用,可成为我国产业提升比较优势的一条可行途径。特别是,海外并购一些优秀企业,还能够利用其组织网络快速地融入其他海外市场,绕过一些壁垒进入新市场。事实上,一些企业已经在整合海外资源上进行了积极的实践。例如,上海汽车集团于 2004 年收购了韩国双龙 48.9％的股权,填补了多功能越野的空白;同年,收购了英国罗孚 27、25 车型和全系列发动机的技术知识产权,而且还拥有了 MG 品牌,对拓展国际跑车市场具有积极意义;2009 年,再次收购英国 LDV 品牌,以 Maxus-大通品牌推出自主品牌商用车,此举使得上海汽车集团从商用车的发展延伸到重卡、轻卡、大中客、轻客的齐全整车产品线,而且在掌握技术和品牌后,上海汽车集团整合了科研团队,从引进学习到自主创新,进而最终开发了自主品牌。

第三,推广比较优势产业,积极走出国门扩大影响。我国当前在一些产业上已经具备了国际性的比较优势,如"互联网＋"行业,因此可以积极向国际市场推广,展开对外投资,服务于东道国家,整合东道国生产要素甚至利用国外的创新资源,进而扩大企业影响力,布局全球产业链。如阿里巴巴近年来集中投资于印度和北美,主要进入其所擅长的电子商务和移动支付领域,试图在海外市场中寻找新蓝海和新的发展动力。

第四,以"一带一路"倡议为抓手,塑造我国自己的全球价值链。在"一带一路"倡议的背景下,我国的产业发展可以此为抓手,通过对外投资带动中间品等出口,不仅让"一带一路"沿线国家成为中国产品全球价值链中的一部分,而且依托资本流动和对外贸易,以贸易投资一体化,实现国内产业的集群式发展和协同式发展,构建起我国自己的区域价值链和全球价值链,进而提升我国在全球价值链中所处的位置。

第三章

中国对外投资发展历程与投资结构特点

在当前经济全球化时代背景下,一国的对外投资行为是推动该国参与国际分工、国际竞争与融入世界经济体系的重要手段,也是提升本国企业在全球价值链中地位的重要途径。相较于欧美等发达国家,我国的对外直接投资起步较晚,但是发展迅速,目前已经成为全球第二大对外直接投资国家。本章重点回顾和梳理我国自 1949 年以来的对外直接投资发展历程,总结我国对外直接投资在投资主体、投资行业与产业领域以及国别分布等方面的主要特征,分析我国对"一带一路"沿线国家的投资情况和产业输出特征,为后文的深入分析做准备。

第一节 中国对外投资发展历程回顾

Dunning(1981)在国际生产折中理论的基础上,进行实证分析发现,一个国家的经济发展水平与其对外直接投资净额之间具有系统性的非线性相关关系,这便是著名的"投资发展路径理论(IDP)"。该理论最初将一国的经济发展阶段按照人均 GNP 划分为四个阶段,对外直接投资净额(即 OFDI 与 IFDI 之间的差额)在每个阶段按照某种特定的路径("U"形或者倒"U"形)变动。随后,Dunning & Narula(1998)对上述四阶段投资发展路径理论进行进一步优化完善,最终形成了五阶段的投资发展路径理论。根据全新的五阶段投资发展路径理论,一国的对外直接投资净额在前四个阶段呈"U"形轨迹变动,而在后三个阶段则呈倒"U"形轨迹变动(见图 3.1)。

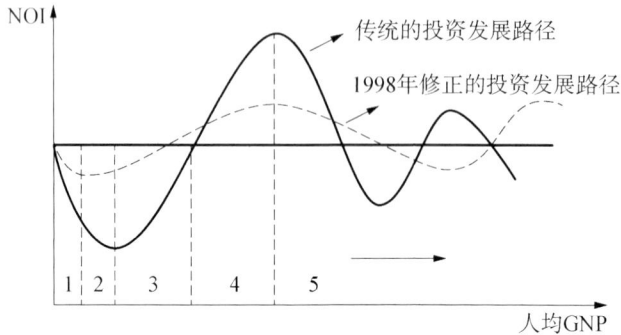

图 3.1　传统的和修正后的对外投资发展路径理论示意图

资料来源：DUNNING J H, NARULA R. Foreign direct investment and governments: catalysts for economic restructuring [J]. Foreign Direct Investment and Governments: Routledge, 1998, 41(2): 170-171.

Dunning & Narula(1998)在对投资发展路径理论进行实证分析时,其数据样本当中并不包括中国的数据。由此引出的一个问题是,中国的对外直接投资历程究竟如何,其是否也符合上述投资发展路径理论? 本节重点对这一问题进行阐述和分析。

一、铺垫准备阶段：1949—1978 年

现有研究文献在对我国对外直接投资的发展历程进行分阶段分析时,往往从 1979 年改革开放以后的年份进行划分,而对 1949—1978 年改革开放之前这段时期的研究分析较少。虽然我国对外直接投资于 20 世纪 70 年代才开始正式起步,但是通过梳理 1949—1978 年这段时间我国的对外贸易与国际交往情况,可以发现,我国自 1949 年以来便有一系列的对外贸易活动,同时伴随着我国各个阶段的外交政策与国家战略,以国家名义所进行的一系列援助活动构成了这个阶段我国对外直接投资的雏形,因此有必要对改革开放之前的中国对外贸易与直接投资情况进行研究和分析,从而对中华人民共和国成立以来的对外直接投资发展历程进行完整的了解和把握。

如表 3.1 显示,1950 年我国的出口流量为 5.5 亿美元,截至 1978 年,我国的出口流量达到 99.55 亿美元,28 年间年均增长率达到 10.89%。与此同

时,我国的进口流量也由 1950 年的 5.80 亿美元增长至 1978 年的 111.31 亿美元。建国伊始,我国以举国之力完成了由新民主主义向社会主义的过渡阶段,各项经济建设活动需要大量的进口设备、原材料等生产资料,因此这段时间的进口流量保持较高速度的增长。但是在 1978 年,我国的进出口贸易总额仅为 210.86 亿美元,尽管与 1950 年相比翻了近 22 倍,但是与 1978 年全球 16 640.26 亿美元的贸易总额相比,中国仅占其中的 1.27%。就GDP 而言,中国在 1978 年的 GDP 也仅占全球经济总量的 2% 左右。由此可见,这一阶段的中国受制于自身经济发展的低水平,本国的商品和服务并不具备显著的国际竞争力,同时由于国内的市场经济环境不稳定,政策风险性因素较多,因此,在这一阶段我国没能有效开展对外直接投资活动,外资的引进也同样没有显著进展。

表 3.1　1949—1978 年中国进出口规模及其增长率

年份	出口流量 (亿美元)	出口增长率 (%)	进口流量 (亿美元)	进口增长率 (%)
1949	—	—	—	—
1950	5.50	—	5.80	—
1951	7.60	38.18	12.00	106.90
1952	8.20	7.89	11.20	−6.67
1953	10.20	24.39	13.50	20.54
1954	11.50	12.75	12.90	−4.44
1955	14.10	22.61	17.30	34.11
1956	16.50	17.02	15.60	−9.83
1957	22.14	34.18	20.31	30.19
1958	27.26	23.13	25.06	23.39
1959	31.72	16.36	28.92	15.40
1960	25.71	−18.95	26.48	−8.44
1961	19.42	−24.47	17.47	−34.03
1962	19.13	−1.49	13.73	−21.41

（续表）

年份	出口流量 （亿美元）	出口增长率 （%）	进口流量 （亿美元）	进口增长率 （%）
1963	20.31	6.17	14.50	5.61
1964	22.50	10.78	17.10	17.93
1965	25.63	13.91	22.46	31.35
1966	26.81	4.60	24.82	10.51
1967	23.88	−10.93	21.69	−12.61
1968	23.40	−2.01	20.68	−4.66
1969	24.29	3.80	19.17	−7.30
1970	23.07	−5.02	22.79	18.88
1971	27.83	20.63	21.29	−6.58
1972	36.93	32.70	28.51	33.91
1973	58.76	59.11	52.08	82.67
1974	71.08	20.97	77.91	49.60
1975	76.89	8.17	79.26	1.73
1976	69.43	−9.70	66.60	−15.97
1977	75.20	8.31	71.48	7.33
1978	99.55	32.38	111.31	55.72

资料来源：根据联合国贸易和发展会议数据库（UNCTAD）数据整理所得。

　　表3.2列示了1954—1978年我国对外援建项目的相关数据。从中可以发现，这期间我国在其他国家承建的项目逐年增加，随着时间的推移，建成的项目也逐年增加。这一时期我国对外经济技术援建项目的重点主要针对当时以苏联为首的社会主义阵营当中的相关国家，如朝鲜、越南以及柬埔寨等。这种对外项目援建其实并不是真正意义上的对外直接投资，因为这些项目一般都是由不同国家的政府之间达成相关合作协议，中国政府承担项目所需的所有经费，企业仅作为执行部门进行项目的具体施工建设等，在这个过程中企业不具备投资决策权和收益权。由此可见，这种对外援建项目

并非是一种市场和作为理性经济人的企业为主导的经济行为,而更多的是以国家政府为主要投资主体的一种具有政治和外交色彩的政治行为。但是,这一阶段的对外经济项目援助、进出口贸易活动等对外经济交流,为改革开放以后我国对外直接投资的起步和发展奠定了经济、政治以及外交等各个方面的坚实基础。

表 3.2　1954—1978 年中国的对外成套项目援助情况统计表

时间段	承担项目数(个)			建成项目数(个)		
	总数	投资金额 1 000 万元以上	投资金额 1 亿元以上	总数	投资金额 1 000 万元以上	投资金额 1 亿元以上
1954—1963 年	234	32	1	101	6	—
1964—1970 年	555	70	10	313	31	3
1971—1978 年	509	101	8	470	59	7
合计	1298	203	19	884	96	10

资料来源:孙建中.资本国际化运营[M].北京:经济科学出版社,2000:36.

二、探索阶段：1979—1991 年

受到当时国际国内的政治经济环境背景以及其他客观条件的影响和限制,这一阶段中国的对外直接投资主体较为单一,主要以国有性质的对外经贸公司和技术类公司为主,对外直接投资的主体较少,投资规模也较小。联合国贸易和发展会议数据库(UNCTAD)的统计数据显示,我国 1982 年的对外直接投资金额只有 0.44 亿美元。根据表 3.3 可知,截至 1991 年,我国的对外直接投资额已经达到 9.13 亿美元,在这一阶段的 12 年间,我国对外直接投资年均增长 40% 左右。与此同时,中国在这一阶段引入的外商投资金额也逐年递增,且增长速度远远超过中国这一阶段的对外直接投资金额,由 1979 年的 0 亿美元增长至 1991 年的 43.66 亿美元,最终导致中国在 1979—1991 年的对外直接投资净额为负值,且绝对值呈现逐年增加的趋势。这一阶段与投资发展路径理论的第一个阶段十分相像。这一阶段的中国处于改革开放的初期,国民经济发展水平较低,人均 GNP 处于较低水平。此外,由

于中国的市场环境、基础设施以及政策环境等方面均存在严重不足,因此对外资的吸引力十分有限,导致这一阶段外商对中国的直接投资金额较少。同时,中国国内由于投资主体的严重匮乏,导致这一阶段的对外直接投资金额也较低。

表 3.3   中国国民生产总值与对外直接投资数据

年份	人均 GNP (美元)	对外直接投资金额 (亿美元)	引入外商投资金额 (亿美元)	对外直接投资净额 (亿美元)
1979	210	—	0.00	
1980	220	—	0.57	—
1981	220		2.65	
1982	220	0.44	4.30	−3.86
1983	220	0.93	9.16	−8.23
1984	250	1.34	14.19	−12.85
1985	290	6.29	19.56	−13.27
1986	310	4.50	22.44	−17.94
1987	320	6.45	23.14	−16.69
1988	330	8.50	31.94	−23.44
1989	320	7.80	33.93	−26.13
1990	330	8.30	34.87	−26.57
1991	350	9.13	43.66	−34.53

资料来源:根据联合国贸易和发展会议数据库(UNCTAD)数据整理计算所得。

从这一阶段对外直接投资的区域分布来看,作为对外直接投资主体的国有外贸公司主要配合国家的经济发展战略,选择进口市场较为集中的国家和地区作为投资目的地,主要为东南亚和港澳地区;而国有的技术类公司主要选择中东和非洲等地区作为投资目的地,主要通过承建所在国的工程项目进行投资。因此,这一阶段中国对外直接投资的领域主要为工程、金融以及餐饮服务等。

三、快速发展阶段：1992—2005 年

1992 年,党的十四大确定了"建立社会主义市场经济体制"的目标,为了充分利用国际和国内两个市场、两种资源来发展我国的社会主义市场经济,政府部门进一步鼓励本国企业充分利用自身比较优势到国外去投资和经营。在初始阶段,具有雄厚经济实力的国有企业成为对外直接投资的主要经济主体,比如宝钢、首钢以及中石油和中海油等大型国有控股公司。但是随着我国改革开放进程的不断推进以及我国经济的不断发展,中国的民营企业逐渐成长起来,在中国对外直接投资中的地位和比重越来越高,比如中兴、海尔和华为等优秀的民营企业逐渐向海外扩展自身公司的业务并进行海外投资。这一阶段中国对外投资的领域主要集中在资源开发、加工装配、交通运输、工程承包、医疗卫生、旅游、餐饮等多个行业,投资的地区逐渐扩展到全球的 140 多个国家和地区[①]。

从对外直接投资金额来看,中国在这一阶段的对外直接投资金额呈高速增长态势。比如在 1991 年中国的对外直接投资金额为 9.13 亿美元,但是到 1992 年,这一数字蹿升至 40 亿美元,一年之间翻了 4 倍之多。截至 2005 年,中国对外直接投资金额已达 122.61 亿美元。与此同时,中国在 2001 年正式加入 WTO,原本由政府主导的经济发展体制开始转向市场为主导的经济发展体制,这使得国内的经济投资环境较之前有了很大的提高和改善。因此,引入外商直接投资金额也开始呈现高速增长态势,1991 年中国引入外商投资金额为 43.66 亿美元,而到 1992 年,这一数据变为 110.07 亿美元,截至 2005 年,中国引入外商投资金额达到 724.06 亿美元。总体来看,这一阶段主要还是以引入外商直接投资为主,尽管这一阶段中国对外直接投资呈现高速增长态势,但是引入外商投资金额的增速仍然高于对外直接投资金额(见表 3.4)。

这一阶段相当于投资发展路径理论的第二阶段。由于邓小平南方谈话,中国的改革开放进程不断深入,其改革与开放的效应也开始逐渐显现,

---

① 钞鹏. 中国企业对外投资发展历程和规模分析[J]. 武汉商业服务学院学报,2014(2)：9-12.

中国的国民经济开始呈现快速发展态势,人均 GNP 由 1992 年的 390 美元增长至 2005 年的 1 750 美元。与此同时,中国的民营企业开始不断成长,国有企业也开始进行改革,力图建成产权清晰、责权明确、政企分开、管理科学的现代企业制度。企业的经营自主权不断扩大,导致其经营决策开始恢复理性,企业纷纷寻找各种投资机会以寻求自身的长远发展,与之相对应的是中国的对外直接投资开始呈快速增长态势,引入的外商投资也开始快速增长,投资金额持续攀升。

表 3.4   中国国民生产总值与投资数据(1992—2005)

年份	人均 GNP (美元)	对外直接投资金额 (亿美元)	引入外商投资金额 (亿美元)	对外直接投资净额 (亿美元)
1992	390	40	110.07	−70.07
1993	420	44	275.15	−231.15
1994	470	20	337.65	−317.65
1995	540	20	375.20	−355.20
1996	650	21.14	417.25	−396.11
1997	750	25.62	452.57	−426.95
1998	800	26.33	454.63	−428.30
1999	850	17.74	403.19	−385.45
2000	930	9.15	407.15	−398
2001	1 010	68.85	468.77	−399.92
2002	1 100	25.18	527.43	−502.25
2003	1 270	28.55	535.05	−506.50
2004	1 500	54.98	606.30	−551.32
2005	1 750	122.61	724.06	−601.45

资料来源:根据联合国贸易和发展会议数据库(UNCTAD)数据整理计算所得。

四、调整巩固阶段:2006—2010 年

2006—2010 年可以被认为是我国对外直接投资发展历程中的调整与巩

固阶段。自从我国在 2002 年进一步明确了推动本土企业"走出去"的国际化经营战略目标之后,我国企业在充分利用"两种资源"和"两个市场"方面拥有了更为广阔的空间和更大的自由度。与此同时,由于我国已经加入WTO,因此在外商的投资管制方面逐渐放宽。根据对等原则,我国企业走出国门赴国外进行投资时,也将得到同等宽松的投资环境和投资政策待遇。在这一背景下,中国的对外投资迎来调整巩固阶段。

根据表 3.5,2006—2010 年我国的人均 GNP 已经由 2 050 美元增长至4 300 美元,短短 5 年之内翻了一倍。同时,我国的对外直接投资金额由 2005年的 211.6 亿美元增长至 2010 年的 688.1 亿美元,引入外资金额也稳步增长,由 727.15 亿美元增长至 1 147.34 亿美元,对外直接投资净额由 —515.55 亿美元增加至 —459.24 亿美元,即我国的对外直接投资净额扭转了下降的趋势,开始转为增长。这一阶段与投资发展路径的第三阶段十分相似,即一国的对外直接投资净额开始由下降转为上升,同时国民经济发展水平显著提升,对外直接投资与引入外资规模逐渐扩大的同时,对外直接投资金额的增长速度开始超过引入外资金额的增长速度,表明我国的对外直接投资在国民经济当中的地位逐渐上升,之前一味引进外资,依赖外资进行经济发展的道路已经开始发生转变。因此,我们把这一阶段总结为中国对外直接投资发展历程中的调整和巩固阶段。

表 3.5　中国国民生产总值与投资数据(2006—2010)

年份	人均 GNP（美元）	对外直接投资金额（亿美元）	引入外商投资金额（亿美元）	对外直接投资净额（亿美元）
2006	2 050	211.6	727.15	—515.55
2007	2 490	265.1	835.21	—570.11
2008	3 070	559.1	1 083.12	—524.02
2009	3 650	565.3	950	—384.7
2010	4 300	688.1	1 147.34	—459.24

资料来源:根据联合国贸易和发展会议数据库(UNCTAD)数据整理计算所得。

五、高速增长阶段：2011 年至今

2011 年至今这段时间可以被看作我国对外直接投资历程中的高速发展阶段。这一阶段与投资发展路径理论当中的第四阶段十分相似,主要表现在对外直接投资高速增长,同时对外直接投资的增长速度超过了引入外商投资的增长速度,导致中国的对外直接投资净额逐年减少。根据表 3.6 当中的数据可以发现,在 2015 年,我国的对外直接投资金额在历史上首次超过了引入外商投资金额,从而使得对外直接投资净额在 2015 年首次变为正数(100.57 亿美元)。在 2016 年,我国的对外直接投资金额已经达到 1 961.5 亿美元,由 2002 年的全球第 26 位跃升至 2016 年的第 2 位,同期占全球比重也由 0.5% 提升至 13.5%,首次突破两位数。2002—2016 年间,对外投资流量年均增长率达 35.8%。在投资存量方面,2007 年首次突破千亿美元,2015 年突破万亿美元,2017 年攀升至 18 090.4 亿美元,对外投资存量由 2002 年的全球第 25 位上升至 2017 年的第 2 位①。

在 2011 年至今的这段时间内,全球直接投资领域经历了几番起起伏伏。比如 2011 年的短暂复苏以及 2012 年受经济危机影响下的大幅度震荡和滑坡,然后在 2013 年重新开始缓慢地恢复性增长。但是在这个过程中,中国的对外直接投资除 2012 年有微幅下滑之外,其他年份均保持高速增长势头。

表 3.6　中国国民生产总值与投资数据(2011—2017)

年份	人均 GNP（美元）	对外直接投资金额（亿美元）	引入外商投资金额（亿美元）	对外直接投资净额（亿美元）
2011	5 000	746.54	1 239.85	− 493.31
2012	5 870	878.04	1 210.8	− 332.76
2013	6 710	1 078.44	1 239.11	− 160.67
2014	7 400	1 231.2	1 285	− 53.8

① 资料来源：国家发展和改革委员会编制的《中国对外投资报告(2017)》第 3 页。

（续表）

年份	人均GNP （美元）	对外直接投资金额 （亿美元）	引入外商投资金额 （亿美元）	对外直接投资净额 （亿美元）
2015	7 820	1 456.67	1 356.1	100.57
2016	8 250	1 961.5	1 260	701.5
2017	8 690	1 582.9	1 310.4	272.5

资料来源：根据联合国贸易和发展会议数据库（UNCTAD）数据整理计算所得。

综上所述，中国的对外直接投资在经过了40多年的发展之后，目前已经处于高速发展阶段，且目前中国对外直接投资的金额已经超过了引入外资的金额。随着我国国民经济的不断发展，本土企业的不断成长壮大，在未来，中国的对外直接投资增长空间仍然十分广阔，甚至在未来有望成为国际直接投资净流出国。

第二节　中国对外投资特征分析

在对具体各国在全球价值链中布局结构的分析框架中，目前不同研究者使用不同的分析框架。如Kaplinsky & Morris（2002）将价值链分为结构、升级路径、机制和类型。联合国工发组织（2002）则将全球价值链分为设计、产品开发、生产制造、营销、交货、消费、售后服务、循环利用等环节，然后分析各国在各环节上的增值。Powell（1990）从市场、网络和层级组织三个方面进行分析。Sturgeon（2001）则从规模、地理分布和生产性主体三个维度来分析各国在全球价值链上的分布情况，这也是目前较为普遍的分析方法。因此，我们选择从组织与规模（总体规模特征）、地理分布特征（国别特征）和投资主体（行业特征）三个视角来分析中国企业的对外投资行为。

一、中国对外直接投资在全球价值链中的组织与规模特征

1979—2017年，中国共有2.55万家企业在国（境）外189个国家（地区）设立了3.92万家对外投资企业（1979年仅4家）。除了对外直接投资主体的数量不断上升之外，每家对外投资企业的平均投资金额也有了很大的提

升,企业的平均投资金额由 1979 年的 30 万美元增加至 4 614 万美元[①]。其中 1979—2015 年,企业平均投资金额年增长率为 8%[②]。

中国的对外直接投资主体正在向多元化结构发展,从国有企业与非国有企业的对外直接投资存量比例来看,在 2006 年,中国的国有企业对外直接投资存量占全部存量的 81%,非国有企业仅占 19%(见图 3.2)。在随后的 10 年里,民营企业的对外直接投资存量逐年增加,截至 2015 年,非国有企业的对外直接投资存量比例已经一路上升至 49.6%,几乎与国有企业平分天下。虽然在 2016 年,非国有企业的对外直接投资存量比例较 2015 年稍有下降,但是 2017 年又上升至 48.7%。因为在 2016 年中国的对外直接投资流量当中,非金融类投资占比达到 49.3%,而在非金融类对外直接投资流量当中,非公有制企业的投资额约为 1 232.4 亿美元,而公有制企业的投资金额约为 579.9 亿美元,非公有制企业占比达到 68%[③],公有制企业仅占 32%,

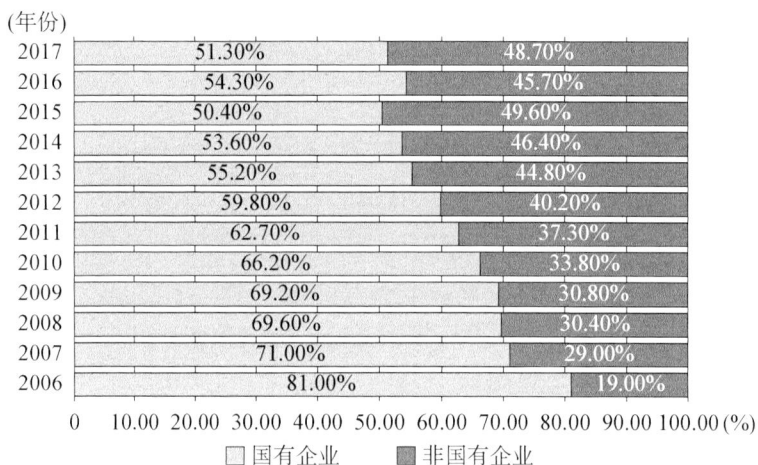

(年份)

年份	国有企业	非国有企业
2017	51.30%	48.70%
2016	54.30%	45.70%
2015	50.40%	49.60%
2014	53.60%	46.40%
2013	55.20%	44.80%
2012	59.80%	40.20%
2011	62.70%	37.30%
2010	66.20%	33.80%
2009	69.20%	30.80%
2008	69.60%	30.40%
2007	71.00%	29.00%
2006	81.00%	19.00%

0　10.00 20.00 30.00 40.00 50.00 60.00 70.00 80.00 90.00 100.00(%)

□ 国有企业　■ 非国有企业

图 3.2　2006—2017 年中国对外直接投资存量中的国有与非国有企业占比

资料来源:根据《2017 年度中国对外直接投资统计公报》和《2017 年中国对外投资合作发展报告》数据绘制。

---

① 数据来源:根据《2017 年中国对外直接投资统计公报》整理得出。
② 许晓芹. 中国 OFDI 对产业升级的影响研究[D]. 长春:吉林大学,2017:44.
③ 资料来源:商务部《2017 年中国对外投资合作发展报告》:14－17 页

非公有制企业已经成为中国非金融类对外直接投资的重要主体①。

　　不同等级注册类型的企业投资者比例变动情况也充分说明了中国对外直接投资的投资主体的多元化发展趋势。表3.7的数据显示,中国的非金融类对外直接投资流量当中,2007年国有企业达到19.7%,而在随后的10年里,国有企业每年的投资流量占比都呈递减趋势,截至2017年,国有企业的非金融类对外直接投资流量已经仅占全部非金融类对外直接投资流量的5.6%。这表明原本以国有企业为主导的对外直接投资格局已经发生了很大的变化,以往国有企业所能享受到的投资政策优惠、金融资源支持等都是民营企业所不能享受到的。但是随着国有企业改革的不断深入和民营企业的不断发展壮大,导致国有企业的对外直接投资和扩张步伐开始有所减慢。同时,有限责任公司的年度对外直接投资流量由2005年的43.5%上升至2017年的41.4%,私营企业的对外直接投资流量在2008年有微幅下降之外,之后的9年里均呈现逐年递增趋势,尽管上升的幅度并不大,但是也表明中国的私营企业"走出去"步法在逐渐加快。同时也说明目前中国的市场经济发展程度不断提高,多元化的对外直接投资主体也有利于我国产业结构的转型和升级。

表3.7　中国对外直接投资主体:按登记注册类型划分的投资者比例(%)

公司注册类型	2007	2008	2009	2010	2011	2012	2013	2014	2015	2016	2017
有限责任公司	43.5	49.7	57.7	57.1	60.4	62.5	66.1	67.2	67.4	43.2	41.4
私营企业	11.0	9.4	7.5	8.2	8.3	8.3	8.4	8.2	10.2	26.2	25.7
股份有限公司	9.4	8.9	7.2	7.0	7.7	7.4	7.1	6.7	7.7	10.1	10.9
国有企业	19.7	16.1	13.4	10.2	11.1	8.0	8.0	6.7	5.8	5.2	5.6
外商投资企业	3.7	3.5	3.1	3.2	3.6	3.4	3.0	2.6	2.8	4.8	5.0
股份合作公司	8.1	6.6	4.9	4.6	4.0	3.4	3.1	2.5	2.3	2.0	1.8
港澳台投资公司	1.8	1.8	1.8	2.0	2.4	2.2	2.0	1.8	1.9	3.2	3.4

---

① 2017年非公经济总投资679.4亿美元,占48.7%,公有投资715.6亿美元,占51.3%,公有略高于非公(数据来源:《2017年中国对外直接投资统计公报》)。

（续表）

公司注册类型	2007	2008	2009	2010	2011	2012	2013	2014	2015	2016	2017
集体企业	1.8	1.5	1.2	1.1	1.0	0.8	0.6	0.5	0.4	0.5	0.4
其他	1.0	2.5	3.2	6.6	1.5	2.9	1.7	3.8	1.5	2.4	3.3

资料来源：根据历年《中国对外直接投资统计公报》的数据整理计算所得。

继续将中国的对外直接投资主体分为中央企业与地方企业来进行考察，可以发现，在 2004 年，中央企业的对外直接投资年度流量达到 45.25 亿美元，而地方企业同年的对外直接投资流量仅为 9.73 亿美元，约为中央企业流量的 1/5（见表 3.8）。在随后 10 年的发展过程中，中央企业的对外直接投资年度流量在持续增加的同时，其年增速却逐年降低，截至 2012 年已经出现年度负增长状态，2015 年的中央企业对外直接投资流量较 2014 年更是下降了 46.99%。与之形成鲜明对比的是，地方企业的对外直接投资流量在逐年攀升的同时，其年均增速也持续增加，导致地方企业的年度投资流量与中央企业之间的差距在不断缩小，到 2014 年，地方企业的对外直接投资年度流量已经超过了中央企业而成为我国对外直接投资的主要投资主体。2017 年，中国对外直接投资中，地方对外非金融类投资流量达 862.3 亿美元，占比为61.8%，中央仅占 38.2%。

表 3.8　2004—2017 年中央和地方企业对外直接投资流量与增速

年份	中央企业对外直接投资		地方企业对外直接投资	
	中央企业流量（亿美元）	年增速（%）	地方企业流量（亿美元）	年增速（%）
2004	45.25	—	9.73	—
2005	102.04	125.50	20.57	111.41
2006	152.37	49.32	23.97	16.53
2007	212.53	39.48	52.53	119.15
2008	359.83	69.31	58.76	11.86
2009	381.93	6.14	96.02	63.41

（续表）

年份	中央企业对外直接投资		地方企业对外直接投资	
	中央企业流量（亿美元）	年增速（%）	地方企业流量（亿美元）	年增速（%）
2010	424.37	11.11	177.45	84.81
2011	450.23	6.09	235.60	32.77
2012	435.27	－3.32	342.06	45.19
2013	563.24	29.40	364.15	6.46
2014	524.76	－6.83	547.26	50.28
2015	278.17	－46.99	936.04	71.04
2016	307.2	10.43	1 504.90	60.77
2017	532.7	73.40	862.30	－42.70

资料来源：根据《2018 年中国统计年鉴》数据整理计算所得。

　　与流量数据相对应，从中央和地方企业的对外直接投资存量数据来看（见表 3.9），2004 年中央企业的对外直接投资存量达 382.87 亿美元，而地方企业的对外直接投资存量仅为 64.9 亿美元，两者之间相差 5.90 倍。随着地方企业的不断成长及其在对外直接投资当中作用的不断提高，截至 2017 年，中央与地方企业之间的对外直接投资存量差距已经缩小至 1.16 倍，虽然在 2017 年中央企业的对外直接投资存量仍然高于地方企业，但是这主要是由于早期中央企业的一系列对外投资金额基数较大所导致。总体来看，中央与地方企业之间的对外直接投资存量差距在不断缩小，在未来几年，地方企业的对外直接投资存量有望超过中央企业。

表 3.9　2004—2017 年中央和地方企业对外直接投资存量与增速

年份	中央企业对外直接投资存量（亿美元）	年增速（%）	地方企业对外直接投资存量（亿美元）	年增速（%）	倍数
2004	382.87	—	64.90	—	5.90
2005	478.75	25.04	93.30	43.76	5.13
2006	616.28	28.73	133.97	43.59	4.60

（续表）

年份	中央企业对外直接投资存量（亿美元）	年增速（%）	地方企业对外直接投资存量（亿美元）	年增速（%）	倍数
2007	961.64	56.04	217.47	62.33	4.42
2008	1 197.41	24.52	275.36	26.62	4.35
2009	1 601.43	33.74	396.18	43.88	4.04
2010	2 017.88	26.00	601.69	51.87	3.35
2011	2 724.64	35.02	849.27	41.15	3.21
2012	3 114.24	14.30	1 240.63	46.08	2.51
2013	3 785.00	21.54	1 649.00	32.92	2.30
2014	5 095.81	34.63	2 354.37	42.78	2.16
2015	5 937.27	16.51	3 444.78	46.31	1.72
2016	6 244.47	5.17	4 949.68	43.68	1.26
2017	6 777.17	8.53	5 811.98	17.42	1.16

资料来源：根据《2018 年中国统计年鉴》数据整理计算所得。

从中国对外直接投资主体的地域分布来看（见图 3.3），以非金融类对外直接投资数据为例，东部地区企业是对外直接投资的主力军，在 2004 年，中国东部地区企业对外直接投资存量金额达 60.28 亿美元，而中部地区和西部地区的企业对外直接投资存量共计 4.1 亿美元，仅为东部地区企业的约 1/15。随着时间的推移，可以发现东部地区企业的主导地位并未发生变化，中部地区和西部地区企业的对外直接投资存量在 10 年间有了很大的提高，中部地区企业从 1.6 亿美元增长至 182.81 亿美元，西部地区企业则从 2.5 亿美元增长至 241.58 亿美元。与此同时，东部地区企业则由 60.28 亿美元增长至 1 922.41 亿美元，10 年间增长了 30 多倍。虽然中西部地区的对外直接投资存量较东部地区增长速度更快，但是由于早年东部地区企业的投资基数较大，因此，短期内难以改变我国对外直接投资主体当中以东部地区企业为主的投资格局。造成这种投资主体地区分布格局的原因是由于一个地区企业的投资内生动力往往取决于本地区的经济发展水平与经济发展的历

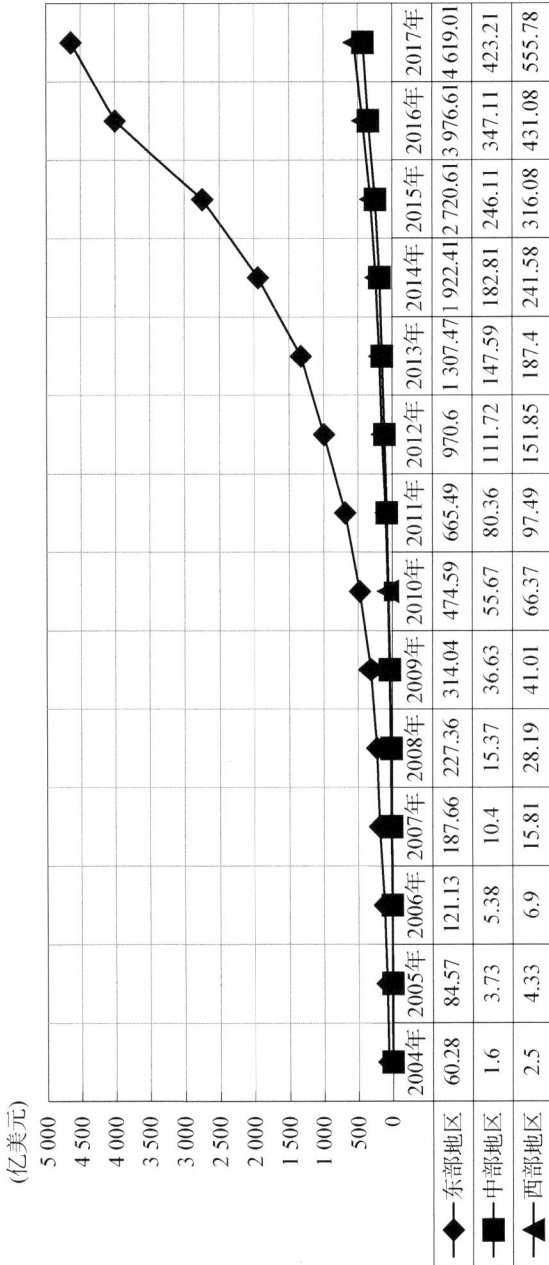

(亿美元)

	2004年	2005年	2006年	2007年	2008年	2009年	2010年	2011年	2012年	2013年	2014年	2015年	2016年	2017年
东部地区	60.28	84.57	121.13	187.66	227.36	314.04	474.59	665.49	970.6	1 307.47	1 922.41	2 720.61	3 976.61	4 619.01
中部地区	1.6	3.73	5.38	10.4	15.37	36.63	55.67	80.36	111.72	147.59	182.81	246.11	347.11	423.21
西部地区	2.5	4.33	6.9	15.81	28.19	41.01	66.37	97.49	151.85	187.4	241.58	316.08	431.08	555.78

图 3.3 中国 2004—2017 年我国中、东、西部地区非金融类对外直接投资存量

资料来源：根据《中国对外投资合作发展报告（2017）》数据整理计算所得。

注：东部地区包括：北京市、天津市、上海市、辽宁省、吉林省、黑龙江省、江苏省、浙江省、广东省、福建省、海南省、河北省、山东省。中部地区包括：山西省、安徽省、江西省、河南省、湖南省、湖北省。西部地区包括：内蒙古自治区、广西壮族自治区、四川省、重庆市、贵州省、云南省、陕西省、甘肃省、青海省、宁夏回族自治区、新疆维吾尔自治区、西藏自治区。

史阶段。东部地区是中国改革开放的前沿地带,这一地区率先开放并引入市场机制发展经济,因此,东部地区具有较高的对外开放程度和经济发展水平,而较高的经济发展水平决定了该地区的企业较中西部地区企业发展更为成熟,其对外投资的驱动力量也更强。而且东部地区的区位优势较中西部地区更为显著,因此,东部地区企业的对外直接投资领域领先于中西部地区也就不足为奇。中国东、中、西部企业在对外直接投资领域的这种不平衡性也从一个侧面显示了中、西部地区企业在对外直接投资领域的重大潜力和广阔上升空间。在下一步我国更加注重区域间平衡、充分发展的历程中,中西部地区企业的对外直接投资有望实现新的跨越式发展,但是东部地区的领先地位在短期内不会得到根本性的动摇。

　　进一步分析中国对外直接投资主体的省际分布,可以发现中国非金融类对外直接投资存量排名前十的省份基本保持稳定,只是某个省份会在其中几个年份排名稍有变动。从表 3.10 的数据结果来看,2013—2017 年间,广东始终位居第一名,且其非金融类对外直接投资存量金额占中国总投资存量的比重明显高于第二位的北京或者上海,比如在 2013 年,广东的对外直接投资存量占比为 20.84%,排名第二位的上海则为 10.86%;即使到 2017 年,广东的对外直接投资存量占比也比上海高出 12 个百分点。此外,上海在近三年来的占比逐年攀升,且增长速度超过广东,按照这一趋势,在未来几年上海将有望超越广东成为中国对外直接投资第一大省级地区[①]。除此之外,山东、江苏、浙江、辽宁的非金融类对外直接投资占比呈逐年下降趋势。在各省份中,广东省以 1 897.1 亿美元的存量连续四年位列地方对外直接投资存量之首[②]。

　　从各个省份的对外直接投资流量来看,2017 年中国对外直接投资流量金额超过 100 亿美元的省份由 2015 年的 4 个减少至 3 个(见图 3.4),分别是上海市、广东省、浙江省,与存量数据相比,上海市的流量数据已经超过了广东,这与表 3.10 当中的数据结论保持一致。而在对外直接投资流量金额

———————————

① 2017 年上海对外直接投资首次超过广东,达到 129.9 亿美元,占全国的 15.1%(同期广东为 117.7 亿美元,占 13.6%)。

② 资料来源:《2017 年中国对外投资合作发展报告》第 19 页。

表 3.10 2013—2014 年、2017 年中国非金融类对外直接投资存量前十位省份

2013 年末				2014 年末				2017 年末			
排名	省市	对外直接投资存量（亿美元）	比重（%）	排名	省市	对外直接投资存量（亿美元）	比重（%）	排名	省市	对外直接投资存量（亿美元）	比重（%）
1	广东	342.34	20.84	1	广东	494.79	21.08	1	广东	1 897.1	30.91
2	上海	178.44	10.86	2	北京	284.89	12.14	2	上海	1 120	18.25
3	山东	160.47	9.77	3	上海	254.85	10.86	3	浙江	983.9	16.03
4	北京	127.65	7.77	4	山东	197.01	8.39	4	北京	648.4	10.57
5	江苏	111.63	6.80	5	江苏	156.1	6.65	5	山东	477.9	7.79
6	浙江	109.88	6.69	6	浙江	153.74	6.55	6	江苏	403.2	6.57
7	辽宁	77.31	4.71	7	辽宁	92.56	3.94	7	天津	235.4	3.84
8	湖南	45.47	2.77	8	天津	92.34	3.93	8	辽宁	132.5	2.16
9	福建	39.68	2.42	9	湖南	55.15	2.35	9	福建	126.7	2.06
10	云南	38.66	2.35	10	云南	51.42	2.19	10	海南	111.6	1.82

资料来源：根据历年《中国统计年鉴》数据整理所得。

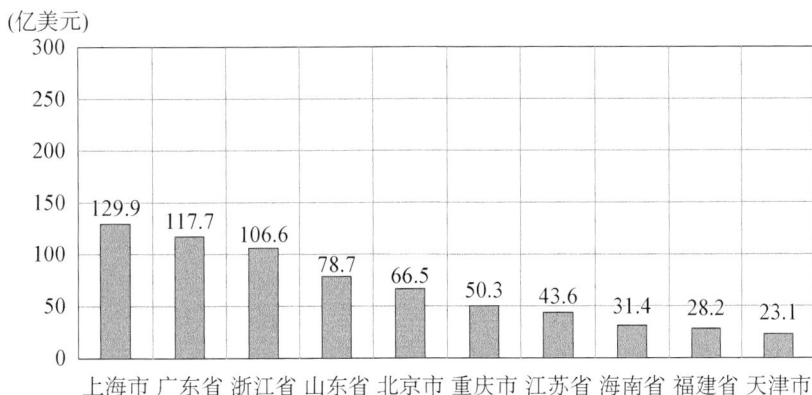

图 3.4 2017 年地方对外直接投资流量前十位的省市区

资料来源：根据《2017 年度中国对外直接投资统计公报》数据绘制。

排名前十的省份当中,除重庆属于西南地区之外,其余省份均属于东部地区。由此可见,中国东部地区完善的市场机制与发达的经济发展水平使其在中国的对外直接投资地域当中始终保持领先地位,在可以预见的时期内,中国对外直接投资的主要企业仍然以来自东部地区为主,这种格局态势在短时间之内很难改变。

二、中国对外直接投资在全球价值链中的投资主体特征——产业与行业视角

一国对外投资的产业结构和行业结构一方面取决于国际市场的需求结构,另一方面则取决于投资企业在投资目的地所能寻找到的比较优势。分析历年《中国统计年鉴》公布的中国对外直接投资行业分布数据可以发现,2009 年中国的对外直接投资中有 70.36% 投资于第三产业,29.03% 投资于第二产业,仅有 0.61% 投资于第一产业。从三大产业各自的投资比例变动趋势来看,第三产业在 2011 年经历了短暂性的下降之后,2012 年至今其比例基本保持一路上升态势。而第二产业的比例在 2010—2013 年保持上升态势,之后便一路下降,由最高的 34.35% 下降至 2016 年的 19.84%(见图 3.5)。由于第一产业的投资占比较低,在图 3.5 当中没有办法看到第一产业的投资比例变动情况,因此,本书将第一产业的投资占比变动趋势绘制于图 3.6 中。从图 3.6 中可以发现,从 2009 年开始,中国对外直接投资于第一产业的比例呈显著上升趋势,到 2012 年左右,增长速度有所放缓,但是仍基本保持增长态势。袁隆平院士领导的科研团队在杂交水稻方面取得新的突破,"海水稻"种植技术已经开始在迪拜等国家试点和推广,随着中国在农业领域与世界各国的交流与合作日益密切,未来中国第一产业的对外直接投资仍具有十分广阔的发展空间。

从图 3.5 和图 3.6 中可以发现,中国的对外直接投资目前以第三产业为主,且在未来第三产业的投资占比有望继续上升,第二产业的投资占比呈下降趋势,而第一产业的投资占比虽然呈增长态势,但是增长速度较为缓慢,在未来有可能会收敛于某一个较低的比例之后便保持大致的稳定比例状态。

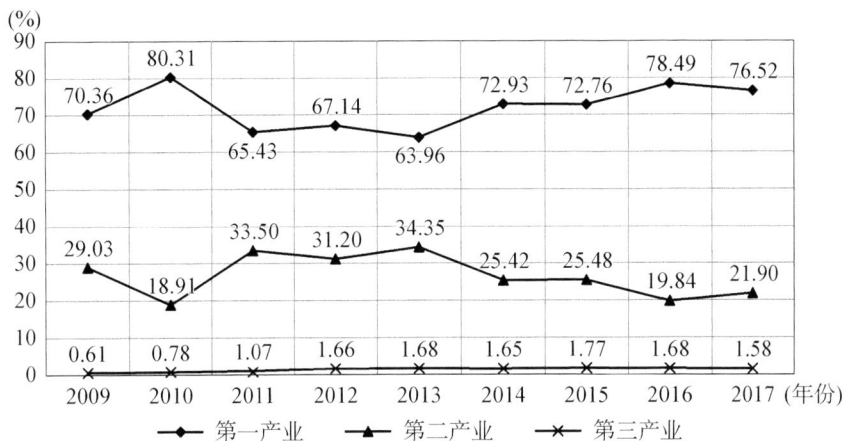

图 3.5　2009—2017 年中国对外直接投资流量产业分布

资料来源：根据 2009—2018 年《中国统计年鉴》数据绘制。

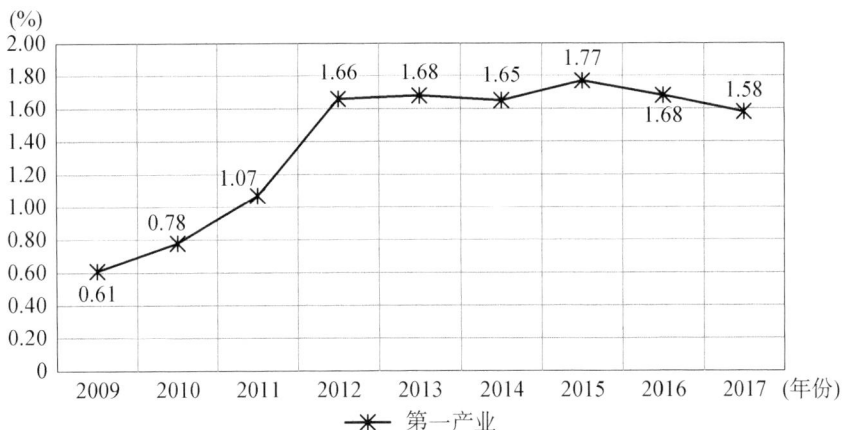

图 3.6　2009—2017 年中国对外直接投资流量第一产业占比

资料来源：根据 2009—2018 年《中国统计年鉴》数据绘制。

　　继续考察中国对外直接投资的行业分布特征。表 3.11 列示了 2017 年中国对外直接投资流量的行业分布情况。从中可以看出，租赁和商务服务业在所有行业当中位居首位，是中国对外直接投资流量金额最多的行业，为542.7 亿美元，占中国 2017 年对外直接投资总流量金额的 34.29%。制造业位居第二位,为 295.1 亿美元,且较 2016 年同比增长 1.6%,近期增长率有所减缓。批发和零售业紧随其后,位居第三位,金融业位居第四位。房地产业位居第五位。

表 3.11   2017 年中国对外直接投资流量行业分布

行　　业	流量(亿美元)	同比(%)	比重(%)
租赁和商务服务业	542.7	−17.5	34.29
制造业	295.1	1.6	18.64
批发和零售业	263.1	25.9	16.62
信息传输/软件和信息技术服务业	44.3	−76.3	2.80
房地产业	68.0	−55.1	4.30
金融业	187.9	25.9	11.87
居民服务/修理和其他服务业	18.7	−65.5	1.18
建筑业	65.3	48.7	4.13
科学研究和技术服务业	23.9	−43.6	1.51
文化/体育和娱乐业	2.6	−93.3	0.16
电力/热力/燃气及水的生产和供应业	23.4	−33.9	1.48
农林牧渔业	25.1	−23.7	1.59
采矿业	−37.0	—	−2.34
交通运输/仓储和邮政业	54.7	225.6	3.46
住宿和餐饮业	−1.9	—	−0.12
水利/环境和公共设施管理业	2.2	−73.8	0.14
卫生和社会工作	3.5	−28.6	0.22
教育	1.3	−53.6	0.08
合计	1 582.9	−19.3	100.00

资料来源:根据《2017 年度中国对外直接投资统计公报》数据整理所得。

从中国对外直接投资的行业存量变动情况来看(见表 3.12)[①],租赁和商务服务业近几年来在中国位居首位,截至 2017 年底,其投资存量已经达到6 157.73 亿美元。信息传输、软件和信息技术服务业的存量增速是各个行业当中较为显著的行业之一,其在 2010 年的对外直接投资存量仅为 4.49 亿美元,而到 2017 年,其投资存量猛增至 2 188.97 亿美元。这主要得益于中国国内信息通信行业企业的快速成长,中兴、华为等本土信息通信企业的迅速崛起与发展,直接带动了中国在该行业领域的对外直接投资。除此之外,制造业的对外直接投资存量在 2017 年达到 1 403 亿美元,在所有行业当中位居第五位。下一步,随着制造强国等计划的不断推进,中国的制造企业对外直接投资存量和比重有望进一步提升。相较于其他行业,金融行业的对外直接投资存量在 2010—2017 年间增长速度并不突出,其 2017 年投资存量仅为 2010 年存量的 4 倍多一点。在 2018 年 4 月举行的博鳌亚洲论坛上,中国国家主席习近平向世界明确表态:中国开放的大门只会越开越大。他表示,中国将大幅度放宽市场准入,将推出几项有标志意义的举措。在服务业特别是金融业方面,将放宽银行、证券、保险行业外资股比限制,同时要加快保险行业开放进程,放宽外资金融机构设立限制,扩大外资金融机构在华业务范围,拓宽中外金融市场合作领域[②]。随着中国金融领域开放程度的不断提升,越来越多外资金融机构进驻中国的同时,中国的金融企业在"走出去"方面也将面临更为广阔的投资与合作空间。

表 3.12　2010—2017 年中国对外直接投资存量行业分布　单位：亿美元

行　　业	2010 年存量	2012 年存量	2014 年存量	2017 年存量
农、林、牧、渔业	26.12	49.64	96.91	165.62
采矿业	446.61	747.84	1 237.25	1 576.70
制造业	178.02	341.40	523.51	1 403.00

---

① 2017 年的存量数据有所变化,前六大行业依次为：租赁和商务服务业、批发零售业、信息服务业、金融业、采矿业和制造业(数据来源：《2017 年中国对外直接投资统计公报》)。

② 资料来源：http://futures.hexun.com/2018-04-11/192807913.html。

（续表）

行　业	2010 年存量	2012 年存量	2014 年存量	2017 年存量
电力、热力、燃气及水生产和供应业	34.10	89.92	150.40	249.90
建筑业	61.73	128.56	225.83	377.03
批发和零售业	231.88	682.11	1 029.56	2 264.27
交通运输、仓储和邮政业	84.06	292.26	346.81	547.67
住宿和餐饮业	420.06	7.63	13.07	35.13
信息传输、软件和信息技术服务业	4.49	48.19	123.25	2 188.97
金融业	552.53	964.53	1 376.24	2 027.93
房地产业	72.66	95.81	246.49	537.55
租赁和商务服务业	972.46	1 756.97	3 224.43	6 157.73
科学研究和技术服务业	39.67	67.92	108.73	216.83
水利、环境和公共设施管理业	11.33	0.70	13.33	23.89
居民服务、修理和其他服务业	32.29	35.81	90.42	190.17
教育	0.23	1.64	1.84	32.86
卫生和社会工作	0.36	0.46	2.30	13.88
文化、体育和娱乐业	3.45	7.93	15.95	81.15
总计	3 172.05	5 319.32	8 826.32	18 090.36

资料来源：根据历年《中国统计年鉴》数据整理所得。

在 2017 年中国对外直接投资的行业中，制造业位居第二位，是中国对外直接投资的重要组成部分，而制造业的技术创新又是一国经济技术进步的重要来源之一，因此，有必要对制造业内部细分行业的对外直接投资情况进行分析，以找出中国在制造业领域对外直接投资的特征以及发展趋势等。根据图 3.7 的数据，2017 年中国制造业内部细分行业对外直接投资流量金额当中，化学原料与化学制品业位居第一位，投资流量金额达到 81.6 亿美

元,汽车制造业紧随其后,投资流量金额达到 36.1 亿美元,再其次是其他制
造业,投资流量金额达到 36.0 亿美元。总体来看,中国对外直接投资的行业
结构处在不断优化当中,纺织服装业、黑色金属冶炼和压延加工业等劳动密
集型以及传统的高污染行业的对外直接投资金额占比很小,而汽车制造、计
算机/通信和其他电子设备制造业等技术密集型行业的投资流量占比很高。
说明当前中国在制造业领域的对外直接投资已经不再仅仅是寻求低廉的劳
动力和生产资料,而是逐渐向寻求高技术人才和更加广阔的国际市场方向
扩展,进一步说明中国在制造业领域的对外直接投资能级在不断提高。

行业	金额
化学原料和化学制品制造业	81.6
汽车制造业	36.1
其他制造业	36.0
计算机/通信和其他电子设备制造业	28.5
医药制造业	20.6
铁路、船舶、航空航天和其他运输设备制造业	14.3
非金属矿物制品业	11.6
专用设备制造业	11.6
金属制造业	10.0
橡胶和塑料制品业	10.0
纺织业	8.3
有色金属冶炼和压延加工业	6.1
通用设备制造业	5.1
电气机械和器材制造业	3.7
食品制造业	3.4
纺织服装/服饰业	3.1
农副食品加工业	2.7
黑色金属冶炼和压延加工业	2.4

图 3.7　2017 年中国制造业内部细分行业对外直接投资流量金额(单位:亿美元)

资料来源:根据《2017 年度中国对外直接投资统计公报》数据绘制。

三、中国对外投资在全球价值链中的地理特征——地域国别分布的视角

中国对外直接投资的国别分布处于动态的不断演化状态,从 20 世纪 80
年代开始,中国的对外直接投资主要投向非洲和亚洲两个大洲。这两个大
洲之所以能够成为中国在对外直接投资初始阶段的主要投资目的地,其原
因是多方面的。就亚洲而言,由于中国本身就是亚洲国家,因此导致亚洲拥
有得天独厚的区位优势。此外,这一阶段为中国的改革开放初期,中国的企

业在对外直接投资方面的经验十分有限,因此往往倾向于选择投资风险较小的地区作为自己的投资目的地,于是当时还没有回归的香港便成为这一时期内地企业的主要投资目的地,共同的文化底蕴,便利的语言沟通,都为香港的投资吸引力加分不少。最后,亚洲地区多为发展中国家,这就使得亚洲国家的劳动力成本非常低廉,而在 20 世纪 80 年代,中国企业对外直接投资的项目大多为劳动密集型的项目,因此,廉价劳动力成为决定这一时期中国企业选择投资目的地的重要决定因素之一。迄今为止,亚洲仍然是中国的首要对外直接投资目的地,且这一地域分布特征在近期改变的可能性很小。就非洲而言,主要是中国在 20 世纪六七十年代对非洲进行大量的基础设施工程项目援助,使得中国与非洲国家之间具有良好的国际关系,这就为改革开放之后中国企业前往非洲进行投资创造了政治条件。非洲丰富的矿产资源对经济快速发展的中国在能源安全方面具有十分重要的意义。此外,20 世纪 80 年代的中国思想开放程度仍然较低,因此,对当时的欧美等西方资本主义国家了解十分有限,这就增加了中国企业前往投资的不确定性。此外,中国当时的经济发展水平仍然较低,中国企业在欧美等发达国家企业面前很少具备比较优势,因此这也决定了中国企业在当时不可能将欧美等地区作为自己的主要投资目的地。

再来看近 10 年来的中国对外直接投资情况,表 3.13 的数据显示,2003—2017 年,中国对外直接投资当中,亚洲的投资流量始终排名第一,2017 年达到 1 100.4 亿美元,占 2017 年中国对外直接投资总额的 69.5%,由此可见,中国企业目前的主要对外资直接投资目的地仍然集中在亚洲地区。中国投往非洲的投资金额在 2003—2008 年一直处于稳步上升的态势,在 2009 年,对非洲的直接投资由 2008 年的 54.91 亿美元下降至 14.39 亿美元,这可能是受世界金融危机的影响,欧美经济损失惨重,导致中国企业调转投资方向,转而抄底,将投资方向转向欧洲和北美洲等发达国家集聚的大洲和地区。从表 3.13 的数据来看,2008 年中国投往欧洲的对外直接投资仅为 8.76 亿美元,而在 2009 年,这一数据变为 33.53 亿美元,此后便保持较为平稳的增长态势,而在世界金融危机爆发前的 2007 年,中国投往欧洲的直接投资金额有 15.4 亿美元,在金融危机爆发的当年,这一数据下降到 8.76 亿美元,随后便持续增长。这种态势也印证了前文的论述。除此之外,中国对北美洲的对外直接投资金额变动趋势与欧洲基本保持一致。分析近年来中国对各大洲直接投资的特点可以发现,2017 年,美洲和欧洲成为吸收中国对外直接投资增长速度较快的区域,其中流向欧洲和非洲的中国对外直接投资分别同比增长 72.7％和 70.8％。

表 3.13　2003—2017 年中国对外直接投资地域流向分布

单位：亿美元

年份	亚洲	非洲	欧洲	拉丁美洲	北美洲	大洋洲
2003	15.05	0.75	1.45	10.38	0.58	0.34
2004	30.14	3.17	1.57	17.63	1.26	1.20
2005	44.84	3.92	3.95	64.66	3.21	2.03
2006	76.63	5.20	5.98	84.69	2.58	1.26
2007	165.93	15.74	15.40	49.02	11.26	7.70
2008	435.48	54.91	8.76	36.77	3.64	19.52
2009	404.08	14.39	33.53	73.28	15.22	24.80
2010	448.90	21.12	67.60	105.38	26.21	18.89
2011	454.94	31.73	82.51	119.36	24.81	33.18
2012	647.85	25.17	70.35	61.70	48.82	24.15
2013	756.04	33.71	59.49	143.59	49.01	36.60
2014	849.88	32.02	108.38	105.47	92.08	43.37
2015	1 083.71	29.78	71.18	126.10	107.18	38.71
2016	1 302.68	23.99	106.93	272.27	203.51	52.12
2017	1 100.40	41.00	184.60	140.80	65.00	51.10

资料来源：根据历年《中国对外直接投资统计公报》数据整理所得。

再来看中国对外直接投资的国别分布数据情况。2016 年的数据显示,2016 年中国对外直接投资的国家(地区)集中度仍然较高,流向中国香港、美国、开曼群岛、英属维尔京群岛、澳大利亚、新加坡、加拿大、德国的投资共计 1 696.3 亿美元,占当年流量总额的 86.5%。此外,发达经济体成为 2016 年的中国对外直接投资热点市场,流向发达经济体的投资达 368.4 亿美元,较 2015 年大幅增长了 94%,对欧盟、美国、澳大利亚的投资均创历史最高值[1]。

表 3.14 显示了中国对外直接投资的国别(地区)分布情况。截至 2017 年底,吸收中国内地对外直接投资最多的地区是中国香港,为 9 812.65 亿美元;位居第二的是开曼群岛,投资存量达到 2 496.82 亿美元;美国位居第四,达到 673.81 亿美元。中国香港、英属维尔京群岛和开曼群岛这三个"避税天堂"吸引了中国大量的对外直接投资。这三个地区在中国对外直接投资存量当中的地位从目前看不会被轻易动摇。中国在亚洲的对外直接投资除了中国香港以外,还有新加坡(445.68 亿美元)、印度尼西亚(105.39 亿美元)、中国澳门(96.80 亿美元)、越南(49.65 亿美元)、泰国(53.58 亿美元)、韩国(59.83 亿美元)、日本(31.97 亿美元)、印度(47.47 亿美元)。从中可以发现,上述国家和地区基本都处于东亚、东南亚以及南亚地区,具有十分优越的地缘优势(日本、韩国、越南、泰国以及印度尼西亚)、较低的文化差异度(中国香港、中国澳门和新加坡)[2]。

表 3.14   2017 年中国对外直接投资存量排名前 27 位国家(地区)

排名	国家(地区)	2017 年对外直接投资存量(亿美元)	排名	国家(地区)	2017 年对外直接投资存量(亿美元)
1	中国香港	9 812.65	6	澳大利亚	361.75
2	开曼群岛	2 496.82	7	英国	203.18
3	英属维尔京群岛	1 220.61	8	俄罗斯	138.72
4	美国	673.81	9	德国	121.63
5	新加坡	445.68	10	加拿大	109.37

---

[1] 资料来源:《2017 年中国对外投资合作发展报告》第 15 页。

[2] 2017 年国别数据前 7 位的中国对外直接投资对象没有变化,8—10 位分别为荷兰、卢森堡和俄罗斯。

（续表）

排名	国家（地区）	2017 年对外直接投资存量（亿美元）	排名	国家（地区）	2017 年对外直接投资存量（亿美元）
11	印度尼西亚	105.39	20	日本	31.97
12	中国澳门	96.80	21	尼日利亚	28.61
13	南非	74.73	22	新西兰	24.92
14	韩国	59.83	23	阿尔及利亚	18.33
15	法国	57.03	24	苏丹	12.01
16	泰国	53.58	25	墨西哥	8.98
17	越南	49.65	26	马达加斯加	7.66
18	印度	47.47	27	几内亚	0.76
19	巴西	32.05			

资料来源：根据《2017 年中国统计年鉴》数据整理所得。

第三节　中国对"一带一路"沿线国家直接投资的全球价值链分析

自从 2013 年中国国家主席习近平提出"一带一路"合作倡议以来，中国与"一带一路"沿线国家展开了积极的经济合作，而跨境直接投资是中国与"一带一路"沿线国家之间开展的经济合作中非常核心的领域。在"政策沟通、设施联通、贸易畅通、资金融通、民心相通"这"五通"重点合作领域的指引下，中国与"一带一路"沿线国家在基础设施互联互通、能源资源合作、工业园区建设以及优势产能合作等领域展开重点合作。在 2014—2016 年，中国对"一带一路"沿线国家进行对外直接投资累计达到 480 亿美元，投资行业日益多元化，投资地域与国别日益丰富。预计未来，中国对"一带一路"沿线国家的直接投资规模将持续扩大，成为中国对外直接投资的新增长点。随着"一带一路"倡议的不断推进，中国与"一带一路"沿线国家之间的合作前景将更加广阔。

一、中国对"一带一路"沿线国家直接投资的价值链规模和地理分布特征

2017 年,中国企业对"一带一路"沿线国家的直接投资达到 201.7 亿美元,较 2016 年同比上升 31.48%,占 2017 年中国对外直接投资总额的 12.7%。自 2013 年中国国家主席习近平提出"一带一路"倡议以来,在 2013—2017 年,中国对"一带一路"沿线国家的直接投资流量基本呈逐年递增趋势(见图 3.8)。

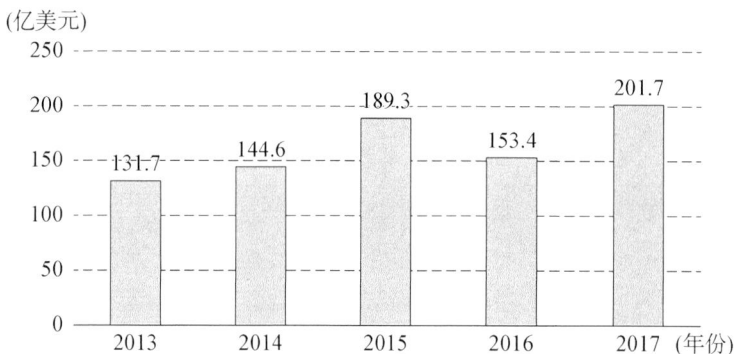

图 3.8   2013—2017 年中国对"一带一路"沿线国家投资流量示意图

资料来源:根据《2017 年度中国对外直接投资统计公报》数据绘制。

从中国对"一带一路"沿线国家直接投资的国别分布来看(见表 3.15),2008—2017 年的对外直接投资流量中,新加坡位居"一带一路"沿线国家之首,吸收中国对外直接投资最多,达到 3 366 195 万美元,紧随其后的是俄罗斯,吸收中国对外直接投资 1 026 976 万美元。其次是一系列东南亚的东盟国家,比如印度尼西亚、泰国、老挝、马来西亚、柬埔寨、缅甸、越南①。以上 9 个国家凭借着中国邻近国家的地缘优势以及与中国较小的文化差异而成为吸收中国对外直接投资前列的"一带一路"沿线国家。其中中国对俄罗斯的

---

① 从存量上来看,2017 年也基本上是上述国家,"一带一路"前十位的国家分别是:新加坡、俄罗斯、印度尼西亚、哈萨克斯坦、老挝、巴基斯坦、缅甸、柬埔寨、阿联酋、泰国。

表 3.15　2008—2017 年中国对"一带一路"沿线国家投资流量情况表

单位：万美元

排名	国家	2008 年	2009 年	2010 年	2011 年	2012 年	2013 年	2014 年	2015 年	2016 年	2017 年	合计
1	新加坡	155 095	141 425	111 850	326 896	151 875	203 267	281 363	1 045 248	317 186	631 990	3 366 195
2	俄罗斯	39 523	34 822	56 772	71 581	78 462	102 225	63 356	296 086	129 307	154 842	1 026 976
3	印度尼西亚	17 398	22 609	20 131	59 219	136 129	156 338	127 198	145 057	146 088	168 225	998 392
4	老挝	8 700	20 324	31 355	45 852	80 882	78 148	102 690	51 721	32 758	121 995	574 425
5	马来西亚	3 443	5 378	16 354	9 513	19 904	61 638	52 134	48 891	182 996	172 214	572 465
6	泰国	4 547	4 977	69 987	23 011	47 860	75 519	83 946	40 724	112 169	105 759	568 499
7	哈萨克斯坦	49 643	6 681	3 606	58 160	299 599	81 149	-4 007	-251 027	48 770	207 047	499 621
8	柬埔寨	20 464	21 583	46 651	56 602	55 966	49 933	43 827	41 968	62 567	74 424	473 985
9	越南	11 984	11 239	30 513	18 919	34 943	48 050	33 289	56 017	127 904	76 440	449 298
10	缅甸	23 253	37 670	87 561	21 782	74 896	47 533	34 313	33 172	28 769	42 818	431 767
11	巴基斯坦	26 537	7 675	33 135	33 328	8 893	16 357	101 426	32 074	63 294	67 819	390 538
12	阿联酋	12 738	8 890	34 883	31 458	10 511	29 458	70 534	126 868	-39 138	66 123	352 325
13	蒙古	23 861	27 654	19 386	45 104	90 403	38 879	50 261	-2 319	7 912	-2 789	298 352
14	伊朗	-3 453	12 483	51 100	61 556	70 214	74 527	59 286	-54 966	39 037	-36 829	272 955
15	以色列	-100	—	1 050	201	1 158	189	5 258	22 974	184 130	14 737	229 597
16	印度	10 188	-2 488	4 761	18 008	27 681	14 857	31 718	70 525	9 293	28 998	213 541
17	土耳其	910	29 326	782	1 350	10 895	17 855	10 497	62 831	-9 612	19 091	143 925

（续表）

排名	国家	2008年	2009年	2010年	2011年	2012年	2013年	2014年	2015年	2016年	2017年	合计
18	吉尔吉斯斯坦	706	13 691	8 247	14 507	16 140	20 339	10 783	15 155	15 874	12 370	127 812
19	沙特阿拉伯	8 839	9 023	3 648	12 256	15 367	47 882	18 430	40 479	2 390	-34 518	123 796
20	塔吉克斯坦	2 658	1 667	1 542	2 210	23 411	7 233	10 720	21 931	27 241	9 501	108 114
21	菲律宾	3 369	4 024	24 409	26 719	7 490	5 440	22 495	-2 759	3 221	10 884	105 292
22	埃及	1 457	13 386	5 165	6 645	11 941	2 322	16 287	8 081	11 983	9 276	86 543
23	匈牙利	215	821	37 010	1 161	4 140	2 567	3 402	2 320	5 746	6 559	63 941
24	科威特	244	292	2 286	4 200	-1 188	-59	16 191	14 444	5 055	17 508	58 973
25	格鲁吉亚	1 000	778	4 057	80	6 874	10 962	22 435	4 398	2 077	3 846	56 507
26	乌兹别克斯坦	3 937	493	-463	8 825	-2 678	4 417	18 059	12 789	17 887	-7 575	55 691
27	白俄罗斯	210	201	1 922	867	4 350	2 718	6 372	5 421	16 094	14 272	52 427
28	阿富汗	11 391	1 639	191	29 554	1 761	-122	2 792	-326	221	543	47 644
29	卡塔尔	1 000	-374	1 114	3 859	8 446	8 747	3 579	14 085	9 613	-2 663	47 406
30	伊拉克	-166	179	4 814	12 244	14 840	2 002	8 286	1 231	-5 287	-881	37 262
31	孟加拉国	450	1 075	724	1 032	3 303	4 137	2 502	3 119	4 080	9 903	30 325
32	保加利亚	—	-243	1 629	5 390	5 417	2 069	2 042	5 916	-1 503	8 887	29 604
33	文莱	182	581	1 653	2 011	99	852	-328	392	14 210	7 136	26 788

（续表）

排名	国家	2008年	2009年	2010年	2011年	2012年	2013年	2014年	2015年	2016年	2017年	合计
34	斯里兰卡	904	-140	2 821	8 123	1 675	7 177	8 511	1 747	-6 023	-2 527	22 268
35	罗马尼亚	1 198	529	1 084	30	2 541	217	4 225	6 332	1 588	1 586	19 330
36	塞浦路斯	—	—	—	8 954	348	7 634	—	176	525	—	17 637
37	土库曼斯坦	8 671	11 968	45 051	-38 304	1 234	-3 243	19 515	-31 457	-2 376	4 672	15 731
38	波兰	1 070	1 037	1 674	4 866	750	1 834	4 417	2 510	-2 411	-433	15 314
39	塞尔维亚	—	—	210	21	210	1 150	1 169	763	3 079	7 921	14 523
40	尼泊尔	1	118	86	858	765	3 697	4 504	7 888	-4 882	755	13 790
41	捷克	1 279	1 560	211	884	1 802	1 784	246	-1 741	185	7 295	13 505
42	巴林	12	—	—	—	508	-534	—	—	3 646	3 696	7 328
43	斯洛伐克	—	26	46	594	219	33	4 566	—	—	68	5 552
44	约旦	-163	11	7	18	983	77	674	158	613	1 516	3 894
45	阿曼	-2 295	-624	1 103	951	337	-74	1 516	1 095	462	1 273	3 744
46	克罗地亚	—	26	3	5	5	—	355	—	22	3 184	3 600
47	希腊	12	—	—	43	88	190	—	-137	2 939	—	3 135
48	乌克兰	241	3	150	77	207	1 014	472	-76	192	475	2 755
49	斯洛文尼亚	—	—	—	—	—	—	—	—	2 186	39	2 225
50	不丹	—	—	—	—	—	—	—	—	—	1 952	1 952

（续表）

排名	国家	2008年	2009年	2010年	2011年	2012年	2013年	2014年	2015年	2016年	2017年	合计
51	黑山	—	—	—	—	—	—	—	—	—	1 665	1 665
52	立陶宛	—	—	—	—	100	551	—	—	225	—	876
53	阿塞拜疆	−66	173	37	1 768	34	−443	1 683	136	−2 466	−20	836
54	波黑	—	151	6	4	6	—	—	162	85	—	414
55	亚美尼亚	—	—	—	—	—	—	—	—	—	395	395
56	黎巴嫩	—	—	42	—	—	68	9	—	—	—	119
57	马尔代夫	—	—	—	—	—	155	72	—	−3 314	3 195	108
58	阿尔巴尼亚	—	—	8	—	0	56	—	—	1	21	86
59	拉脱维亚	—	−3	—	—	—	—	—	45	—	8	50
60	巴勒斯坦	—	—	—	—	2	2	—	—	20	—	24
61	爱沙尼亚	—	—	—	—	—	—	—	—	—	12	12
62	北马其顿共和国	—	—	—	—	6	—	—	−1	—	—	5
63	叙利亚	−117	343	812	−208	−607	−805	955	−356	−69	53	1
64	摩尔多瓦	—	—	—	—	—	—	—	—	—	—	0
65	也门	1 881	164	3 149	−912	1 407	33 125	596	−10 216	−41 315	2 725	−9 396

注：对外直接投资年度流量为负数，表明这一年中国从该国撤回投资大于对该国的新直接投资。

资料来源：《2017年度中国对外直接投资统计公报》。

对外直接投资主要集中在能源行业领域,俄罗斯丰富的天然气等能源资源成为中国企业对该国直接投资的主要对象和行业领域。巴基斯坦位居第11位,中巴两国良好的外交关系为中国企业向巴基斯坦投资提供了政治与外交方面的良好条件,中国企业在巴基斯坦往往能够享受到最为优惠的投资政策,虽然巴基斯坦国内的安全局势并不是十分稳定,但是巴基斯坦政府往往在中国企业的安全保护方面提供大力支持,确保中国企业的投资项目能够安全落地。

除此之外,吉尔吉斯斯坦、塔吉克斯坦以及乌兹别克斯坦等中亚国家在近三年吸收中国直接投资的流量增长速度较快,这几个国家大多属于上海合作组织成员国,它们与中国在上海合作组织当中的一系列经济合作十分密切,导致近年来中国对这些国家的直接投资增长较快。也门在2008—2017年吸收中国对外直接投资金额为负数,表明这些年来中国在也门的直接投资大多被撤回。主要是由于也门存在国内安全局势不稳定、军事政变、战争等不安定因素,导致其投资风险加大。比如,也门在2015年发生军事政变,所以2015年和2016年,中国企业对也门的直接投资流量连续两年为负数。在这期间,还发生了中国动用军舰在也门撤离中国华侨的事件。

乌克兰、斯洛文尼亚、不丹、黑山、立陶宛、阿塞拜疆、波黑、亚美尼亚、黎巴嫩、马尔代夫、阿尔巴尼亚这几个国家位居48—58位,中国对这些国家的对外直接投资在"一带一路"沿线国家当中处于较低水平。细观这些国家,可以发现,这些国家大多属于中东欧地区,一方面中国与这些国家存在较大的文化差异和经济结构差异,另一方面,这些国家的经济发展重心仍然在欧洲范围内,与中国之间的经济交往不甚密切。

从2017年中国对"一带一路"沿线国家的直接投资流量情况来看,主要流向新加坡、哈萨克斯坦、马来西亚、印度尼西亚、俄罗斯、越南、泰国等国家和地区(见图3.9)。从投资存量来看,截至2016年末,位列前十的国家是:新加坡、俄罗斯、印度尼西亚、老挝、哈萨克斯坦、越南、阿联酋、巴基斯坦、缅甸和泰国。与2015年相比,泰国、越南是新进入存量前十的国家,哈萨克斯坦的位次也有所提高。其中新加坡在吸收中国对外直接投资方面,存量和流量均位居"一带一路"沿线国家首位(见图3.9、3.10)。中国企业之所以偏爱新加坡，一方面是由于新加坡与中国的文化差异较小，语言沟通、生活习惯等较为相似。除此之外，新加坡完善的国家治理机制、开放的对外经济交流态度以及良好的营商环境，均构成吸引中国对其投资的重要因素。这也充分说明一个国家和地区的软件基础设施（比如营商环境）的完备程度将直接决定该地区的投资吸引力。

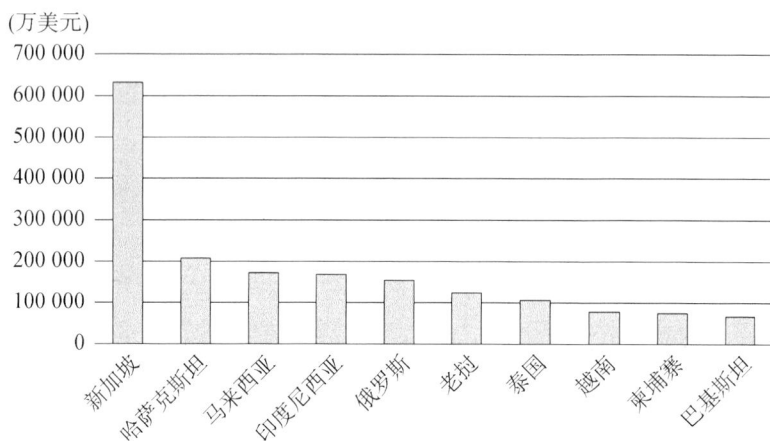

图 3.9 2017 年中国对"一带一路"沿线国家投资流量前十名国家
资料来源：根据《2017 年度中国对外直接投资统计公报》数据绘制。

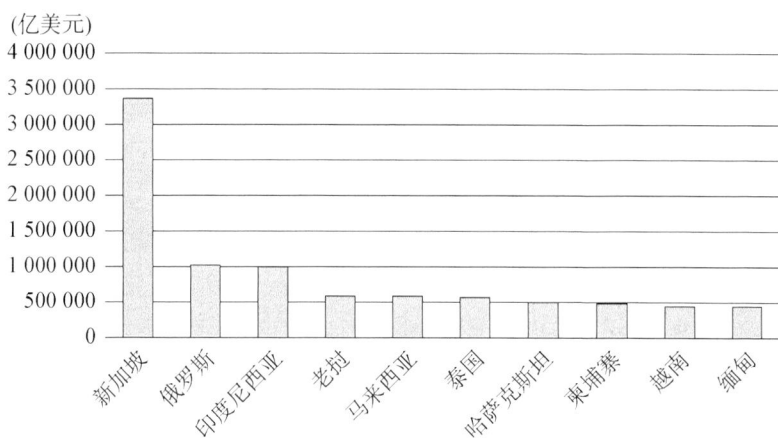

图 3.10 2017 年中国对"一带一路"沿线国家投资存量前十名国家
资料来源：根据《2017 年度中国对外直接投资统计公报》数据绘制。

二、中国对"一带一路"沿线国家直接投资价值链中的投资主体特征——行业分布视角

2017 年,中国对"一带一路"沿线国家的直接投资在行业分布方面日益多元化,投资存量分布于多个行业领域,其中采矿业、制造业、租赁和商务服务业、建筑业、批发零售业、电力热力供应、农林牧渔业等均有或多或少的投资存量。从中国对东盟的投资存量分布情况来看,制造业达到 155.7 亿美元(见图 3.12),占中国对东盟国家直接投资的 17.5%,是中国对东盟国家投资存量仅次于租赁和商业服务业的行业,其中投资存量金额已经达到 1 亿美元的国家有:印度尼西亚、越南、泰国、新加坡和马来西亚。租赁和商务服务业仅次于制造业,投资存量达到 174.8 亿美元,占中国对东盟国家投资的 19.6%,主要集中分布于新加坡、印度尼西亚、老挝、越南和马来西亚。采矿业达到 103.2 亿美元,占中国对东盟国家直接投资的 11.6%,主要分布于新加坡、印度尼西亚、老挝和缅甸等国家。批发和零售业达到 118.8 亿美元,占中国对东盟国家直接投资存量的 13.3%,主要分布于新加坡、印度尼西亚、泰国、越南、马来西亚和菲律宾等国家。电力/热力/燃气及水的生产和供应业投资存量为 96.2 亿美元,占中国对东盟国家直接投资存量的 10.8%,主要分布于新加坡、缅甸、印度尼西亚、老挝、柬埔寨等国家。金融业投资存量达到 45.7 亿美元,占中国对东盟国家直接投资的 6.4%,主要分布于新加坡、泰国、印度尼西亚和越南等国家。建筑业投资存量为 52.4 亿美元,占中国对东盟国家投资存量的 5.9%,主要分布在新加坡、柬埔寨、老挝和马来西亚等。

在"一带一路"倡议的"五通"合作领域中,基础设施互联互通是优先合作领域。中国自改革开放以来,之所以能够创造举世瞩目的经济增长奇迹,就是因为中国十分重视基础设施建设,基础设施的不断完善为经济发展创造了良好的社会环境,降低了经济活动的交易成本,这才有了今天中国的经济发展水平。因此,在 2013 年"一带一路"倡议提出之后,中国与"一带一路"沿线国家在基础设施领域的合作日益加强,而基础设施互联互通合作的不断加强,直接带动了中国企业对"一带一路"沿线国家承包工程业务的快速

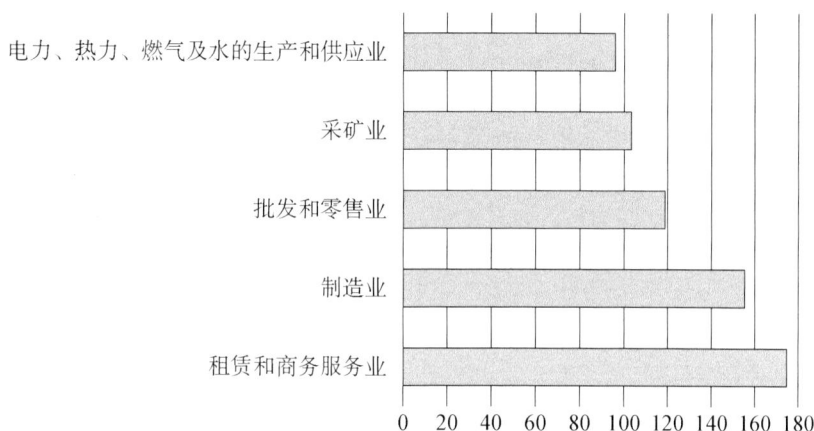

图 3.11　2017 年末中国对东盟国家直接投资存量行业分布(单位：亿美元)

资料来源：根据《2017 年度中国对外直接投资统计公报》数据绘制。

发展。

2016 年,中国企业在"一带一路"沿线国家当中的 61 个国家新签对外承包工程项目合同 8 158 份,新签合同涉及金额达到 1 260 亿美元,占同期我国对外承包工程新签合同金额的 51.6%,同比增长 36%[1]。在 2016 年中国企业新签工程承包合同金额排名前十位的市场中,"一带一路"沿线国家有 5 个。其中,在巴基斯坦、马来西亚、印度尼西亚三个国家新签合同金额超过 100 亿美元,同时还有伊朗、孟加拉国、老挝、伊拉克、阿联酋和沙特六个"一带一路"沿线国家的签约金额超过 50 亿美元。可以说,亚洲是最先受益于"一带一路"倡议的地区。亚洲成为中国对外承包工程业务增长速度最快的地区,这主要得益于亚洲国家调整产业结构、改善投资环境、优化能源结构,并且在"一带一路"倡议的激发下,亚洲国家基础设施建设进入了新的高峰期。在东南亚地区高达 470 亿美元的新签合同金额中,商业建筑和火电厂建设是突出领域。在南亚地区,依托中巴经济走廊建设,在能源、交通、电力等领域一批重大合作项目正在逐步落地。在西亚地区,由于在阿联酋、伊朗和科威特市场签署了大型石油化工和火电厂建设项目,西亚地区市场新签合

---

[1] 黄慧德. 对"一带一路"沿线国家投资合作情况[J]. 世界热带农业信息,2017(6)：43 - 44.

同同比增长近五成[①]。

中国企业在"一带一路"沿线国家承包工程新签合同中,交通、电力和建筑业务实现了较快发展。在交通基础设施建设中,铁路工程增长较快,2016年业务增速同比翻了一番,"一带一路"沿线国家电力工程新签合同金额同比增长达到54%。

综上所述,"一带一路"倡议的不断推进,直接带动了"一带一路"沿线国家的基础设施建设,这也为中国向"一带一路"沿线国家以承包业务工程的形式进行一系列对外直接投资活动提供了大量的机遇。这一方面会使得中国对"一带一路"沿线国家的直接投资金额不断增加,另一方面也有利于中国的供给侧结构性改革,通过与"一带一路"沿线国家进行产能合作和产能输出,使得国内的过剩产能得以消化利用,提升中国的资源利用效率和全要素生产率。最后,通过上述形式的投资与合作,"一带一路"沿线国家的基础设施状况将大大改善,从而为这些国家的经济发展奠定坚实的硬件基础,带动"一带一路"沿线国家的经济发展。

三、中国对"一带一路"沿线国家基于全球价值链直接投资的未来趋势展望

前文总结了中国对"一带一路"沿线国家的对外直接投资概况,包括中国对"一带一路"沿线国家直接投资的规模、行业分布与地域分布的特点。结合上述投资特点,本部分将对中国对"一带一路"沿线国家的直接投资未来趋势进行展望。

第一,"一带一路"倡议深入人心,中国与沿线国家的投资合作将更加深入。自2013年习近平主席提出"一带一路"倡议以来,中国与"一带一路"沿线国家的经济合作与交往日益密切,随着合作进程的不断推进,沿线国家逐渐接受"一带一路"的合作倡议并且表现出十分强烈的合作欲望。与此同时,中国在各种国际事务场合当中以及现有的一系列双边与多边合作机制与平台上努力推进"一带一路"倡议,使得"一带一路"合作倡议已经成为国

---

① 功成. 2016 年我国对外承包工程业务发展概述[J]. 国际工程与劳务,2017(4)：20 - 25.

际社会广泛认同和支持的建设性合作机制。从前文的数据可以看到,中国对"一带一路"沿线国家的投资势头十分迅猛,某些"一带一路"沿线国家凭借其优越的地缘优势与较小的文化差异等便利性条件吸引了中国大量的对外直接投资。相信随着"一带一路"合作倡议的不断推进,中国对"一带一路"沿线国家的直接投资规模将进一步扩大,中国与"一带一路"沿线国家的投资合作领域无论是行业范围、地域国别的范围还是合作的深度,都将进一步深入和扩大。

第二,投资规模将稳中求进,投资领域更加多元化。根据近年来中国对"一带一路"沿线国家的投资规模与投资行业分布情况,可以发现中国对"一带一路"沿线国家的对外直接投资规模保持稳步增长的同时,投资的行业领域已经突破了原有的基础设施建设领域以及制造业领域,第三产业当中的现代服务业,如租赁和商务服务业等的直接投资规模增长十分迅速。此外,金融业也异军突起,发展迅速。随着中国对外开放进程与步伐的不断加快,金融行业领域的进一步开放,中国企业对"一带一路"沿线国家的直接投资在规模上将有望继续保持稳定的增长态势,同时在投资领域和行业分布方面,直接投资的多元化趋势将进一步加强。

第三,不确定性因素仍然存在,需警惕各种潜在风险。目前世界经济仍处于全球性经济危机的恢复期,全球各主要经济体的恢复速度十分缓慢,经济普遍低迷。同时,美国总统特朗普上台之后推行一系列贸易保护主义措施,使得全球贸易格局发生了很大的变化。2018 年 3 月以来,中美贸易摩擦激烈且频繁,美国对中国出口商品大面积征收高比例的惩罚性关税,使得中国的对外贸易在未来一段时间内面临高度的不确定性。在中美贸易关系极度紧张的大背景下,中国的对外直接投资必然会受到严重的影响。下一步中国企业在对外直接投资过程中需要进一步加强风险防范意识,要更加深入地了解和学习投资目的国的规章制度、社会环境和文化习俗等,尽量避免因为触碰当地政策红线为投资增加政策性风险。

第四章

基于全球价值链视角的
中国对外绿地投资分析

本章将重点说明中国对外投资（FDI 中的绿地投资）对中国跨国公司在全球价值链分工中的地位的影响，从理论上阐述对外直接投资的产业转移效应、逆向技术溢出效应和贸易结构效应这三个最主要的价值链提升路径和机理，结合中国的相关现实数据，实证分析中国对外直接投资对产业价值链提升的作用，通过分析比较不同效应的强弱，从而探究对外投资的结构性问题。

第一节　对外绿地投资对价值链提升途径的机理分析

为了分析中国对外直接投资对产业价值链提升的作用，本节首先从理论上梳理对外直接投资主要从哪几个路径来影响一国企业在全球价值链当中的地位。根据现有理论文献，对外直接投资主要通过以下三条路径来影响一国企业的价值链升级。首先是边际产业转移效应，其次是逆向技术溢出效应，最后是对外贸易结构效应。接下来将对上述效应分别进行分析阐述。

一、对外直接投资的边际产业转移效应分析

（一）国际产业转移理论回顾和阐述

从 20 世纪 60 年代开始，各个国家之间的经济关系开始日益紧密，全球

范围内的分工与协作,不同产业在全球范围内的转移逐渐成为全球经济发展过程中司空见惯的状态,国际产业转移理论便在这一国际大背景下诞生。国际产业转移及其相关理论主要有以下几个方面内容。

(1)雁阵理论。Akamatsu(1962)认为伴随着经济的不断发展,经济发展较为落后的国家在其工业领域会交替经历"进口—自主生产—出口"三个阶段,并形象地将其形容为"雁阵模式",雁阵理论由此成为国际分工以及产业转移与产业升级的主要理论基础。Vernon(1966)在 Akamatsu 研究的基础上,通过结合产品在其不同生命周期所呈现的特征规律,从侧面验证了Akamatsu 提出的雁阵理论的合理性,即认为发达国家的产业在成长和发展过程中在本国生产失去比较优势的时候,有足够的动力将该产业转移至更具比较优势的发展中国家进行生产。Kojima(1978)结合 Vernon 的理论内容,最终提出了边际产业扩张理论,认为一国内部的产业结构转型升级与产业转移之间存在较为强烈的正相关关系。国际间的产业转移有助于该国产业结构的升级。

(2)劳动密集型产业转移理论。Lewis(1977)在要素禀赋理论(H－O理论)的基础上,同时基于第二次世界大战之后欧美等发达国家劳动力资源严重短缺的现状,提出了劳动密集型产业转移理论。该理论的提出有其特殊的现实背景,认为人口出生率非常低的发达国家在经济发展过程中会面临劳动力日益短缺以及劳动力成本逐渐上升的问题,最终导致本国国内的劳动密集型产业如果继续在本国内部进行生产,那么在国际市场上将丧失比较优势和竞争力,不利于本国劳动密集型产业的发展,因此有必要将劳动密集型产业从发达国家转移到发展中国家,从而利用发展中国家充裕且价格低廉的劳动力来实现劳动密集型产业的进一步发展。

(3)累积因果理论。该理论由 Myrdal 在 1957 年正式提出,其核心目的是对区域间的产业转移动机进行说明和阐释。其核心观点认为,区域间的产业分布取决于三种基本效应,即极化效应、扩散效应和回波效应。这三种效应是在原有的梯度转移理论基础上提出来的。所谓极化效应,就是生产要素在高梯度地区不断集聚和自我强化的一种效应与过程。在这一过程中,高梯度地区与其他梯度地区的经济发展水平和产业集聚水平差距呈现逐渐拉大的趋势。扩散效应则表现为高梯度地区的企业和相关生产要素逐渐向低梯度地区转移和流动,当高梯度地区的生产要素集聚到一定程度时,规模经济已经不能抵消此时所存在的拥挤成本,因此,相关生产要素逐渐向周边寻找自身的合理配置空间,扩散效应有利于区域经济的协同发展。而回波效应则是指企业和生产要素由低梯度地区向高梯度地区回流的一种经济现象。

(4)新经济地理理论。Krugman(1991)和 Fujita et al.(1999)在 20 世纪末提出了新经济地理理论。该理论认为产业的集聚和区位选择是一个内生演变的过程,产业在集聚和转移的过程中会形成一种"中心—外围"格局,中心地区的向心力与离心力共同作用,主导了产业在区位上的选择与迁移。其中向心力主要来自中心地区较为广阔的市场需求规模、完善的产业链布局以及优越的基础设施配套等,而离心力则来自中心区域由于产业过度集聚所造成的单位空间成本的提高,比如房租提升、交通拥堵、环境污染等。两种作用力相互制衡,形成最终的均衡形态,也就是现有的产业分布格局。同时产业通过不断迁移使得"中心—外围"格局的向心力和离心力始终处于动态均衡的状态当中。

上述理论中,雁阵理论从一国的产业发展规律出发,认为一国会根据自身发展阶段和资源禀赋等比较优势,推动其本土相关企业在国际间转移,因此这是一种资源进一步优化配置的现象,这种伴随企业迁移、产业转移而导致的对外直接投资,必然会带来母国企业价值链地位的提升。劳动密集型产业转移理论主要侧重于劳动力成本变化条件下的企业迁移和产业转移,认为劳动力的成本变化是导致产业转移的主要动因,同时这种寻求更廉价劳动力、生产资料以获得比较优势动机的产业转移,必然会带来母国企业价值链地位的提升和资源的进一步优化配置。因果积累理论则从规模经济的角度来考察生产要素在不同空间之间的流动和配置。新经济地理理论与因果积累理论较为相似,其所谓的向心力和离心力,以及中心—外围理论也是包含了规模经济的思想和逻辑。

(二)对外直接投资、产业转移与产业价值链提升的内在机制分析

对外直接投资引致产业转移的作用机制主要存在于以下几个方面。

第一,根据比较优势理论,一国可以将本国国内不再具备比较优势和失去竞争力的产业转移至其他国家和地区,从而实现本国产业结构的帕累托改进与优化。前文提到的雁阵理论以及劳动密集型产业转移理论从不同的侧面论证了发达国家与发展中国家之间的确存在梯度产业转移的现象和驱动力。因此,一国如果以优化自身产业结构为主要目的,那么其对外直接投资将直接带动国际间跨区域的产业转移。在这一背景条件下,对外直接投资成为母国转移劣势产业进而实现产业结构优化升级的最重要、最直接的手段之一。

第二,对外直接投资的另一个重要的驱动因素是母国可以通过对外直接投资获得东道国的先进生产技术,进而推动母国产业充分利用后发优势实现赶超式发展。而这一驱动因素会导致母国的技术条件发生变化,影响一系列的生产资源禀赋的配置和不同产业在国际市场上的比较优势,进而带动本国产业在动态结构性调整过程中进行产业转移。

第三,在开放的经济条件下,一国对外直接投资一方面会影响该国的国际市场需求,另一方面又会对自身的国内市场需求产生重要影响。这主要是由于对外直接投资对本国产业的比较优势产生了冲击,这种冲击的最终效果将体现在本国产业在不同区域中的规模上。一般而言,受制于经济发展条件、资源禀赋和产业结构等因素,一个国家不同区域的对外直接投资规模具有很大的差别,这就导致了对外直接投资对母国不同区域的冲击和影响是不一样的,那么受到对外直接投资冲击较多的区域,其产业和企业是否会因为这种冲击而进行国际间的产业转移呢? 从现实来看,对外直接投资对产业转移的这种间接效应应该是存在的。

综上所述,对外直接投资从上述途径直接或者间接导致了本国产业转移,产业转移本质上是本国产业不断寻求自身比较优势的动态优化过程,通过产业转移,该国原本逐渐失去比较优势的产业通过重新选取产业生产区位,实现资源的进一步动态优化配置,使其重新获得在国际市场的竞争力,进而影响本国产业在全球价值链中的地位,推动本国在全球价值链中地位的提升(见图 4.1)。

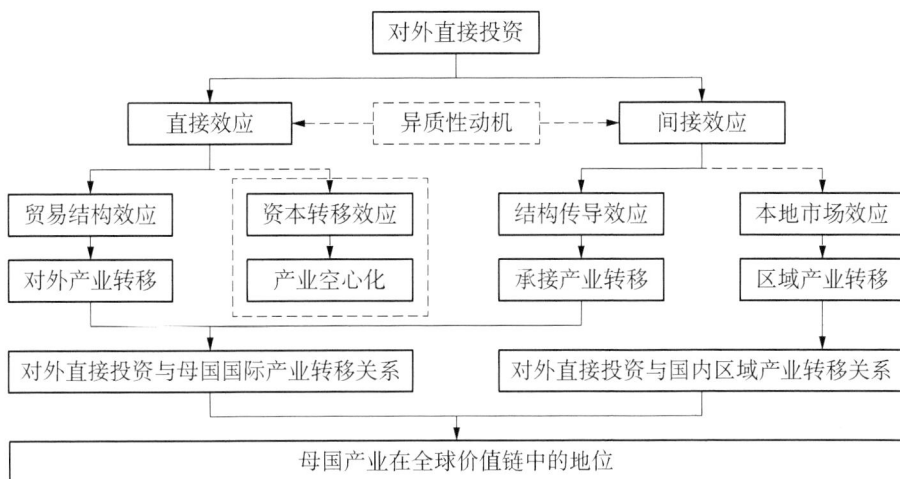

图 4.1 对外直接投资、产业转移与价值链地位提升关系图

二、对外直接投资的逆向技术溢出效应分析

(一) 逆向技术溢出理论

对外直接投资的逆向技术溢出效应是指企业通过对外直接投资,与东道国的上下游企业以及相关技术研发机构等相关部门在地理位置上更加接近,从而可以利用该地缘优势进行更加深入的技术合作,使自身的生产技术和管理水平等方面实现更大程度的提高。Lall(1983)提出技术地方化理论,证明了经济并不发达的发展中国家可以通过对外直接投资实现逆向技术溢出效应,进而推动本国产业技术水平的提高,最终实现产业功能的升级和价值链条地位的提高。此后,Cantwell & Tolentino(1990)在 Lall(1983)的理论基础上提出了技术创新产业升级理论,进一步论证了逆向技术溢出效应的存在性和合理性。但是,逆向技术溢出效应会受到很多因素的影响,对外直接投资的主体类型、企业进行对外直接投资的目的以及对外直接投资的东道国的选取等方面均会对对外直接投资的逆向技术溢出效应的最终效果产生重要影响。

图 4.2 构建了对外直接投资的逆向技术溢出效应传导模型来阐述逆向

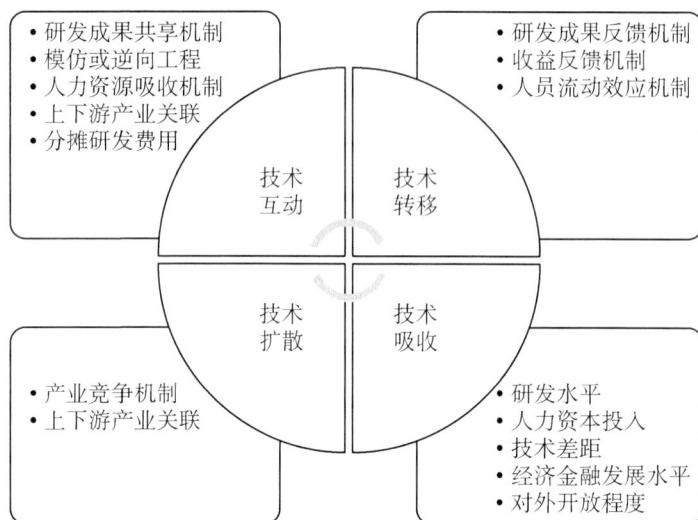

図4.2　逆向技术溢出效应循环传导示意图

资料来源：刘雪娇. GVC 格局、ODI 逆向技术溢出与制造业升级路径研究
[D]. 上海：对外经济贸易大学, 2017.

技术溢出效应的具体作用传导机制,这一模型主要包括技术互动模块、技术转移模块、技术扩散模块和技术吸收模块这四大部分。其中技术互动模块主要包括利用更为接近的地缘优势进行研发创新成果共享的传导机制；通过对外直接投资,直接在东道国雇用高技术人才为自身企业服务的人力资源吸收机制；企业通过模仿型创新实现技术进步的模仿与逆向工程机制；与东道国的上下游企业更近距离地实现经济合作的上下游产业关联机制等。技术转移模块则包括了研发创新成果的产业转化,新产品面向市场推广后所得收益与需求反馈对技术的逆向改进及激励机制；企业内部研发创新人员的流动和转移机制所导致的技术转移效应等。技术扩散模块则包括企业在参与市场竞争的过程中,通过与上下游企业的商业活动往来与交流,其最新研发创新技术成果在产业链上下游之间不断扩散的过程和机制。技术吸收模块则包括对外直接投资企业通过提升自身研发强度,不断投入研发创新资金与人力资本,利用开放经济环境下的各种有利于技术进步的信息和条件,弥补自身技术差距,实现技术进步。

上述逆向技术溢出的循环传导模型主要解释了对外直接投资主体企业与被投资东道国之间的技术循环传导机制及其对对外投资企业母国产业的影响。通过技术吸收、互动、传递和扩散这四个模块的循环作用，对外直接投资企业通过自身在海外的子公司与东道国的当地企业进行技术互动与交流，通过研发成果共享、人力资本的转移与吸收以及技术模仿与逆向吸收等关联机制，实现子公司技术水平的提高。海外子公司再将自身所吸收的技术成果转移至母国的公司总部和其他子公司，从而实现企业整体技术水平的提高。母公司在吸收了海外子公司的最新技术之后，通过进一步投入自身研发资金与人力资本，对其进行消化、吸收和进一步创新与成果转化，弥补自身技术的差距与不足。在这一过程中，母公司所在区域的金融发展水平、经济发展水平与对外开放程度和资源禀赋等因素会对其技术吸收效果产生很大的影响。母公司在实现自身技术提升之后，通过参与本国区域间的市场竞争与上下游关联产业进行互动，实现对本国企业和市场的技术扩散，进一步提升母公司所属行业的上下游关联企业的技术水平和企业竞争力，企业竞争力的提高又会进一步推动本国企业对外进行直接投资，实现新一轮的技术互动、溢出和循环传导过程。

（二）逆向技术溢出效应影响因素

对外直接投资的逆向技术溢出效应会受到多重因素的共同影响，其中不同的对外直接投资主体异质性特征、对外直接投资主体的投资动机以及对外直接投资所选择的投资目的地的差别等，均会对对外直接投资的逆向技术溢出效应产生直接或间接的影响，进而影响企业在全球价值链地位的提升。

1. 不同投资主体的对外直接投资逆向技术溢出效应

首先来看不同投资主体的逆向技术溢出效应的异质性情况。中国对外直接投资的主体在所有制上主要分为国有企业和民营企业，这是中国对外直接投资主体最重要的异质性特征之一，国有企业和民营企业在所属行业结构、公司治理模式、所面临的融资约束以及在对外直接投资过程中所享受的政策支持等均有很大的差别，由此导致两者在对外直接投资过程中的逆向技术溢出效应也存在显著不同。

就国有企业而言,其所属的行业大多为自然垄断或者政策性垄断行业,在国内市场受到较高行业进入壁垒的保护。同时,国有企业由于得到政府的背书,再加上国家主导的金融系统为其提供雄厚的资金支持,使其面临明显的融资软约束,中国的国有企业往往具有十分雄厚的资金实力和较为先进的技术。而这些特征使得国有企业在对外直接投资过程中较民营企业更容易通过技术互动机制来实现逆向技术溢出效应。比如,国有企业雄厚的资金实力使其更容易吸收投资目的国的高端技术人员,同时其相对先进的技术水平与投资目的国企业的技术水平差距较小,更容易进行研发成果的共享与交流,从而推动自身技术水平的提高。与此同时,国有企业也更容易倚仗雄厚的企业资金和技术实力参与当地市场的产业竞争,通过与所在行业的上下游行业企业进行竞争与交流,实现技术的扩散。

当然,国有企业在对外直接投资过程中也存在一定的劣势。主要表现在国有企业的对外直接投资掺杂了政治、国家战略等多重因素,且往往倚仗自身雄厚的资金实力和本国政府的支持,投资的项目资金规模巨大,对投资目的国产生的经济和社会效应十分显著,因而容易涉及投资目的国的敏感领域,致使投资目的国政府对中国国有企业的投资设置各种附加障碍,比如加强对中国国有企业投资领域的准入和审核等,这无形中增加了中国国有企业对外直接投资的投资成本和投资风险。即使中国国有企业被允许投资于目的国的某些项目,在项目实施过程中,也容易被目的国政府所针对,设置一系列的技术门槛与障碍来阻碍中国国有企业对本国企业技术的吸收和转移,阻碍逆向技术溢出效应当中的技术吸收和技术转移机制的顺利实现。

中国的民营企业在近些年来成长十分迅速,无论是企业数量还是对经济的贡献率均远远超过了国有企业。且在对外直接投资领域,民营企业所扮演的角色也越来越重要,成为中国对外直接投资主体的重要组成部分。民营企业在对外直接投资领域的不断发展,使得中国的对外直接投资主体打破了原本以国有企业为主的投资格局,对外直接投资的主体呈现显著的多元化发展趋势。2012 年 6 月,国家发改委、商务部等八部委联合发布《关于鼓励和引导民营企业积极开展境外投资的实施意见》后,非国有企业逐步成为对外直接投资的新生力量。中国的非公有企业相对于国有企业规模较小,企业面临较为严格的融资约束,资金来源十分有限,导致非国有企业对外直接投资的规模较国有企业更小。非国有企业可以分为股份有限公司和有限责任公司。股份有限公司其公司治理的完善与先进程度、资金实力与行业地位等,往往要比有限责任公司更为优越。因此,股份有限公司在对外直接投资的过程中,对先进技术、高端人才的吸引力更大。此外,由于股份有限公司具有健全的现代企业制度,不存在国有企业中的双重委托代理问题,因此其对外直接投资过程中的技术转移、扩散和吸收等机制与环节会更为畅通,更加有利于逆向技术溢出效应的实现。比如在技术扩散环节,股份有限公司的产业关联呈现高度市场化特征,技术扩散机制中的产业竞争与上下游产业关联机制会更为流畅地运行,因此非国有企业当中的股份有限公司在技术扩散环节比国有企业更具效率。而非国有企业当中的有限责任公司的规模往往较小,其在行业当中的地位和影响力以及企业所能够调动的资金和人力资源等都相对较少,其技术水平往往也较低。这就导致有限责任公司在对外直接投资过程中当遇到预期之外的风险因素时,很容易导致投资项目以失败告终,获取投资目的国先进技术的目标也就无从谈起。因此中国有限责任公司的对外直接投资往往选取地理位置较为接近,文化差异较小,同时企业经营管理者在该地区具有一定人脉资源的较为熟悉的国家和地区作为对外投资的主要目的地。这一类对外直接投资可以通过分摊企业的研发创新投入成本的方式与海外企业进行技术层面的互动与交流,再通过研发创新成果的收益反馈机制实现最新技术的吸收和转移,即研发创新成果产生的经济效益使得企业可以投入更多的资源来进行研发创新活动,从而实现企业技术水平的不断提升。

综合来看,股份有限公司在进行对外直接投资的过程中,其逆向技术溢出效应最为显著。国有企业虽然具备一系列优越条件,具备获取较强技术溢出的能力,但是受制于一系列制度因素和企业自身的委托代理问题等,使得其对外直接投资的逆向技术溢出效应被削弱。有限责任公司和其他类型的公司在对外直接投资过程中的逆向技术溢出效应具有高度不确定性。

2. 不同投资动机的对外直接投资逆向技术溢出效应

一般而言,企业对外直接投资的目的主要有寻求海外资源、寻求海外市场、寻求海外具有比较优势的生产成本与生产效率以及寻求战略性资产。在最初的对外直接投资理论当中,一般认为只有以寻求先进技术为主要目的的对外直接投资才会产生逆向技术溢出效应。但是随着对外直接投资进程的不断推进,各种类型和目的的对外直接投资不断发展,以及研究者们对技术创新过程和机制内涵的认识不断加深,最终发现不同投资目的与动机的对外直接投资对母国企业的技术进步均有不同程度的影响。以原本的资源寻求型对外直接投资为例,许多国家都会以对外直接投资的形式来争夺全球范围内的优质自然资源,比如石油、天然气和各类金属矿产资源等,以保障本国的资源安全和经济发展。在资源寻求型对外直接投资的过程中,企业不仅以较为廉价的成本获取了优质的自然资源,而且会通过对外直接投资来掌握更为先进的能源冶炼和加工技术,引进更为先进的资源开采和提炼加工生产设备,进而提升本国企业在该领域的技术水平,最终提升本国企业在全球价值链当中的地位与影响力。

目前中国的对外直接投资有很大一部分都是以市场寻求型为主,甚至在其他类型的对外直接投资当中,都会或多或少地带有市场寻求型的目的和动机。这主要是由于在开发国外市场的过程中,企业并不需要投入很多的资金和人力。就目前而言,市场寻求型的对外直接投资在业务领域主要集中在销售和售后服务,这就使得市场寻求型的对外直接投资能够让企业近距离地接触消费者的多样化需求,有利于企业通过人力资源吸收机制和根据消费者多样化需求的模仿式创新活动来提升自身产品与服务的质量,使其更加符合海外消费者的个性化需求。同时,海外子公司与母公司及其他分公司之间进行交流互动,使全新的创意性技术成果通过收益反馈机制在整个企业范围内被吸收和消化,从而提升企业的技术水平和运营效率。然后通过企业所在行业上下游产业间的交流与互动实现技术在整个产业链之间的扩散,从而提升整个产业链的生产效率和技术水平。但是中国很多企业在进行市场寻求型对外直接投资的时候,为了躲避税收,大多将自己的海外子公司注册在维尔京群岛、中国香港以及开曼群岛这三个全球最主要的避税地区,然后将部分投资资金设法回流到中国国内,这种做法扭曲了市场寻求型对外直接投资的技术扩散机制,降低了逆向技术溢出效应的显著性。

效率寻求型对外直接投资主要是指为了寻求价格更为低廉的劳动力成本和更为有效的生产方式,通过对外直接投资的方式来实现自身生产资源的进一步有效配置,从而追求更大利润空间的一种对外直接投资类型。这种对外直接投资的主体多以劳动密集型产业企业和中低端技术企业为主,比如纺织业、农副食品加工业和服装制造业等。企业所选择的对外直接投资目的地也多为发展中国家等与自身发展阶段和技术水平相当的国家和地区。这种效率寻求型对外直接投资可以通过研发费用的分担和收益反馈机制等实现逆向技术溢出效应。

与上述几种对外直接投资类型相比,战略资源寻求型对外直接投资的投资目的更为明确,一般这种对外直接投资的企业是以寻求海外高端先进技术、构建全球范围内的营销与生产网络以及打造全球知名品牌为主要目的,着力通过对外直接投资来提升企业自身的全球影响力和竞争力。这类对外直接投资的企业所属的行业大多为技术和知识密集型行业,在前期的发展过程中,通过集聚高端专业技术人才和一系列的国际合作,本身已经具备了一定的国际影响力和技术实力,但是当这种企业发展到一定阶段之后,会遇到严重的技术发展瓶颈,即某一些核心技术仍然没有掌握,仍然存在对国外企业的依赖。为了打破国外企业对高端核心技术的垄断,这类企业往往积极进行对外直接投资,希望通过对外直接投资来获取战略性的资源(高端人才、技术),以掌握核心的高端技术,因此该类企业的对外直接投资目的性极强,也肯为该目的的达成投入大量的资金和人力成本,因此这类企业的对外直接投资在技术获取效率方面会保持较高的水平。在技术转移环节,这类企业会积极地通过研发收益的反馈机制和人力资源的吸收与流动机制来实现核心技术的转移和成果的转化。在技术扩散环节,该类企业则会倚仗自身的行业地位和影响力,通过上下游行业企业的关联效应来实现全新核心技术在整个产业链之间的快速扩散,进一步提升本国该产业领域企业的技术水平。

基于上述分析,可以发现战略资源寻求型对外直接投资的逆向技术溢出效应最为显著;当前中国的市场寻求型对外直接投资由于避税和资金回收等因素,其逆向技术溢出效应被严重削弱;自然资源寻求型和效率寻求型对外直接投资的逆向技术溢出效应显著性介于上述两者之间。

3. 不同投资目的国的对外直接投资逆向技术溢出效应

对外直接投资的目的国类型也会对其逆向技术溢出效应产生不同程度的异质性影响。现有研究普遍认为,中国企业针对发达国家的对外直接投资的逆向技术溢出效应与发展中国家相比有很大不同,其中刘斌等(2015)研究发现,投资于发达国家仅有利于企业的产品升级,而在企业价值链升级过程中会受到严重阻碍;投资于发展中国家更有利于企业的功能升级。究其原因,主要在于投资于发达国家和发展中国家的对外直接投资在逆向技术溢出的各项机制环节都会面临不同的外部条件和内在运作机制。就发达国家来看,在技术互动环节,由于发达国家拥有高质量技术人才,产业技术水平往往较高,行业产品的制定有较高标准,这使其技术互动环节可以充分利用人力资源吸收机制和上下游产业企业互动机制来顺利运转和完成。但是在技术扩散环节,由于发达国家拥有完善的知识产权保护机制,这就使得技术的共享很容易触犯当地的知识产权保护法律条款,从而使创新成果共享机制难以正常运行,技术的溢出量也会相应减少。而发展中国家为了发展本国经济,往往制定一系列优惠政策吸引外国企业来本国投资,即投资于发展中国家往往会面临十分优越的政策环境。同时在对发展中国家进行投资选择时,往往由于该国拥有丰富的自然资源或者生产要素更具比较优势,使得投资的所属行业往往是资源密集型或者是劳动密集型的较为低端的行业,这有利于母国投资企业顺利进行产业转移,优化国内的产业结构和资源配置效率。同时由于发展中国家不会针对外商投资企业设置一系列的知识产权保护方面的制度和政策障碍,因此对外直接投资企业在技术互动、技术转移与扩散方面运转十分流畅,技术溢出效应十分显著。

由此可见,结合现有研究文献和上述分析,虽然发达国家拥有更为先进的技术条件和更加充裕的高质量人力资本,但是由于发达国家较高的市场发育程度、严格的知识产权保护制度以及出于国内产业安全考虑往往设置较为严苛的投资门槛等因素,其技术溢出效应往往并不具备比较优势。中国作为发展中国家,其企业在进行对外直接投资时,投资于发展中国家的逆向技术溢出效应应该高于投资于发达国家。

三、对外直接投资的对外贸易结构效应分析

在当今经济全球化的背景下,一个国家通过对外直接投资的形式参与国际分工与协作,其本质上是本国生产要素的重新优化配置,而生产要素的重新优化配置必然会导致本国产业结构发生变化,产业结构的变动及其影响最终会传导到本国的生产企业等微观市场主体。在对外贸易依存度较高的国家,这种产业结构变动和企业微观主体生产行为的变化必然会对本国的进出口产业结构产生直接影响。

如图 4.3 所示,资源寻求型与效率寻求型的对外直接投资往往多投资于发展中国家,也就是理论上所说的顺梯度对外直接投资。这种对外直接投资会通过产业转移效应为投资母国发展新兴产业腾出空间、积累资本以及创造具有相对价格优势的中间产品。市场寻求型和创新资源寻求型的对外直接投资有利于母国进一步开拓国际市场,扩展本国产品和服务在国际市场上的需求空间,同时通过获取发达国家的先进技术来为本国的新兴产业发展奠定良好的技术条件基础,从而推动本国产业结构的优化和升级。产

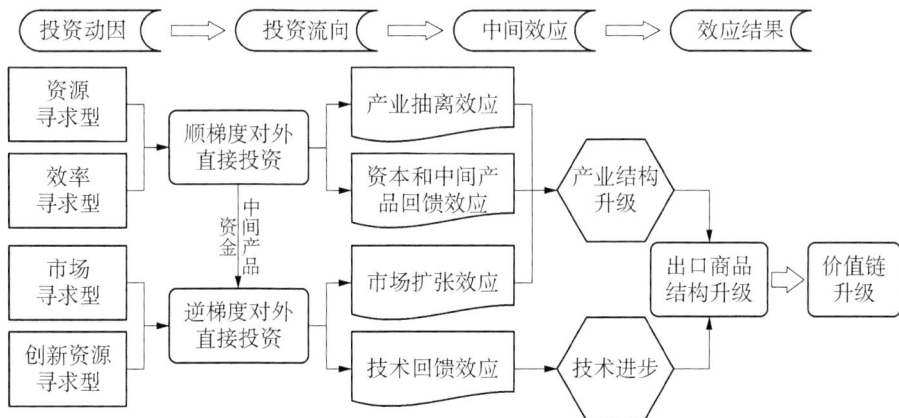

图 4.3　对外直接投资影响出口商品结构乃至价值链地位作用机理

资料来源:刘新宇.中国对外直接投资对出口商品结构的影响研究[D].北京:首都经济贸易大学,2016.

业结构的升级和技术进步又会进一步传导到微观企业主体,对企业的生产活动产生影响,使得企业生产的产品种类(即产品结构)发生变化,进而影响出口商品的结构。一国出口商品结构的变动会直接影响本国企业在国际市场和全球价值链当中的地位。尤其是外贸依存度较高的国家,其对外直接投资的贸易结构效应将更为显著,通过贸易结构效应,该国的对外直接投资会对本国在全球价值链当中的地位产生重要影响。

第二节　中国对外投资对中国产业价值链提升的作用分析

本节分析中国对外直接投资对中国产业在全球价值链中地位提升的作用,结合中国的相关现实数据进行实证分析,重点从对外直接投资的产业转移效应、逆向技术溢出效应和对外贸易结构效应这三个对外直接投资影响一国产业价值链的主要机制来分析当前中国对外直接投资在提升中国产业价值链地位方面的作用,从而为后文分析中国对外直接投资的结构性问题做铺垫。

一、中国对外直接投资的产业转移效应分析

改革开放以来,中国在经济发展方面取得了举世瞩目的成绩,保持了40多年的高速增长,创造了经济增长的奇迹。但是,这40多年的经济增长属于粗放式的经济增长,且对外贸易依存度很高。随着2008年世界金融危机的爆发,以及中国国内人口红利的消失,原本依靠出口拉动的外向型经济增长模式以及靠资源投入为主的粗放式经济增长方式已经不可持续,中国近几年的经济增长速度已经跌破7%,进入中高速增长区间,中国经济发展进入新常态,亟须转换经济增长动力,提升经济发展质量。在上述经济发展背景下,中国国内的重化工类产业的产能过剩问题日益凸显,产业结构严重失衡,亟须调整升级,为此中国政府推出了一系列结构性改革措施,着力进行"三去一降一补"工作,以改善和优化国内产业结构。上述问题也构成了中国进行产业转移的迫切需求因素,在这之后,中国企业"走出去"的步伐不断

加快,借助改革开放以来高速经济增长所积累的雄厚产业资本和中国政府鼓励国内企业走出去的一系列优惠政策,中国企业通过对外直接投资的形式进行产业转移,这使得国内的产业结构得以调整和优化,而产业结构的调整和优化又会影响中国对外贸易的商品种类与商品结构。本节通过分析中国各类行业和产品的进出口金额和占比情况,来刻画中国的产业转移效果和特征,进而考察其对中国企业价值链地位的影响和作用。

(一)首先看出口方面

由表 4.1 和图 4.4 可知,从 20 世纪 90 年代开始,中国的出口规模呈高速发展态势。从中国出口产品的不同类别来看,无论是初级产品还是工业制成品,其绝对金额除 2009 年之外基本都呈逐年上升态势。尤其是在中国加入 WTO 之后,对外出口的规模增速不断加快。从具体数据来看,在加入WTO 之前,中国的初级产品出口金额由 1991 年的 161.45 亿美元增长至2000 年的 254.6 亿美元,10 年间增长幅度达到 57.7%,工业制成品的出口金额由 556.98 亿美元增长至 2 237.43 亿美元,10 年间增长幅度达到301.7%。这一数据充分说明在加入 WTO 之前,中国的工业制成品出口增速明显快于初级品出口金额。在加入 WTO 之后,在 2001—2017 这段时间内,中国的初级品出口金额仍然保持平稳增长态势,工业制成品的增长态势明显比初级品要快。尽管在 2008 年前后,受到全球金融危机的冲击,初级品和工业制成品出口金额都呈现短暂的负增长,但是在那之后两者均重新回到平稳增长的态势当中。

表 4.1 1991—2017 年中国出口产品构成情况

年份	初级产品出口额(亿美元)	工业制成品出口额(亿美元)	出口总额(亿美元)	初级产品出口比重(%)	工业制成品出口比重(%)
1991	161.45	556.98	718.43	22.47	77.53
1992	170.04	679.36	849.4	20.02	79.98
1993	166.66	750.78	917.44	18.17	81.83
1994	197.08	1 012.98	1 210.06	16.29	83.71
1995	214.85	1 272.95	1 487.8	14.44	85.56

（续表）

年份	初级产品出口额（亿美元）	工业制成品出口额（亿美元）	出口总额（亿美元）	初级产品出口比重（%）	工业制成品出口比重（%）
1996	219.25	1 291.23	1 510.48	14.52	85.48
1997	239.53	1 588.39	1 827.92	13.10	86.90
1998	204.89	1 632.2	1 837.12	11.15	88.85
1999	199.41	1 749.9	1 949.31	10.23	89.77
2000	254.6	2 237.43	2 492.03	10.22	89.78
2001	263.38	2 397.6	2 660.98	9.90	90.10
2002	285.4	2 970.56	3 255.96	8.77	91.23
2003	348.12	4 034.16	4 382.28	7.94	92.06
2004	405.49	5 527.77	5 933.26	6.83	93.17
2005	490.37	7 129.16	7 619.53	6.44	93.56
2006	529.19	9 160.17	9 689.78	5.46	94.53
2007	615.09	11 562.67	12 200.6	5.04	94.77
2008	779.57	13 527.36	14 306.93	5.45	94.55
2009	631.12	11 384.83	12 016.12	5.25	94.75
2010	816.86	14 960.69	15 777.54	5.18	94.82
2011	1 005.45	17 978.36	18 983.81	5.30	94.70
2012	1 005.58	19 481.56	20 487.14	4.91	95.09
2013	1 072.68	21 017.36	22 090.04	4.86	95.14
2014	1 126.92	22 296.01	23 422.93	4.81	95.19
2015	1 039.27	21 695.41	22 734.68	4.57	95.43
2016	1 051.87	19 924.44	20 976.31	5.01	94.99
2017	1 177.3	21 456.4	22 633.7	5.20	94.80

资料来源：国家统计局 2016 年和 2018 年《中国统计年鉴》。

此外，从初级品和工业制成品占中国出口总额的比重来看（见图 4.4），从 1991 年开始，中国的初级品出口比重与工业制成品出口比重基本呈背道

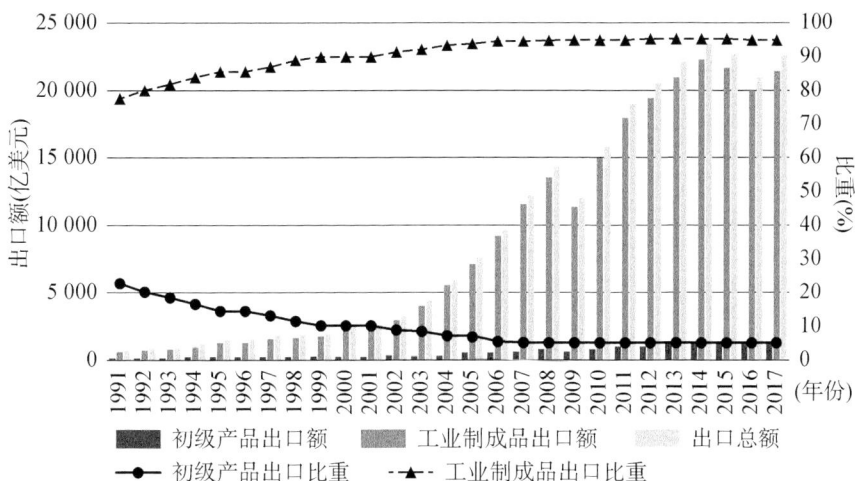

图 4.4 1991—2017 年中国出口产品构成情况

资料来源：国家统计局 2016 年和 2018 年《中国统计年鉴》。

而驰的变动趋势，工业制成品占出口总额的比重不断提高，初级品的比重不断下降。2001 年，中国的初级品出口比重首次跌破两位数，为 9.9％，而工业制成品的比重相应上升到 90％以上，截至 2017 年，工业制成品的比重已经达到 94.80％，这充分说明工业制成品在中国的出口产品结构当中占绝对优势地位。

（二）其次看进口方面

中国的进口商品金额在 1991—2017 年也保持稳步上升趋势，无论是初级品还是工业制成品的进口，都保持增长态势。表 4.2 的数据显示，截至 2017 年，中国的初级品进口金额达到 5 796.4 亿美元，较 1991 年的 108.34 亿美元增长了 5 250％，增长幅度十分惊人。与此同时，工业制成品的进口金额也由 1991 年的 529.57 亿美元增长至 2017 年的 12 641.5 亿美元。但是初级品的增长速度要快于工业制成品，由此反映在初级品和工业制成品占中国进口商品总额的比重变化上，初级品的进口比重由 1991 年的 16.98％增长至 2017 年的 31.44％，而工业制成品的进口比重由 1991 年的 83.02％下降到 2016 年的 68.56％，即中国的初级品进口比重稳步上升，工业制成品的进口比重稳步下降。

表 4.2   1991—2017 年中国出口产品构成情况

年份	初级产品进口额（亿美元）	工业制成品进口额（亿美元）	进口总额（亿美元）	初级产品进口比重（%）	工业制成品进口比重（%）
1991	108.34	529.57	637.91	16.98	83.02
1992	132.55	673.3	805.85	16.45	83.55
1993	142.1	897.49	1 039.59	13.67	86.33
1994	164.86	991.28	1 156.15	14.26	85.74
1995	244.17	1 076.67	1 320.84	18.49	81.51
1996	254.41	1 133.92	1 388.33	18.32	81.68
1997	286.2	1 137.5	1 423.7	20.10	79.90
1998	229.49	1 172.88	1 402.37	16.36	83.64
1999	268.46	1 388.53	1 656.99	16.20	83.80
2000	467.39	1 783.55	2 250.94	20.76	79.24
2001	457.43	1 978.1	2 435.53	18.78	81.22
2002	492.71	2 458.99	2 951.7	16.69	83.31
2003	727.63	3 399.96	4 127.6	17.63	82.37
2004	1 172.67	4 439.62	5 612.29	20.89	79.11
2005	1 477.14	5 122.39	6 599.53	22.38	77.62
2006	1 871.29	6 043.32	7 914.61	23.64	76.36
2007	2 430.85	7 128.65	9 561.15	25.42	74.56
2008	3 623.95	7 701.67	11 325.62	32.00	68.00
2009	2 898.04	7 161.19	10 059.23	28.81	71.19
2010	4 338.5	9 623.94	13 962.44	31.07	68.93
2011	6 042.69	11 392.15	17 434.84	34.66	65.34
2012	6 349.34	11 834.71	18 184.05	34.92	65.08
2013	6 580.81	12 919.09	19 499.89	33.75	66.25
2014	6 469.4	13 122.95	19 592.35	33.02	66.98

（续表）

年份	初级产品进口额（亿美元）	工业制成品进口额（亿美元）	进口总额（亿美元）	初级产品进口比重（%）	工业制成品进口比重（%）
2015	4 720.57	12 075.07	16 795.64	28.11	71.89
2016	4 410.55	11 468.71	15 879.26	27.78	72.22
2017	5 796.4	12 641.5	18 437.9	31.44	68.56

资料来源：国家统计局 2016 年和 2018 年《中国统计年鉴》。

由此可见，中国对外贸易当中的初级品贸易逐渐由出口为主转变为进口为主，而工业制成品的贸易则由进口为主转变为出口为主。上述事实也充分反映了中国产业转移的主要特征。从 20 世纪 90 年代至今，中国处于工业化快速发展时期，为了满足国内工业的发展需要，获取丰富的资源和价格更为低廉的原材料，中国开始将国内初级产品部分产业逐步通过对外直接投资的形式转移到资源禀赋条件更好的国家和地区，然后通过逆向进口的形式为国内工业企业提供生产所需的初级产品和原材料。这部分产业的转移为国内腾出了空间，使得中国得以承接部分国外的加工制造产业以嵌入全球价值链，从而成为全球的制造业工厂，为中国这段时间经济的高速发展创造了很好的机遇和条件，提升了中国企业在全球价值链当中的地位。

为了分析中国产业转移的最终效果，本书采用高技术产品贸易额数据来进行分析。主要是因为高级产品贸易额最能够反映一个国家的产业结构是否得到优化和升级，由此可以推断中国的对外直接投资所引起的产业转移是否带动了国内产业结构的优化升级，从而助力中国产业在全球价值链当中地位的提升。

由表 4.3 可知，2000—2016 年中国的高技术产品进口和出口金额都基本呈逐渐提高的趋势，只有在 2009 年的世界金融危机期间，中国的高技术产品进出口金额出现了短暂的下降。从其所占工业制成品进出口金额的比重来看，出口比重呈较为显著的上升趋势，但是上升速度已经明显不如以前；进口比重在 2006—2016 年呈稳中有降的态势。这与 1991—2005 年中国的高技术产品进出口比重呈显著增高态势有所区别。

表4.3　2000—2016年中国高技术产品对外贸易情况

年份	出口贸易			进口贸易		
	高技术产品(亿美元)	占总额比重(%)	占工业制成品比重(%)	高技术产品(亿美元)	占总额比重(%)	占工业制成品比重(%)
2000	370	14.9	16.6	525	23.3	29.4
2001	465	17.5	19.4	641	26.3	32.4
2002	679	20.8	22.8	828	28.1	33.7
2003	1 103	25.2	27.3	1 193	28.9	35.1
2004	1 654	27.9	29.9	1 613	28.7	36.3
2005	2 182	28.6	30.6	1 977	30.0	38.6
2006	2 815	29.0	30.7	2 473	31.2	40.9
2007	3 478	28.6	30.1	2 870	30.0	40.3
2008	4 156	29.0	30.7	3 418	30.2	44.3
2009	3 769	31.4	33.1	3 099	30.8	43.3
2010	4 924	31.2	32.9	4 127	29.6	42.9
2011	5 488	28.9	30.5	4 632	26.6	40.7
2012	6 012	29.3	30.9	5 069	27.9	42.8
2013	6 603	29.9	31.4	5 582	28.6	43.2
2014	6 605	28.2	29.6	5 514	28.1	42.0
2015	6 553	28.8	30.2	5 493	32.7	45.4
2016	6 042	28.8	30.3	5 237	33.0	45.6

资料来源：2000—2017年历年《中国科技统计年鉴》。

因此,中国近10年来的高技术产品出口比重的上升趋势表明中国的贸易产品结构在逐步优化,国内的产业结构也在不断优化升级,对外直接投资导致的产业转移的确推动了国内产业结构的升级和技术进步,高技术产品出口比重的不断上升也的确说明中国在全球价值链中的分工地位在不断提升。但是也应该清晰地看到,与2006年之前相比,中国的高技术产品进出口金额虽然稳步上升,但是其上升速度却已经大不如前。从占比情况来看,高技术产品的出口占比增长速度也开始逐渐放缓,10 年间仅上升了不到 8 个百分点。这也从侧面说明,中国的高技术产业要得到更加长远的发展,仅靠对外直接投资的产业转移效应是远远不够的,随着世界经济的发展和全球经济一体化进程的不断加深,对外直接投资的产业转移效应对中国高技术产业的带动作用以及对中国产业在全球价值链当中地位的提升作用已经十分有限,截至目前已经到了近乎瓶颈时期,因此,中国下一步的价值链地位提升要寻找新的着力点。中国高技术产业在发展过程中的技术瓶颈问题已经十分突出,目前中国企业的研发强度仍然与世界发达国家存在很大差距。如何提升中国企业的研发创新积极性,将更多的企业由常规企业转化为创新型企业,从而提升国内企业的研发创新常规化水平,将是进一步推动中国产业价值链地位提升的有效途径。

综上可知,目前中国对外直接投资的产业转移效应正在逐渐减弱,究其原因,可以从中国对外直接投资的行业分布当中找到答案。如表 4.4 所示,从 2017 年中国的对外直接投资行业分布情况来看,中国对外直接投资的行业已经不再以初级产品工业行业为主,2017 年的对外直接投资流量当中,占据第一位的是租赁和商务服务业,制造业虽然排名第二,但是其比重与租赁和商务服务业差距较大。目前中国的对外直接投资行业分布当中,第三产业占比最高,这些第三产业的对外直接投资目的基本都是市场寻求型和创新资源寻求型,这种目的的对外直接投资其本身是为了自身行业内部的优化和升级,更多的是通过逆向技术溢出效应来对本国的价值链升级做出贡献。

表 4.4 2017 年中国对外直接投资流量行业分布

行　　业	流量(亿美元)	同比(%)	比重(%)
租赁和商务服务业	542.7	− 17.5	34.29
制造业	295.1	1.6	18.64
批发和零售业	263.1	25.9	16.62
信息传输/软件和信息技术服务业	44.3	− 76.3	2.80
房地产业	68	− 55.1	4.30

（续表）

行　业	流量（亿美元）	同比（％）	比重（％）
金融业	187.9	25.9	11.87
居民服务/修理和其他服务业	18.7	−65.5	1.18
建筑业	65.3	48.7	4.13
科学研究和技术服务业	23.9	−43.6	1.51
文化/体育和娱乐业	2.6	−93.3	0.16
电力/热力/燃气及水的生产和供应业	23.4	−33.9	1.48
农林牧渔业	25.1	−23.7	1.59
采矿业	−37	——	−2.34
交通运输/仓储和邮政业	54.7	225.6	3.46
住宿和餐饮业	−1.9	——	−0.12
水利/环境和公共设施管理业	2.2	−73.8	0.14
卫生和社会工作	3.5	−28.6	0.22
教育	1.3	−53.6	0.08
合计	1 582.9	−19.3	100.00

资料来源：根据《2017年度中国对外直接投资统计公报》数据整理所得。

二、中国对外直接投资的逆向技术溢出效应分析

逆向技术溢出效应是对外直接投资提升本国产业价值链地位的重要途径。如前文所述，对外直接投资的逆向技术溢出效应会受到对外直接投资当中很多相关因素的影响，比如投资主体的类型、投资目的和投资目的地的选择等。基于上述影响因素，本部分将对中国的对外直接投资逆向技术溢出效应进行分析，以考察中国对外直接投资逆向技术溢出效应的显著性及其对中国产业价值链地位提升的影响。

首先，从对外直接投资的主体类型情况来看，前文分析认为中国的股份有限公司在进行对外直接投资的过程中，其逆向技术溢出效应最为显著。国有企业虽然具备一系列优越条件，具备获取较强技术溢出的能力，但是受

制于一系列制度因素和企业自身的委托代理问题等,其对外直接投资的逆向技术溢出效应被削弱。有限责任公司和其他类型的公司在对外直接投资过程中的逆向技术溢出效应具有高度不确定性。从中国对外直接投资的主体类型来看,2007—2017 年中国的对外直接投资主体仍然以有限责任公司为主,且有限责任公司所占比重仍然呈逐年上升趋势,截至 2017 年,有限责任公司占中国对外直接投资主体的 41.4%(见表 4.5)。国有企业占比呈逐年下降趋势,从 2007 年的 19.7%一路下降至 2017 年的 5.6%。而逆向技术溢出效应最为显著的股份有限公司在中国对外直接投资的主体占比始终在较低水平,2007 年仅占 9.4%,截至 2017 年,其比例已经为 10.9%,但是仍处于较低水平。由此可见,在中国的对外直接投资主体当中,逆向技术溢出效应具有高度不确定性的有限责任公司占比最高,逆向技术溢出效应最显著的股份有限公司占比却始终很低,由此可以推断中国的对外直接投资主体仍然存在结构性问题,提升股份有限公司在对外直接投资主体当中的占比,对于提升中国对外投资的逆向技术溢出效应,进而提升中国产业在全球价值链当中的地位具有重要意义。

表 4.5　中国对外直接投资主体:按登记注册类型划分的投资者比例(%)

公司注册类型	2007年	2008年	2009年	2010年	2011年	2012年	2013年	2014年	2015年	2016年	2017年
有限责任公司	43.5	49.7	57.7	57.1	60.4	62.5	66.1	67.2	67.4	43.2	41.4
私营企业	11.0	9.4	7.5	8.2	8.3	8.3	8.4	8.2	10.2	26.2	25.7
股份有限公司	9.4	8.9	7.2	7.0	7.7	7.4	7.1	6.7	7.7	10.1	10.9
国有企业	19.7	16.1	13.4	10.2	11.1	9.1	8.0	6.7	5.8	5.2	5.6
外商投资企业	3.7	3.5	3.1	3.2	3.6	3.4	3.0	2.6	2.8	4.8	5.0
股份合作公司	8.1	6.6	4.9	4.6	4.0	3.4	3.1	2.5	2.3	2.0	1.8
港澳台投资公司	1.8	1.8	1.8	2.0	2.4	2.2	2.0	1.8	1.9	3.2	3.4
集体企业	1.8	1.5	1.2	1.1	1.0	0.8	0.6	0.5	0.4	0.5	0.4
其他	1.0	2.5	3.2	6.6	1.5	2.9	1.7	3.8	1.5	2.4	3.3

资料来源:根据历年《中国对外投资合作发展报告》的数据整理计算所得。

其次,通过分析中国的对外直接投资地域和国别分布来看其对外逆向技术溢出效应。结合现有研究文献和上述分析,虽然发达国家拥有更为先进的技术条件和更加充裕的高质量人力资本,但是由于其较高的市场发育程度、严格的知识产权保护制度以及出于国内产业安全考虑往往设置较为严苛的投资门槛等因素,其技术溢出效应往往并不具备比较优势。中国作为发展中国家,其企业在进行对外直接投资时,投资于发展中国家的逆向技术溢出效应应该高于投资于发达国家。从表4.6可以看到,从2003年开始,中国的对外直接投资流量当中,流向亚洲和拉丁美洲的最多,而亚洲和拉丁美洲基本上都是发展中国家。而且,可以预见的是,随着"一带一路"倡议的不断推进,中国与"一带一路"沿线国家的交流与合作深度的不断加深,中国对外直接投资当中流向发展中国家的比重将进一步上升。

表 4.6   2003—2017 年中国对外直接投资地域流向分布   单位:亿美元

年份	亚洲	非洲	欧洲	拉丁美洲	北美洲	大洋洲
2003	15.05	0.75	1.45	10.38	0.58	0.34
2004	30.14	3.17	1.57	17.63	1.26	1.2
2005	44.84	3.92	3.95	64.66	3.21	2.03
2006	76.63	5.2	5.98	84.69	2.58	1.26
2007	165.93	15.74	15.4	49.02	11.26	7.7
2008	435.48	54.91	8.76	36.77	3.64	19.52
2009	404.08	14.39	33.53	73.28	15.22	24.8
2010	448.9	21.12	67.6	105.38	26.21	18.89
2011	454.94	31.73	82.51	119.36	24.81	33.18
2012	647.85	25.17	70.35	61.7	48.82	24.15
2013	756.04	33.71	59.49	143.59	49.01	36.6
2014	849.88	32.02	108.38	105.47	92.08	43.37
2015	1 083.71	29.78	71.18	126.10	107.18	38.71
2016	1 302.68	23.99	106.93	272.27	203.51	52.12
2017	1 100.4	41	184.6	140.8	65	51.1

资料来源:根据历年《中国统计年鉴》数据整理。

　　但是从中国对外直接投资的存量数据来看,目前中国对外直接投资存量排名前 27 位的国家和地区当中,中国香港、开曼群岛和英属维尔京群岛的投资存量仍然排在前三位,这三个地区的投资大多属于市场寻求型对外直接投资。之所以投资者选择这三个地区,是因为这三个地区是全球的避税天堂,因此很多中国企业会选择将公司注册在这里,然后将部分投资资金设法回流到国内,这种做法扭曲了市场寻求型对外直接投资的技术扩散机制,降低了逆向技术溢出效应的显著性。从目前中国的对外直接投资存量地区分布结构性特征来看,这三个地区的投资存量之高,在短时间之内难以得到改变,这三个地区的对外直接投资的逆向技术溢出效应往往不是很显著,这是目前中国对外直接投资地域存量结构的主要问题之一。

　　最后,来看中国对外直接投资存量排名前 27 位的国家当中的发达国家与发展中国家分布情况。由表 4.7 可知,从第 4 位到第 10 位,均是发达国家,而第 11—27 位的国家和地区当中,发达国家的数量和占比开始减少,发展中国家的数量和占比开始增加,但是从总体存量占比来看,中国对发展中国家的对外直接投资存量规模与发达国家相比仍存在一定差距。由于近年来中国对发展中国家的对外直接投资流量增长速度和占比情况都高于对发达国家的对外直接投资,因此,中国在未来对发展中国家的投资存量和占比情况将进一步提升,这也有助于中国对外直接投资的逆向技术溢出效应,有利于中国产业在全球价值链当中地位的提升。

表 4.7　2017 年中国对外直接投资存量排名前 27 位国家或地区

单位：亿美元

排名	国家或地区	2017 年对外直接投资存量	排名	国家	2017 年对外直接投资存量
1	中国香港	9 812.65	6	澳大利亚	361.75
2	开曼群岛	2 496.82	7	英国	203.18
3	英属维尔京群岛	1 220.61	8	俄罗斯	138.72
4	美国	673.81	9	德国	121.63
5	新加坡	445.68	10	加拿大	109.37

（续表）

排名	国家或地区	2017 年对外直接投资存量	排名	国家	2017 年对外直接投资存量
11	印度尼西亚	105.39	20	日本	31.97
12	中国澳门	96.8	21	尼日利亚	28.61
13	南非	74.73	22	新西兰	24.92
14	韩国	59.83	23	阿尔及利亚	18.33
15	法国	57.03	24	苏丹	12.01
16	泰国	53.58	25	墨西哥	8.98
17	越南	49.65	26	马达加斯加	7.66
18	印度	47.47	27	几内亚	0.76
19	巴西	32.05			

资料来源：根据《2018 年中国统计年鉴》数据整理。

三、中国对外直接投资的贸易结构效应分析

对外直接投资的动机异质性将对该国对外贸易的产品结构造成不同影响，本部分将从中国对外直接投资的动机角度进行分析，阐述不同对外直接投资目的对中国对外贸易产品结构的现实影响。

首先来看中国的资源寻求型对外直接投资，这是按投资动机分类当中最为原始的中国对外直接投资类型，这一类型的对外直接投资长期以来占据中国对外直接投资的主体地位。在此类对外直接投资当中，从投资主体来看，绝大部分为中国的国有企业，这部分国有企业往往带有国家能源安全战略的重大任务，在全球范围内进行能源生产与供给的布局，最具代表性的就是中国的中石油、中石化和中海油这三家能源行业的巨头型企业。截至目前，中国的对外直接投资当中，资源寻求型直接投资的占比仍然达到45％，这一部分对外直接投资基本都分布于经济发展水平并不高，但是能源矿产资源很丰富的发展中国家和地区。中国在这些国家和地区的资源寻求型直接投资，增加了中国的石油、天然气以及其他矿产资源产品的进

口。同时,由于这些投资目的国的经济发展水平不高,技术水平十分有限,因此,中国企业在这些国家进行投资的时候,往往需要从国内进口一系列的中间产品来满足在这些国家投资时的配套需求,这也间接增加了中国具有一定附加价值的工业制成品的出口,使中国的出口产品结构得以进一步优化。

在经历了 40 多年的高速经济增长之后,中国经济增长速度开始降低,转向中高速增长路径,中国经济发展进入新常态。造成这一现状的重要原因之一就是原本中国企业生产以及在国际市场上保持自身产品竞争力的成本优势正在丧失,人口红利的丧失、土地和其他原材料成本的大幅度上升使得中国企业开始对外寻求更具比较优势的生产基地。因此,中国的效率寻求型对外直接投资快速增长。从目前来看,中国的效率寻求型对外直接投资的行业领域基本为劳动密集型行业,通过对外直接投资,中国企业可以充分利用东道国价格低廉的资源进行生产,转而进入中国国内销售,与中国原有的进出口产品形成替代和互补效应。此外,效率寻求型对外直接投资也形成了边际产业转移,有助于中国国内的过剩产能治理和新兴产业的发展,国内的产业结构得以优化,国内产业结构的变化也会影响国内生产的产品结构以及这些产品的出口结构。

随着中国经济实力的不断提升,本国企业生产能力的不断提升,国内生产的各种产品的差异化程度和品质不断提高,数量更加充裕,因此,中国企业的眼光不再仅仅局限在国内市场,而是将目标进一步转向国际市场,由此带来了中国企业的市场寻求型对外直接投资。从前面图4.4可以看出,中国企业的市场寻求型对外直接投资通过市场扩张效应使得中国的工业制成品的出口比重不断提升,原本的初级品出口被不断替代,导致近年来中国出口产品结构当中,初级品的比重在不断下降,出口商品的结构得以优化。中国的手机通信品牌华为、联想、中兴、小米通过对美国、欧洲等发达国家的直接投资设立营销和售后服务中心,扩大产品在这些东道国的市场占有率;"一带一路"倡议的提出为中国装备制造业"走出去"提供投资方向,标志着中国将有一批具有国际竞争力的基础设施建设行业企业迈出国门,挖掘国际市场的需求,如中国高铁、电力建设等行业企业[①]。

近年来,中国企业在欧美发达国家的对外直接投资的动机主要表现为创新资源寻求型,这种对外直接投资是为了借助发达国家先进的生产技术来实现自身企业技术水平的提升,这种技术的回馈效应又会使本国的产品生产工艺和生产技术得到提升,进一步影响国内产品的质量和结构,对本国的产品出口结构产生间接影响。因此这部分企业所属行业一般为技术密集型行业,所选取的投资目的地也大多为欧美等拥有先进技术的发达国家和地区。但是就目前来看,以寻求创新资源为目的的对外直接投资在中国的对外直接投资总额当中占比并不高。以 2016 年为例,中国在信息传输/软件和信息技术服务业以及科学与技术服务业这两个技术密集型行业的对外直接投资仅占当年中国对外直接投资总量的 11.68%,即使将制造业也纳入创新资源寻求型的对外直接投资,其总体比例也不过 30% 左右。由此可见,中国企业的创新资源寻求型对外直接投资强度目前还不够,在未来仍有进一步上升的空间和必要性。

综上所述,目前中国的对外直接投资当中,资源寻求型占比仍然很高,对外直接投资的贸易结构效应主要通过资源寻求型对外直接投资来实现。效率寻求型和创新资源寻求型对外直接投资所占比重偏低,因此贸易结构效应较弱,在未来需要继续提升效率寻求型和创新资源寻求型对外直接投资的比重,以增强对外直接投资对中国对外贸易产品结构的优化升级作用,进而提升中国产业在全球价值链当中的地位和作用。

第三节　中国对外直接投资中的结构性问题分析

如前文所述,目前中国对外直接投资提升产业价值链地位的途径主要依靠逆向技术溢出效应和贸易结构效应,中国对外直接投资的产业转移效应正在逐渐减弱,这是中国经济发展的必然趋势。下一步如何强化中国对外直接投资的逆向技术溢出效应和贸易结构效应,从而使中国的对外直接

---

① 刘新宇.中国对外直接投资对出口商品结构的影响研究[D].北京:首都经济贸易大学,2016.

投资对产业价值链的带动作用进一步增强,将是一个值得研究的重要问题。本节将结合前文的研究内容,梳理目前中国对外直接投资当中可能存在的结构性问题,以期为中国对外直接投资的结构调整提供有益借鉴和依据。

一、中国对外直接投资主体结构失衡严重

中国的股份有限公司在进行对外直接投资的过程中,其逆向技术溢出效应最为显著。国有企业虽然具备一系列优越条件,具备获取较强技术溢出的能力,但是受制于一系列制度因素和企业自身的委托代理问题等,其对外直接投资的逆向技术溢出效应被削弱。有限责任公司和其他类型的公司在对外直接投资过程中的逆向技术溢出效应具有高度不确定性。从中国对外直接投资的主体类型来看,2007—2015 年,中国的对外直接投资主体仍然以有限责任公司为主,且有限责任公司所占比重仍然呈逐年上升趋势,截至 2015 年,有限责任公司占中国对外直接投资主体的 67.4%。国有企业占比呈逐年下降趋势,从 2007 年的 19.70%一路下降至 5.8%。而逆向技术溢出效应最为显著的股份有限公司在中国对外直接投资的主体占比始终在较低水平,2007 年仅占 9.40%,截至 2015 年,其比例已经下降至 7.70%。由此可见,在中国的对外直接投资主体当中,逆向技术溢出效应具有高度不确定性的有限责任公司占比最高,逆向技术溢出效应最显著的股份有限公司占比却始终很低,由此可以推断中国的对外直接投资主体仍然存在结构性问题。

推动中国的股份有限公司在对外直接投资当中发挥更大的作用,是中国调整对外直接投资主体结构的当务之急。为了达到这一目的,需要进一步完善中国股份有限公司的治理机制,同时继续大力培育企业家精神,改变国内企业的短视心态和经营行为。政府要继续改善营商环境,为中国的优质企业"走出去"提供良好的政策环境和外部条件。此外,要完善市场竞争机制,积极引进外资企业,推动国内企业向外资企业学习其先进的管理和经营理念,进一步推动中国对外开放的力度和广度,在开放中求发展,从而推动国内企业能够尽快放眼全球,以全球化视角来审视自身企业发展。这样同时借助市场和政府的双重力量打造优质的对外直接投资主体。

二、中国企业对外直接投资动机有待转换

按照不同的投资动机来分类,截至目前,中国的对外直接投资当中,资源寻求型直接投资的占比仍然达到 45%,与此同时,以寻求创新资源为目的的对外直接投资在中国的对外直接投资总额当中占比并不高。资源寻求型的对外直接投资虽然能保障国家能源安全,并利用投资东道国经济和技术水平不高的特点凸显自身企业的差异化优势,从而强化对外直接投资的贸易结构效应,实现本国产业的技术进步和价值链升级,但是随着全球经济的不断发展,作为资源寻求型对外直接投资东道的各发展中国家的经济也在持续增长,当这些国家的经济发展到一定水平的时候,中国企业在当地的比较优势也将逐渐丧失,因此资源寻求型所带来的贸易结构效应从长远来看不可持续。中国对外直接投资的动机有待进一步转换,才能实现对外直接投资对本国价值链的带动作用。在这当中,创新资源寻求型投资的比重要进一步得到提升,当全球各经济体之间的经济发展差距逐渐缩小的时候,创新的重要性将进一步凸显,因此,提升创新资源寻求型投资的比重,对提升中国产业价值链在全球价值链当中的地位,具有十分重要的意义。这就需要增强中国国内企业的创新意识,提升本国企业的创新常规化水平,推动更多的企业由利润型企业向创新型企业转变。此外,政府部门要采取有力措施为创新型企业"走出去"寻求更为前沿的先进创新资源提供便利条件。

三、中国对外直接投资地域分布有待优化

不同动机的对外直接投资与相应的投资地域相结合,才能顺利打通对外直接投资对本国产业的价值链的提升路径。比如,创新资源寻求型投资往往选择欧美等经济和技术发达国家与地区,资源寻求型投资往往选择经济并不发达但是资源禀赋较好的发展中国家和地区来进行投资,市场寻求型的逆向技术溢出效应在发展中国家往往比发达国家更为显著。目前来看,中国对外直接投资的地域和国别分布仍有有待进一步优化的方面。比如,目前中国对外直接投资存量排名前 27 位的国家和地区当中,中国香港、开曼群岛和英属维尔京群岛的投资存量仍然排在前三位,这三个地区的投

资大多属于市场寻求型对外直接投资,之所以投资者选择这三个地区,是因为这三个地区是全球的避税天堂,因此很多中国企业会选择将公司注册在这三个地区,然后将部分投资资金设法回流到国内,这种做法扭曲了市场寻求型对外直接投资的技术扩散机制,降低了逆向技术溢出效应的显著性。企业的避税行为有其自身合理性,但是这也凸显出中国企业的短视行为,在开拓国际市场的过程中,中国企业如不改变这一短视行为,规范自己在海外的投资策略,则不仅影响其海外投资的成功概率,还会削弱对外直接投资对中国产业价值链的提升作用。随着"一带一路"倡议的不断推进和"一带一路"沿线国家市场的不断开放,中国的对外直接投资地域与国别分布情况将有所改善。

第五章

跨国并购与中国跨国公司全球价值链布局

随着我国企业"走出去"的步伐加快和对外直接投资的快速增长[①],中国跨国并购的案例也迅速增加,根据 Wind 数据库提供的中国企业跨国并购数据,2017 年中国企业跨国并购交易额为 1 308.7 亿美元,是 2010 年的 4.4 倍(298.27 亿美元)[②]。在企业跨国并购过程中,以全球价值链为核心提高经济竞争力,提升资本和技术配置效率,强化分工协调与合作的全球要素深度整合越来越突出。因此,本章的目的就是从全球价值链整合的视角出发,分析中国近年来的跨国并购问题。

第一节　跨国并购中的全球价值链研究
——文献综述

20 世纪 80 年代,哈佛大学的波特教授提出了"价值链"的概念,他认为价值链是涵盖企业设计、生产、销售、配送以及辅助活动等的创造价值的生产链,通过这一系列互不相同但又相互关联的生产经营活动,能够构成一个

---

① 根据商务部公布的数据,2010 年中国对外直接投资额为 688.1 亿美元,2016 年中国对外直接投资额达到 1 961.5 亿美元,增长近 3 倍,2017 年虽然回落至 1 200.8 亿美元,但仍然处于历史较高水平。

② 目前国内对跨国并购缺乏权威数据,不同机构计算的数据出入较大。如根据胡润百富发布的《2017 年中国企业跨境并购特别报告》中的数据,2010 年中国跨境并购交易案例为 131 宗,交易金额达 57.6 亿美元,2016 年创历史新高,交易案例 438 宗,交易金额达 215.7 亿美元(数据来源:https://www.sohu.com/a/202184671_671030)。

创造价值的动态过程,所以企业的经营行为就是要认清自身内部价值链以及外部价值链,并从价值链中获取其竞争优势。随后,Bruce Kogut(1985)提出用价值增值的概念来分析企业在国际竞争中的战略优势问题,认为一家企业需要取得全球战略优势需要在价值链上进行谋划,这个价值链的环节包括技术、原材料投入和劳动力投入等内容,企业需要在全球进行上述资源的配置和有效组合,并在全球的竞争中寻求自身在价值链的区位优势,围绕该优势在资源和技术等各关联环节层面组织生产或营销行为。该研究从价值链的垂直分工和全球生产网络的区位配置视角对价值链理论做了拓展,是较早将价值链理论应用到全球经济布局分析中的研究。Gereffi(1999)在此基础上提出了全球商品链(global commodity chain)的概念,他认为当前世界经济是跨国公司主导的经济,这种经济模式的重要网络节点是跨国公司,围绕跨国公司形成全球网络化,从而将全球范围内价值链上相关的各种企业紧紧整合到这个生产链条中,且每一个节点上的企业都包含着生产过程中的如原材料投入、组织运营和生产、市场营销等众多内容,这导致全球的产业分工越来越细,而产品的国别属性却越来越模糊。在这个链条上,每一个环节的利润水平并不相同,但每一个区位都可能存在一些能够创造更高利润的具有决定性或战略性影响的环节(Kaplinsky,2000),这些战略性的节点可以区分为采购者驱动的价值链与生产者驱动的价值链。

　　Krugman(1995)将空间布局的理论引入全球价值链分析中,提出全球价值链分割理论,认为企业的生产过程可以通过价值链上的分割在全球范围内进行空间布局,因此,产业的空间转移与其在全球价值链上的调整和布局有较大关联性。Arndt & Kierzkowski(2001)则从企业生产过程的全球分割入手来进行分析,他们认为企业的生产过程实际上是一个生产过程在全球范围内通过全球价值链配置进行分离的过程,这种分离可以通过跨国界的生产网络将生产过程中的各个环节组织起来,从而对全球产业进行重新分工,且这种分工既可以通过跨国企业在其内部完成,也可以通过不同国家不同企业通过一系列市场行为共同完成。联合国工业发展组织对全球价值链的概念做了进一步明确定义,认为全球价值链就是在全球范围内进行组织生产的活动,因此,这个生产链条既包括生产、加工、销售、回收等各个环节,也包括产品设计、销售、售后服务甚至最终报废的全产品生命周期,每一个环节都在创造价值,并且每一个环节的企业都通过承担所在节点上的不同功能获得不同的利润,在这个环节上,通过全球贸易或跨国公司内外部的协调来实现利益的分配和可持续经营与运作,因此,这种以产品为中心的跨国生产过程是一个价值增值过程,即全球价值链的过程。

在对跨国并购开展研究的过程中,研究者也对跨国并购中的价值链提升问题进行了研究。如 Billett & Qian(2008)的研究发现,通过跨国并购可以使并购企业绕过标的企业所在国家和地区的市场壁垒,从而开拓更加广阔的市场,降低单一市场中的政治风险,同时还能获得并购对象的技术或其他特定资源。Alcácer J et al. (2013)的研究则发现,东道国的企业能够通过跨国并购在全球范围内进行整合,从而形成协同效应,提升企业价值,而且这个整合过程花费时间越短,能够创造的价值则越高。Buckley(2014)、Malhotra & Gaur(2014)等的研究也发现,虽然不同形式的并购战略对并购发起方的绩效影响较大,但是只有那些基于价值链整合的并购行为才能够减少整合时间,实现规模或者价值链的一体化。而从并购的对象上看,由于价值链包含的内容比较多,如既有价值链上的基础活动,也有价值链上的辅助活动,特别是技术越先进,其涉及的价值链分布越广,因此,对于企业的跨国并购来说,不需要并购价值链上的所有环节,也不是所有环节都能够为企业创造价值,只要掌握价值链的核心环节就可以了,即基于价值链整体和企业自身所处的价值链情况,对链条上的关键环节进行整合,才能更好地发挥出协同效应,提高并购的绩效(Yin, 2009)。

跨国并购中发展中国家的行为越来越频繁,这也引起众多研究者们的关注。研究者们纷纷从全球价值链分割的视角对发展中国家的跨国并购行为进行分析。Hobday(1995)提出了发展中国家跨国并购的 OEM-ODM-OBM 逆向产品生命周期模型,Kim(1997)在此基础上提出引进、消化和提高的阶段技术进步模型,认为发展中国家可以通过基于价值链的并购行为接近并获得全球先进技术,从而逐渐提升自身在全球价值链中的层级。因此,OEM 过程对发展中国家而言非常重要,这些国家的企业可以通过分包和OEM 机制嵌入全球价值链分工当中,并在其中形成一个学习的过程,通过

OEM 克服进入的技术和市场壁垒,并通过 OEM 过程不断消化吸收、适应和自我增量,部分具有一定生产制造和技术优势的后发企业开始具备一些基础的产品设计能力,并逐渐由 OEM 向 ODM 演变(Hobday,1995)。而随着技术的不断提升和逐渐突破,一些企业开始加强在研发方面的投资,开始注重树立自身的品牌形象,通过继续依赖混合型的追赶和基于模仿的增长保持其在生产领域的优势,同时通过渐进性创新接近技术前沿,并与世界领先企业建立更加密切的战略合作关系,甚至进行跨区域的并购以获取更加先进的技术(Hobday,1995)。因此,这种基于 OEM 的企业更类似于培训学校(Hobday,1995)。

Teece et al.(1997)提出"动态能力"的概念,认为企业的并购是为了获得"整合、构建和重新配置内部和外部能力以迅速应对不断变化环境的能力"。Mathews(2006)则建立了"联接—杠杆化利用—学习"模型(LLL 模型)来解释这种发展中国家通过并购嵌入全球价值链之中的并购关系。他认为,这些发展中国家的企业(主要是来自亚太地区特别是中国的企业,因此 Mathews 将这些企业叫作"龙跨国公司")在成长初期规模很小,也没有足够的关键资源,远离国际主要市场,但它们通过 OEM 或 ODM 嵌入全球价值链当中,获取全球价值链分工带来的收益,并由此逐渐提升自身的实力。一部分企业会逐渐拥有参与全球竞争的能力,并能够通过并购或对外投资加快其国际化进程,由此加快其组织结构调整,更快地获取全球技术优势,更适应全球化的需要,从而快速确立自身在国际市场上和全球价值链分工中的新优势,因此,发展中国家的全球并购行为就成为其使用的重要手段之一。随后,Luo & Tung(2007)从跳板视角来解释新兴市场企业的国际化行为。他们的研究认为,国际化是新兴市场企业获取战略资源和减少所在母国的制度及市场约束的一块重要跳板,这些企业在全球市场上所采取的一系列并购举措,其目的就是从获得市场的角度出发,通过并购来弥补自身原来的竞争力不足和后发劣势,获得新的全球市场,并形成在全球市场上的长期战略优势,因此,这些企业的并购标的往往是一些品牌企业或龙头企业,这样能够更好地提高自身的品牌知名度,并形成国际声誉。此外,跨国并购能够获得新的市场,弥补母公司远离客户群体和海外客户等方面的不足。

因此,即使这类并购可能在短期之内未必会给母公司带来实质性的收益,但仍然可能促成最终并购的产生①。因此,发展中国家的跨国并购目的非常复杂,包括获得市场、摆脱约束、提升技术水平和应对快速变化环境的能力等行为,但最终目的都是为了在全球价值链布局中获得竞争优势。

国内的研究者也从价值链的视角研究了中国企业的跨国并购问题。例如,张亚莉(2003)、王军宏(2005)等从跨国并购中的人力资源整合、协同效应和管理能力提升的视角研究了跨国并购的问题;赵曙明和张捷(2005)、王晓玉和汪俊(2017)从品牌整合和影响力提升,顾卫平和薛求知(2004)、唐炎钊等(2008)从企业文化整合,井百祥和刘平(2002)、叶生洪等(2016)从规模效应和生产与销售能力扩大的视角进行了研究;姚博和魏玮(2012)则从跨国并购通过参与生产分割对中国工业价值链的影响来进行研究;谢洪明等(2015)以卧龙和均胜为案例,基于全球价值链再造理论分析了企业通过跨国并购整合创造价值的过程;吴先明和苏志文(2014)构建了以跨国并购为杠杆的后发企业技术追赶模型,对后发企业通过跨国并购实现技术追赶和国际化理论问题进行了探索;贾玉成等(2018)则基于 2000—2016 年中国企业对 91 个国家的跨国并购数据,实证检验了经济周期、经济政策不确定性对跨国并购的影响,并发现中国企业跨国并购的逆周期特征,等等。

上述研究从不同视角对中国企业的跨国并购行为进行了分析,为后续研究提供了参考和理论依据,但这些研究往往是从单一的视角展开相关问题研究,没有从完整的价值链视角展开研究,为此,本章的目的就是从全球价值链的视角出发,全面研究中国企业的跨国并购行为,并在此基础上提出相关对策建议。

本章第一节是文献综述,主要基于全球价值链理论对跨国并购方面的研究资料进行梳理,并在此基础上提出需要解决的主要问题;第二节建立了一个基于全球价值链的分析框架,基于 Sturgeon(2001)提出的全球价值链理论三维视角,分别从组织规模(organizational scale)、地理分布(geographicscale)

---

① 事实上,他们的研究还发现,这些跨国并购后的子公司实际上仍然长期对母国企业在绩效上(如生产、销售、市场份额、声誉)具有高度依赖性,母国所形成的基地实际上仍然是制造中心并服务于其全球运营和全球战略。

和生产性主体(productive actor)三个角度来建立相关指标体系,并将其作为中国企业跨国并购行为分析的基础。第三节使用 Wind 提供的 2010—2017年中国上市公司的跨国并购案例,分别从上述三个维度对中国企业的跨国并购行为进行分析,并得出相关结论。第四节是总结和对策建议。

第二节　跨国并购的全球价值链布局分析框架

为了更好地分析中国企业跨国并购行为在全球价值链中的分布情况,有必要选取相关指标,建立一个较为科学合理的分析框架,以便更加全面地分析中国跨国并购的价值链分布情况。

目前,国际上对全球价值链的分析框架不尽相同,有些研究者将价值链按照属性分为全球价值链的结构(指全球价值链中的组织结构、权利分配等),全球价值链的升级路径、机制和类型以及全球价值链中的生产和分配结构(Kaplinsky & Morris,2002)。也有些研究者从产品生产和消费的各环节入手对全球价值链进行分析。如联合国工发组织(2002)从设计、产品开发、生产制造、营销、交货、消费、售后服务、最后循环利用等各环节的增值来进行分析,研究各环节的参与者和各类经营活动的组织构成、价值增值以及利润分配等行为。Smith et al.(2002)也基本上沿袭了这种分析思路。

更多的研究者选择从生产网络的视角出发,对生产网络中各环节的价值链分布进行分析。Powell(1990)分析了价值链的三种情况,即市场、网络和层级组织,并在此基础上对一般生产的技术条件、经济体状况、行为主体特征及组织结构、市场交易模式、弹性程度等因素进行了分析。Zysman et al.(1997)则从母公司治理结构、并购对象结构和企业进行海外并购及其生产动机三个视角进行分析。Gereffi(2003)从生产网络理论出发,在价值链理论、技术进步理论、交易成本理论等相关理论的基础上,构造了新的分析框架,并由此将价值链上各类主体分为市场型、模块型、关系型、领导型和层级型五种不同类型进行分析。Sturgeon(2001)也基本上遵循了上述思路,分别从组织规模、地理分布和生产性主体三个维度来分析企业在全球价值链上的分布情况,其中组织规模主要是指并购企业在全球价值链结构中所处的地位（如是否处于行业主导或支配地位），地理分布是指企业在全球产业链中的空间布局和国别特征，生产性主体则是指企业自身的属性特征。Sturgeon 根据上述三个方面的特征，将这些企业区分为一体化企业（如飞利浦、原 IBM 等）、零售商（如西尔斯、Gap 等）、行业领导企业（如戴尔、耐克等）、生产型企业（如天弘等）和核心零部件供应商（如英特尔、微软等），他认为价值链就是商品或服务从生产到交货、消费和服务的一系列过程中的关系和价值实现。

在这些分析方法中，我们认为基于生产网络视角的分析框架比较合理，也能够为大多数研究者所接受。考虑到随后的研究中使用的是 Wind 数据库中上市公司跨国并购的实际情况，我们选择从地理分布（宏观）、组织规模（中观）和生产性主体（微观）三个视角来分析中国企业的跨国并购行为。根据 Sturgeon 对三者的定义，我们对上述三个维度进行整体分析。

一、地理分布特征

本书借鉴了贾镜渝等（2015）、贾镜渝和李文（2015）、陈建勋等（2017）的研究思路，他们的研究发现国家的发展程度与地理距离的远近都会影响企业的跨国并购行为。对于发展中国家而言，在这些国家的并购经验与并购的成功率之间呈正"U"形关系，且负面并购经验的影响会大于正面经验。此外，地理距离越远，越可能直接降低企业跨国并购的成功率（贾镜渝和李文，2015）。

从目前在空间地理上的影响来看，主要体现在以下两个方面。

一方面是不同目标国（地区）的跨国并购会对行业生产率的提高产生不同的影响（蒋冠宏，2017），特别是对发达国家的并购行为给中国企业带来的生产率提升效果明显大于对发展中国家的并购（杨德彬，2016），且来自形象佳的地区（主要是发达国家如美国等）的并购后的新产品的定价明显高于发展中国家。由于并购过程中对象国的制度环境、投资双方的协议等都会对企业并购行为的区位选择产生直接影响，因此，企业更倾向于在制度环境较好的国家进行并购，并且在具体的操作过程，双边投资协议本身对并购并没有直接的影响，这是由于协议本身并不能代替良好的制度环境（朱婕和任荣明,2018)。此外,跨国并购为企业带来的地理范围和经营行业上的多样化能够形成策略上的多重组合,从而降低母公司的破产概率(即所谓大而不破),能够给企业的管理层带来更大的稳定性和安全感(万解秋和刘亮,2009)。

另一方面,地理距离还会通过宗教、文化等因素影响跨国并购的经验与效率(贾镜渝等,2015)。由于经济发达程度、宗教、文化等会直接影响并购对象的行为模式,因此,中国与东道国之间的一些国别特征如人均 GDP 差异、宗教背景差异等也会影响中国企业跨国并购的成败。此外,国别政治制度环境、文化差异、国家竞争力等这些并购对象国的环境特征都可能显著地影响中国企业的跨国并购行为,并直接影响购并价值(倪中新等,2014;危平和唐慧泉,2016)。还有研究表明,在跨国并购中,交易价值与纯技术效率之间呈正"U"形关系,这种关系与地理空间上的距离有较大关联,距离越远这种关系越显著,并且空间距离还影响并购过程中母公司的持股比例,地理距离越远,持股比例越高(陈建勋等,2017)。

我们主要选择三个方面进行分析,即所处国家(地区)的性质,按照发达国家和地区、新兴市场国家和地区[①]以及发展中国家三种类型进行分析;地理距离上,选择周边国家和地区(主要包括与中国接壤或区域相近的国家和地区)、中距离国家和地区(如同处于亚洲和周边大洋洲的国家和地区)以及远距离国家和地区(如欧洲、非洲和美洲等地);此外,还需要考虑中国和这些国家的国际贸易关系问题。选取与我国存在贸易关系的前十大贸易对象和出口(进口)前十大国家(地区)并定义为贸易活跃对象[②]、一般贸易对象和

---

① 美国商务部 1994 年的研究报告中将大中国经济区(包括香港和台湾地区)、印度、东盟诸国、韩国、土耳其、墨西哥、巴西、阿根廷、波兰和南非等国家和地区列为新兴大市场。2009 年摩根士丹利编制的新兴市场指数中选取了以下 21 个国家(地区),即巴西、智利、中国大陆、哥伦比亚、捷克、埃及、匈牙利、印度、印度尼西亚、马来西亚、墨西哥、摩洛哥、秘鲁、菲律宾、波兰、俄罗斯、南非、韩国、中国台湾、泰国、土耳其。此外,英国《经济学家》杂志列出的新兴市场国家(地区)名单与此相似,只是增加了中国香港、新加坡和沙特阿拉伯等。在新兴市场国家中,巴西、俄罗斯、印度和中国被称为"金砖四国"。

② 2017 年中国前十大贸易伙伴是美国、日本、韩国、德国、中国台湾、澳大利亚、荷兰、新加坡、越南、印度,前十大出口国是美国、日本、韩国、荷兰、德国、墨西哥、印度、越南、英国、加拿大,前十大进口国(地区)是韩国、日本、美国、德国、中国台湾、澳大利亚、新加坡、巴西、俄罗斯和越南。因此,我们定义的贸易活跃对象为美国、日本、韩国、德国、中国台湾、澳大利亚、荷兰、新加坡、越南、印度、墨西哥、英国、加拿大和巴西这 14 个国家和地区。

不活跃贸易对象。虽然也有研究表明我国和东道国之间文化和宗教背景等因素也对跨国并购有一定影响(危平和唐慧泉,2016),但暂时不考虑在本章的研究范围内。

二、关于组织规模

我们主要分析并购企业和被并购企业所处的行业及其在该行业的全球价值链布局中所处的地位,包括目前并购企业在中国国内所处的地位和被并购企业在其所在国所处的地位。已有的研究表明,无论是并购母体还是并购对象的规模和行业地位都是影响并购行为的重要因素。Gowrisankaran & Holmes(2004)的研究发现,企业的跨国并购行为并不显著改变行业内的垄断竞争关系,即已有垄断性行业内发生并购后仍然是垄断市场的格局,竞争性比较充分的行业内发生的并购行为在并购后不会显著改变原有的竞争格局,仍然会是充分竞争的市场,即使是不完全竞争的行业内发生的并购行为,其能否最终改变行业内的市场格局也并不可知,这还要取决于并购企业在未来并购后的新企业中的管理能力。但 Vachon(2007)的研究却发现,一些跨国并购的案例中,目标企业往往集中在某些产业的龙头企业,这意味着跨国并购有加速产业集聚的特征,但他也指出,产业集中度的提高并不意味着垄断和缺乏竞争。刘寿先(2004)在对中国企业的跨国并购行为的研究中发现,中国企业跨国并购最为看重的目标就是在全球范围内对产业结构进行优化和调整,此外,获得先进技术和特定资源、降低单一市场的政治风险等也是中国企业跨国并购的目的(Billett,2008)。企业规模对企业并购的效果也可能产生直接影响,如对一些规模较小的企业来说,实际上跨国并购对其竞争力未必会有直接的提升作用,反而可能有显著的抑制效应,但对规模较大的企业来说情况却明显不同,并购短期之内能够显著增强其竞争力,但长期看仍然会有一定的抑制效应(叶生洪等,2016)。

出现上述结果的原因很多,一种比较能被研究者接受的解释是企业的并购是规模扩大的过程,而规模大的企业往往比规模小的企业具有更强的整合能力。事实也是如此,企业在并购过程中,如何更加有效地整合目标企业的各类资产是跨国并购最终是否成功的关键,很多跨国企业的成功取决于其对并购后的各种新旧约束条件的优化和整合,在目标企业和并购企业之间建立起更加密切且高效的知识和知识产权的转移和转让机制,形成快速升级换代的新模式,以及如何通过并购来更加有效地进行内部整合和外部的创造,以获得更加有效的规模经济,去发现新的机会并取得更大发展,甚至由此形成重塑新的全球市场游戏规则的能力(Teece,2007)。低能力水平的企业有可能通过并购去获得高能力水平的企业的技术和资源(Nocke & Yeaple,2007),因为"跨国并购引致的技术水平上升提高了企业在全行业中的地位,必然也会要求企业去提高管理能力以适应企业整体水平的上升"(薛安伟,2017)。蒋冠宏和蒋殿春(2017)的研究也表明,中国企业选择跨国并购的对象往往是那些生产率高、资本密集、规模大、研发密度高且流动资产比重高的标的。因此,我们会发现,中国企业的跨国并购往往表现为弱势品牌企业去并购国际上一些强势品牌,比较典型的案例如联想集团收购IBM 的 PC 业务,海尔集团收购通用电气的家电业务,吉利集团收购沃尔沃等,这些类型的并购其目的就是通过借助原来的国际强势品牌拓展国际市场。此外,目标企业原有的品牌价值也能够在一定程度上激励母公司在管理、品牌等方面的全方位提升,从而在提升品牌价值和拓展国际市场的同时,提升企业的管理效率(吴思,2011)。李善民和李昶(2013)也认为企业能够通过跨国并购获得目标企业所在国家(地区)的更大市场。

基于上述研究,我们借鉴 Gereffi(2003)对企业类型的划分,即市场主导型、模块型、关系型、领导型和层级型的企业。

三、生产性主体特征

从已有的研究成果中我们知道,生产性主体特征主要包括以下内容。

(一)企业性质(如国有、民营或外资)

贾镜渝等(2015)的研究表明,企业性质会影响企业跨国并购的方式,不同性质的企业在跨国并购中考虑的因素不同,国有企业并购成功率主要取决于地理距离,而民营企业更依赖经验。朱婕和任荣明(2018)的研究也表明,不同时段和企业性质对企业并购的影响不同,国有企业和非国有企业在2007 年以前、2008—2013 年和 2014 年以后的并购行为上存在不同的特点和风险偏好,也意味着我国企业每一个阶段的跨国并购存在一定的差异。此外,如薛安伟(2017)等都有类似结论得出。杨德彬(2016)分析了2005—2008年193家有跨国并购行为的中国工业企业数据后发现,跨国并购显著提升了中国工业企业的劳动生产率,随着时间的延长,这种效果越发明显。他还发现,这种效率与企业自身对并购标的的吸收能力有较大关系,吸收能力越强的企业其跨国并购效应越强。同时他还发现,跨国并购的效应在不同性质的企业间表现不同,其中对国有企业来说,跨国并购并没有给它们带来明显的劳动生产率的提升,而非国有企业则通过跨国并购显著提高了生产效率。

(二) 技术水平或企业劳动生产率

跨国并购的一个重要目标就是通过并购获得标的企业的技术,并以其技术促进国内母公司的技术进步,因此,中国企业的跨国并购是为了寻求战略性资产,这些战略性资产主要表现为目标企业的研发资源、成熟技术以及管理经验等,通过这些资源对母公司的转移和反馈进行吸收和学习,从而反向促进母公司技术水平的提升,进而提高母公司的生产率(Luo & Tung,2007),且高劳动生产率企业的溢出效应明显优于中低劳动生产率的企业(薛安伟,2017)。蒋冠宏(2017)也发现,由于技术原因,对高收入国家的跨国并购(大部分是技术水平较高的企业)显著促进了行业生产率的进步,但对中低收入国家的跨国并购对行业生产率的提升并不显著。此外,对香港地区、澳门地区和传统避税港所在地区企业的跨国并购行为并没有显著促进行业生产率的进步,但对其他国家和地区的跨国并购明显促进了行业生产率的进步。

(三) 交易规模和交易结构设计

陈建勋等(2017)的研究表明跨国并购交易结构设计对不同类型银行效率的影响机制与效应存在差异性。Yin R K(2009)和Alcácer J et al.(2013)的研究也发现,不同并购战略对企业跨国并购的绩效影响比较大,而基于价值链整合的跨国并购能够减少企业并购后的整合时间,实现规模或者价值链的一体化,发挥协同效应,并提高并购绩效。

(四) 并购的时点选择

贾玉成和张诚(2018)基于2000—2016年中国企业对91个国家的跨国

并购数据的实证研究表明,中国企业的跨国并购存在明显的周期性特征,经济周期和经济政策对中国企业的跨国并购影响较大。他们发现,中国企业在跨国并购中存在明显的逆周期特征,这种逆周期性在 2008 年金融危机后表现尤为明显,且双边经济政策不确定性与并购正相关,并购双方的政策差距和双边市场增长潜力差距均与并购规模呈正相关,这种现象在国企中表现得更为明显。薛安伟(2017)的研究表明,虽然跨国并购在当年会对母公司的管理效率产生负向影响,但是随着时间的推移,其正向影响作用会逐渐显现并不断增强。

第三节　中国企业跨国并购中的全球价值链布局分析

基于上述分析框架,我们分别从中国企业并购的整体趋势、并购的宏观状况、行业状况和并购的主体性特征四个方面来对中国企业的跨国并购行为进行分析。数据来源于 Wind 数据库中提供的 2010—2017 年的全部相关案例,全部案例共有 2 107 条,其中去掉传言、进行中、证监会反馈意见等不确定性,选择完成、实施、失败或被否等具有明确结果的案例 1 107 个,基于这些案例的情况对中国上市企业的跨国并购行为进行分析。

一、并购案例分布的总体趋势特征

我们将"完成""过户"和"实施"的项目均视为"完成"的案例,将"股东大会未通过""失败""停止实施"和"证监会暂停审核"的项目均视为"失利"的项目。从中国上市企业的跨国并购情况来看,2010—2013 年间逐渐回落,2012 年下降到只有 63 宗成功案例,2014 年后,随着中国企业"走出去"迅速增加,至 2015 年达到高峰,共有 208 宗成功案例,2016 年后又逐渐回落,2017 年成功案例下降到 117 宗。与此同时,并购的成功率与总体并购趋势的变化显著相关,并购增长期(如 2010 年、2014 年和 2015 年)的并购成功率均超过 90%,但并购收缩期的并购成功率较低,其中 2017 年的并购成功率只有 82.4% 左右(见表 5.1),这也反映出中国企业的跨国并购行为受总体宏观政策影响较大,在收缩期的并购行为更加慎重的特征。

表 5.1　2010—2017 年中国上市企业跨国并购案例数量分布

年份	2010	2011	2012	2013	2014	2015	2016	2017
完成(宗)	125	131	63	76	126	208	139	117
失利(宗)	10	16	12	5	13	14	27	25
合计项目数(宗)	135	147	75	81	139	222	166	142
成功率(%)	92.6	89.1	84.0	93.8	90.6	93.7	83.7	82.4
并购金额(亿美元)	306.7	247.8	60.4	40.2	174.1	246.1	423.2	166.1
平均成交额(亿美元)	2.45	1.89	0.96	0.53	1.38	1.18	3.04	1.42

资料来源：根据 Wind 数据库提供的数据整理得出，并购金额数据是根据公布并购金额的案例数据按当年汇率折算成美元的计算结果。

而从并购金额上看，2010 年中国的跨国并购出现过一次高峰，随后在 2011 年逐渐回落，至 2013 年并购额度最低，当年完成的跨国并购只有 40.2 亿美元，而在 2014 年随着我国"走出去"战略的推动并逐渐回升，到 2016 年并购金额达到最高的 423.2 亿美元，2017 年受国内外经济形势的影响虽然有所回落，但仍然达到 166.1 亿美元，中国企业的跨国并购仍然处在较为活跃的区间。

二、中国企业跨国并购的全球价值链布局：地理分布特征的视角

中国企业并购的地理分布体现出以下几方面的显著特征。

(一) 从国家的发达程度上看，逐渐由原来的资源丰裕型国家向技术发达国家转变

例如 2010 年，中国对外并购的对象中，共完成 125 宗并购案例，其中能明确国别的案例共 90 宗，有 39 宗来自巴西、澳洲、加拿大和非洲等国家和地区。来自巴西、南非、东盟等新兴国家的并购也较多，共有 10 宗，其中不乏像中海油收购 Bridas Corporation 50% 的股权(31 亿美元)、中化集团收购巴西

Peregrino 公司 40%的股权（30.7 亿美元）、中石化收购西方石油公司的 OXY 阿根廷子公司 100%股份及其关联公司（24.5 亿美元）等大型案例。来自美国、欧洲发达国家、日本等地区的案例只有 45 宗，包括汉龙集团收购美国通用钼矿公司 25%的股份（8 000 万美元）、中海油收购 Pan American Energ 60%的股权（102 亿美元）和收购切萨皮克鹰滩页岩油气 33.3%的收益权（22 亿美元）、台橡股份有限公司收购 DexcoPolymersL. P. 股权（1.68 亿美元）等并购行为，并购的对象在美国，但仍然以资源型企业为主。2017 年，完成且能够明确对象国的案例共 115 宗，其中来自巴西、澳洲和非洲等资源型国家的企业并购明显减少，只有 11 宗相关的并购行为，而来自发达国家如美国、日本、欧洲等国的并购达 72 宗。

　　这些并购往往具有集聚特征，即并购企业一旦在某一地区开始布局，它的并购行为往往会在该地区持续展开，如东方精工在意大利进行的系列并购。具体包括 2014 年 3 月，东方精工完成收购意大利佛斯伯 60%的股权，随后在 2017 年又收购了该公司剩余的 40%股权；2015 年 10 月，东方精工完成参股意大利弗兰度集团 40%的股权；2016 年 1 月，东方精工与意大利弗兰度集团共同出资设立广东弗兰度智能物流系统有限公司；2016 年 7 月，东方精工完成收购意大利 EDF 东方精工 100%股权。该公司通过在意大利的上述一系列并购行为完成向价值链上游延伸的战略布局，也为该公司未来的发展提供了新的增长点。这种集中在同一地区的并购行为不仅能够实现并购的平均成本的下降，而且可以通过经验的积累和对周边环境的熟悉提升并购效率和未来企业的绩效。

　　（二）从国家的分布情况来看，中国的跨国并购逐渐呈现出由远至近的趋势

　　2010 年的并购案例中，发生在周边区域的案例只有 11 宗，而 2017 年发生在周边区域的案例增加到 35 宗，主要原因是 2010 年主要由资源分布的空间地理决定，而 2017 年则主要以其他产业为主，这也契合当前各国经济发展的现实特征。如 2010 年发生在周边国家和地区的并购案例在中国香港（6 宗）、日本（4 宗）和新加坡（1 宗），而 2017 年不仅上述区域并购增加，如香港达到 22 宗，日本有 5 宗，新加坡有 3 宗，中国的跨国并购还扩大到韩国、塔吉克斯坦、印度、越南、文莱和台湾地区①等。在这些案例中，除华钰矿业对塔吉克铝业50％股权的收购案例是资源型并购外，其余都不是资源型并购。即使是亚翔集成并购越南亚翔51％的股权、海世通在文莱收购海世通渔业100％的股权这类在发展中国家的并购，也是为了进一步完善在发展中国家的投资和未来市场发展的战略布局能力。在韩国发生的航天机电并购 erae AMS70％股权的案例，并购对象企业在热系统及产品生产方面具有较强的能力，航天机电并购该企业后，不仅能提升其供货能力，也能够完善其在全球航天机电和汽车配件行业方面的布局，从而使得航天机电成为全球机电供应商。

（三）从并购对象国与中国贸易的密切程度来看，中国的跨国并购仍然集中在中国的贸易活跃国

在 2010 年 90 宗能确定并购对象所在国的案例中，有 82 宗案例来自中国的贸易活跃对象国，而在 2017 年全部可以确定投资对象所在国的 115 案例中，有 109 宗是中国的贸易活跃对象国，即贸易或者业务的密切程度决定了跨国并购发生的可能性大小。在这些并购中，有不少是中国母公司对海外子公司进行的股权关联交易色彩浓厚的跨国收购案例，如诺力股份对新加坡诺力 100％股权的收购，保利地产并购保利香港控股 50％的股权等案例，都与国内母公司的全球战略和股权调整有较大关系。前者是企业为了完善在"一带一路"沿线国家和地区的产业布局，由此拓展其在"一带一路"沿线特别是东南亚地区的市场合作，并辐射到整个亚太区域。新加坡作为东南亚地区的经济中心和全球金融中心，能够发挥重要的枢纽作用，因此，对诺力股份而言，布局新加坡的战略能够影响其亚太市场的拓展。后者则是将保利置业与保利地产在香港的房地产业务进行全面整合，解决两者在香港房地产市场上存在的企业内部潜在同业竞争问题②。此外，一些跨国并购标的方虽然总部设在海外，但其业务主体则在国内，如同方股份收购中国医疗网络 27.62％的股权，并购标的方总部设在香港，但业务营运总部设在

---

① 上述国家和地区都有 1 宗成功案例。
② 类似的，如前述亚翔集成对越南亚翔51％股权的并购也是为了避免在越南市场上的同业竞争。但海世通对海世通渔业（文莱）有限公司的并购则是为了更充分地发挥其技术优势，并利用国外优质养殖资源，培养新的利润增长点，增强未来可持续盈利能力。

上海。由于平台是一家面向亚太地区特别是中国的网络平台供应商，主要业务领域是医疗和养老，其目前主要业务地也是在中国的南京同仁医院、昆明同仁医院、上海天地健康城等多家医疗和养老营运机构，因此，通过并购香港总部，实际上是将其总部迁往中国内地的一种做法。

三、中国企业跨国并购的全球价值链布局：行业和组织规模的视角

（一）从行业来看

在 2010 年可以确定并购对象所处行业的 120 宗案例中，有 45 宗与资源或能源有关，主要集中在石油和新能源、铁矿和有色金属矿以及橡胶等领域，这些基本上都是中国资源储备中的短板，因此，从国家战略层面进行全球价值链整合的态势明显。其中也不乏一些企业欲扩大全球市场布局、完善产业链或提高技术水平的并购行为，如博深工具跨国并购 Cyclone Diamond 100％的股权既有扩大市场份额的特征，也有技术和品牌引进的特征。台橡股份有限公司并购美国的 DexcoPolymersL. P. 股权除借助标的企业先进的技术能力推动其技术升级外，还有借助标的企业原有的遍布亚洲、欧洲和美洲的多元化的客户资源的目的，从而拓展其客户资源，拓展市场渠道。中技源公司并购 Firecomms 公司从而获得其爱尔兰 Firecomms 公司100％的股权，其主要目的是为了获得该公司的技术。中科创达对保加利亚 MM Solutions 公司 100％股权的并购则是为了获得该公司的技术能力，并购标的企业是一家在移动和工业图形图像技术、图像处理算法开发、优化和集成等方面具有较高技术水平和研发能力的企业，这家企业最擅长的领域是消费电子和工业电子的手机、物联网和汽车的嵌入式图像和计算机视觉等，具有国际领先水平。星徽精密收购意大利 DonatiS. r. l 公司 70％的股权，主要关注的是标的公司在滑轨设计领域的技术实力，该公司在滑轨设计领域具有较强的技术实力，尤其在窄板抽产品方面拥有核心技术[①]，而星徽精密完成对该公司的收购后，不仅能够实现两者在技术上的优势互补，提升

---

① 见《星徽精密：关于完成收购 DonatiS. r. l 70％股权的公告》（2018 年 4 月 24 日深交所公告）。

自身在滑轨方面的研发能力,从而使企业的技术水平达到国际先进水平,而且能够借助并购对象原有的销售渠道,拓展在意大利、德国等欧洲国家的相关市场。

此外,企业股权结构调整也是这段时间跨国并购的特征之一。如新创建集团收购海沃(Hyva)股权、香港理士电源收购 MSB30％的股权是由于两者在中国内地都有生产基地,因此在股权结构上做相应调整。2017 年资源和能源型的跨国并购明显减少,在全部可甄别项目行业分布特征的 107 宗案例中,只有 9 宗属于资源和能源型项目。由于并购主体的多元化特征,企业并购的目的呈现出多元化的趋势,并购对象分散在半导体及电子设备、制造设备、生物医药、文化娱乐等 30 多个细分行业当中,并且出现了许多服务业领域的并购案例。如保健护理服务方面,截至 2017 年底,爱尔眼科先后完成的海外并购有亚洲医疗(香港)剩余 20％的股权收购、美国 AW Healthcare Management 75％的股权收购、CB S. A 86.83％的股权收购等,基本完成了其跨越亚洲、欧洲和美洲的全球战略布局,成为全球最大的连锁眼科医疗机构。艾艾精工对德国 BODE 公司 49％股权的收购,是由于此前已经获得了该企业 51％的股权,而通过二次并购后,就能持有 BODE 公司 100％的股权,从而完全控股 BODE 公司。艾艾精工通过此次并购不仅获得了 BODE 公司全部的输送带方面的生产加工工艺和相关技术,同时也获得 BODE 公司全部的客户资源。

(二) 从并购企业所处的行业地位来看

从行业龙头企业向"专精特新"企业变化的趋势明显。2010 年,参与并购的企业大部分都是在国内具有强大主导能力的企业,如能源领域的龙头企业中海油和中石化等,矿业领域的五矿集团,互联网领域的阿里巴巴、腾讯和盛大网络等。而至 2017 年,企业虽然仍是上市公司,在行业内仍然具有较强影响力,但与之前的企业相比影响力明显下降,一些创业板企业甚至初创企业也参与了跨国并购的全球布局。如赛摩电气仅仅是一家在煤能源及其他矿物料的计量与采样设备制造行业的中小企业,但它也开始走跨国并购拓展国际市场的道路,为了获得自身所在领域的先进技术,于 2017 年收购了同一生产领域内的企业——Epistolio 公司 40％的股权。此外,一些创业型企业如跨境翼、龙的股份、神州优车等也参与到全球并购中，布局全球价值链。

(三) 从被并购企业所处的行业地位来看

大部分并购对象在所在领域具有较强影响力或一定品牌效应，但 2010 年规模更大，影响更加突出。如 2010 年五矿资源以 18.46 亿美元在澳洲收购 Album Resources Private Ltd 100％的股权，Album 在澳洲拥有多处有色金属矿区，其中昆州的 Century 矿区是全球最大的锌矿之一。而民营企业中技源公司收购的爱尔兰 Firecomms 公司被誉为光纤领域"皇冠上的明珠"企业，此次并购使中国成为全球首个拥有塑料光纤全产业链的国家。进入 2017 年后，企业通过跨国并购补齐自身价值链，获得技术和全球竞争优势的趋势更加明显。如亿帆医药通过对 NovoTek 公司 100％股权的并购，不仅获得了后者在全球制剂领域的国际化研发团队和已有的研究成果，并且获得了与国际知名药企开展良好合作与商务谈判的资源和经验，为企业未来引进进口药品，打开更广阔的国际和国内销售渠道创造了便利。此外，通过此次并购，能够进一步丰富亿帆医药现有的产品结构，加快企业在全球的战略布局。小康股份收购 InEVit 公司 100％的股权也有类似的目的，不仅提升了自身在新能源汽车领域的技术水平，而且完善了在全球市场上的布局。山鹰纸业对北欧纸业（NordicPaper）公司 100％股权的并购案例中，标的企业北欧纸业在整个欧洲具有极其重要的地位，其在欧洲的防油纸产品市场的占有率排名第一，是防油纸这一细分领域中欧洲的绝对领导者，其生产的牛皮纸也是欧洲高端食品、化工、购物袋等产品的重要原材料之一。山鹰纸业的此次并购，不仅使自己进入了技术壁垒高、盈利能力强的高端特种纸的细分市场，而且打入了欧洲市场。埃斯顿收购德国 M.A.i. 公司 50.01％的股权，也是为了进一步完善自身在机器人领域的战略布局。

四、中国企业跨国并购的全球价值链布局：生产性主体的视角

(一) 从参与跨国并购的主体属性来看，民营企业参与跨国并购的趋势明显

在 2010 年公布并购方名称的 108 宗案例中，国有或国有控股企业参与

的案例达到 44 宗,其中不乏中海油、中石化、中国中冶、中核集团、五矿集团、武钢集团、工商银行等大型央企或国企的参与,民营企业的参与度相对较低。而随着中国企业"走出去"步伐的加快,民营企业的参与度明显增强,央企和国企参与的跨国并购数量明显下降,2017 年全年 117 宗显示并购方的案例中只有 11 宗相关案例,虽然仍然有中远海控、保利集团这些央企参与,但资源和能源型央企的参与度明显减弱,民营企业参与的积极性明显提高。

(二) 从参与跨国并购企业的交易规模来看,平均每笔的交易额呈现下降趋势

　　与 2010 年相比,2017 年平均每笔交易额由 2.45 亿美元下降到 1.42 亿美元,下降趋势明显,且从公布交易金额的单笔交易最大值、最小值和中值来看,这种趋势也比较明显。2010 年并购交易额最大值是中海油并购美国 Pan American Energ 60％的股权,交易金额达到 102 亿美元;最小值是维科技术并购日本维科株式会社 66.7％的股权,交易金额为 0.000 1 美元;中值是金川集团并购加拿大 CML100％的股权,并购金额为 1.5 亿加元。而 2017 年并购交易额最大值是山东黄金并购 AGBII 50％的股权,交易金额仅为 9.6 亿美元;最小值仅 0.000 1 港元,由南纺股份并购朗诗绿色地产部分股权;中值是 325 万欧元,由星徽精密并购意大利 Donati 70％的股权。金科文化对 Outfit7 公司 56％股权的收购作价 42 亿元,但是通过对该公司的并购,标的企业开发的应用产品 2012 年 1 月—2016 年 3 月在 Google Play 的应用市场上下载量排名一直居前十位,金科文化即获得了标的企业的世界知名品牌度,同时也获得了该发行商的核心研发团队和营销团队。京东方并购的法国 SES-imagotag 公司也是在欧洲零售物联网领域和软硬融合的技术研发领域具有领先水平的企业,并且在全球有着较强影响力。在客户资源方面,该公司在电子货架标签、数字标牌等零售领域的数字化解决方案拥有众多客户,其提供的电子标签目前覆盖全球超过 50 个国家、100 家零售品牌的 1.2 万家门店,用户达到 1.5 亿个以上,这为京东带来了巨大的潜在客户资源和研发能力。天神娱乐并购 DotC United 公司 30.58％的股权,后者也是在移动互联网广告领域具有全球领先能力的运营商。

（三）从并购双方的技术水平和劳动生产率情况来看

除去资源类企业并购不考虑技术因素外,其他情况下,2017年与2010年相比,并购对象的技术水平和生产率水平都有一定程度的提升,并且在一定程度上弥补了并购企业在技术或产业链上的短板。总体而言,2010年中国企业的对外并购更多关注企业的战略布局、资源的获得性或市场的拓展等问题,但2017年的并购则更关注通过跨国并购获得技术提升的能力。如松芝股份是目前国内主要的大中型客车空调和乘用车空调的生产商,为了拓展市场和获得技术,公司并购了芬兰的Lumikko公司,该公司长期从事运输用冷藏机组的研发与生产,并且在全球制冷机组和冷链设备的研发创新方面具有领先水平,二者通过此次并购能够进一步整合双方的优势资源,并实现技术和应用上的共同提升和突破。佩蒂股份对新西兰BOP公司100%股权的并购也进一步丰富了并购方的产品和市场来源。埃斯顿对M. A. i.公司50.01%股权的并购,一方面能够让埃斯顿迅速获得德国智能制造及工业4.0领域的最新技术,使德国先进技术与中国市场形成直接的对接和协同,从而构建埃斯顿的全产业链智能化竞争优势,进一步优化埃斯顿的全球网络布局,形成基于中国智能制造总部和欧洲M. A. i.为核心的欧洲智能制造技术研发中心的"双头"国际化产业格局。杰克股份对意大利迈卡公司的并购等都有类似的目的。而应流股份对SBM Development Gmb H公司100%股权的收购则是以技术合作研发为主要目的的双向并购行为,二者共同成立公司,共同研发两款直升机及其配套涡轴发动机,应流股份以其下属子公司(安徽应流集团霍山铸造有限公司)提供资金支持,SBM Development Gmb H公司则以技术和技术人员入股(主要是理论、技术及人员)。北斗星空对加拿大Location. io公司的并购,主要是为了获得标的企业在A-GNSS领域的重要技术,标的公司在该领域的研发和应用具有全球领先优势,拥有自主的全球参考站、一套完整且成熟的运营网络体系,同时也有较高的专业技术水平,这对于北斗星空未来拓展北美业务以及加强在相关领域的合作等都有较强的作用。

（四）从并购交易的交易结构设计来看

人民币在交易中的使用日趋频繁。2017年114宗有交易数据的并购中,使用人民币交易的达到 43 宗。其中涉及的对象不仅包括周边国家和地区,还包括欧美一些企业,如中弘股份并购美国 A&K 公司 90.5% 的股权,交易额达 28.6 亿元,使用的是人民币结算,上海家化并购 Cayman A2 100% 股权和相关股东债权的 19.96 亿元也是人民币定价。人民币在企业跨国并购中的使用额度也较大,除上述提到的超过 10 亿元以上的并购案例以外,南京新百并购世鼎香港 100% 股权的金额达到 59.68 亿元。而 2010 年的人民币并购规模相对较小,在 95 宗公布并购金额的案例中只有 17 宗使用人民币作为交易货币,除中石化并购 Sonangol Sinopec 55% 股权达到 114.57 亿元和上海实业医药科技集团收购 CHSL 62.61% 股权达到 22.3 亿元以外,其他均未超过 10 亿元。这说明人民币在并购交易中的接受度正随着人民币进入 IMF 一揽子货币体系而逐渐被各方所接受。

此外,在并购模式上,金融产品的设计更加多样化,民间资本的使用越来越频繁,这对于化解并购风险具有积极作用。如楚天资产对德国 Romaco 公司 75.1% 股权的并购,就是由楚天科技、楚天投资、湖南澎湃三家企业分别出资 11 万元(占比 11%)、76 万元(占比 76%)和 13 万元(占比 13%),设立楚天资产管理(长沙)有限公司,由楚天资管组织,并购三家主体按照各自在中国的出资比例通过换汇、银行保函、内保外贷等多种方式向德国提供股东贷款用于支付交易对价。

组团并购逐渐成为一种新型的并购模式,如高研欧进对 NMS 集团 90% 股权的并购。并购的目标公司 NMS 集团是意大利最大的肿瘤药研发机构,该集团研发历史悠久、实力雄厚、产业链完善,因此,获得该集团的控股权对于中国企业获得全球抗肿瘤药物研发和制药原始创新资源库具有重要意义。此次并购采用的就是组团并购的模式,其中主并购方是华西股份的全资子公司一村资本,该公司联合了一村股权、海辰药业以及控股股东曹于平、东城创投、高研创投、桉树资本等组成中方联合并购方进行收购,涉及的资金金额达 5 100 万欧元。并购过程包含了注资、债务重组等内容,此外还涉及标的公司 2018 年第一季度预计的约 3 亿欧元的部分营收的处置问题,是一次结构较为复杂、涉及面比较广泛的跨国并购案例。郑州煤机对 SG Holding 公司 100% 股权的收购,则是通过与池州中安招商股权投资合伙企业(有限公司)、崇德资本等组建联合基金进行并购,该联合基金由郑州煤机、香港圣吉和 SMG GP 分别认缴 7 000 万欧元、3.1 亿欧元和 1 欧元组建。北斗星通对德国 Holding GmbH 公司 57.14% 的股权并购既包括增资(2 000 万欧元),也包括现金兑付(6 000 万欧元)。

第四节　结论和对策建议

一、结论

通过对中国企业跨国并购数据库的分析,我们可以对中国企业的跨国并购作出以下判断。

第一,中国企业在国际上的跨国并购行为正越来越多地围绕着全球价值链的提升展开布局,跨产业链、跨行业的并购并不多见。且企业进行并购的目的主要是围绕着获得先进技术、市场空间、管理团队展开,因此,中国企业的跨国并购对国内并购方企业的价值链提升具有积极意义。

第二,中国企业在跨国并购中更加主动,且并购的涉及面正在逐渐铺开,正在从原来资源配置型为主的并购转变为技术提升型、市场拓展型的并购,并购的领域越来越广,并购的目标越来越多样化。

第三,中国企业的跨国并购与人民币国际化的步伐具有较高的一致性,跨国并购既是人民币国际化的重要载体,通过并购过程中人民币的计价和使用加快人民币国际化的步伐,同时也是推动人民币国际化的主要动力,引导人民币国际化的需求。

二、对策建议

针对我国企业在跨国并购过程中表现出来的新特征,有必要从以下几个方面积极支持企业的跨国并购。

第一,规范引导。在支持国内企业"走出去"的同时,引导企业围绕自身价值链的提升和在全球价值链中的资源配置,围绕技术创新、市场拓展和人才引进与利用等内容开展跨国并购,支持企业在对自身产业价值链进行详尽研究的基础上找到自身的优劣势,做好与目标企业的战略对接,增强协同效应,提升并购效率,避免盲目并购,陷入"并购陷阱"。

第二,有效支撑。对国内企业利用全球资源,吸收并购过程中的技术研发、品牌使用和市场营销网络拓展等方面的支出,可以考虑给予一定的财政或税收方面的支持。同时,对并购中的资金问题,应给予相应的融资支持和用汇便利,从而更好地支持企业跨国并购,实现国内企业"走出去"的战略目标,完成企业在全球价值链中的产业整合和优化。

第三,在积极推动中国企业"走出去"的同时加强与人民币国际化之间的协同,鼓励和引导企业在跨国并购中更多使用人民币,加速国际人民币市场需求的培育,推动人民币国际化的进程。

第六章

中国对外投资结构优化的基本路径与方式

根据 Hobday(1995)提出的逆向产品生命周期模型,发展中国家在全球化进程中会经历从 OEM 到 ODM 再到 OBM 的价值链提升。中国正处在这一进程中。在融入全球化初期,中国处在为发达国家跨国企业代工的 OEM 阶段。然而近几年,中国企业通过"走出去",在国际市场范围内配置资源的意愿日益增强,正在向逆向产品生命周期的第二个阶段 ODM 转变。而这一转变并非一帆风顺。2018 年 3 月以来,随着全球贸易保护主义的抬头和特朗普政府在全球范围内制造贸易摩擦,中国对外贸易和对外投资环境发生了巨大变化,未来不确定性显著增大。对于处在转型期的中国企业而言,在这个过程中寻求全球范围内产能的重新配置以实现价值链提升将面临更多挑战。为确保实现通过对外投资助力国内产业提升价值链这一目标,客观上需要重新看待和整合全球资源并调整布局,在进行对外投资时不断优化投资结构和方式,从以前较为单一的援助型和寻求市场型向获得技术、品牌和销售渠道等多元化、国际化经营活动转变。本章尝试梳理当前我国对外投资结构的现状与优化路径,找出中国企业对外投资中存在的问题,并针对中国企业在"一带一路"沿线国家所实施的园区投资战略进行重点阐述。

第一节 中国对外投资结构的现状及优化

全球四大会计师事务所之一安永会计师事务所于 2018 年 4 月 11 日发布了一份名为《"一带一路"拓展宏图,海外投资稳步前行》的报告,针对中国

"一带一路"倡议的实施情况进行了分析和总结。2017年,中国对外直接投资额较上一年有所下降,从2016年的1 961亿美元下降到1 340亿美元,仍然是对外投资金额第二的国家。然而,与上年同期相比,中国对外投资总金额下降32%。与总金额同步发生变化的是海外并购交易案数量。2017年中国企业海外并购交易数量与上一年相比下降12%,降为620宗。造成中国境内企业境外投资额和并购交易数量下降的原因主要来自国内外两个方面。在国外,一些国家对来自中国的企业在其国内进行的并购行为日趋谨慎,并加强了相关审核和政府干预,这使得近年来因为政府审查而未完成的并购交易迅速增加。在国内,监管部门通过"降虚火""挤水分",加大了对跨境资本的监管力度,前几年的非理性对外投资得到了有效遏制,海外投资正由高速增长期进入稳步调整期,国内企业的对外投资行为趋于稳健和理性。中国监管部门这么做是为了优化境内企业的投资结构,并非一律限制与禁止,使得境内企业的对外投资能够更好地服务于结构调整和转型升级。这一导向旨在通过对对外投资的产业和区域进行优化,最终促进中国经济的成功转型和健康发展。

中国对外投资结构的优化首先体现为产业结构的优化。近年来,在对外投资大幅下降的背景下,境内企业对外投资的行业结构持续优化,逐步以投向实体经济领域为主,并向技术密集型和资本密集型产业扩张。2016年,中国制造业对外投资占比增幅为50%,从2015年的12.1%上升至18.3%。与此同时,在高科技领域,中国企业的信息传输、软件和信息技术服务业投资占比也从2015年的4.9%上升一倍多,增至2016年的12.0%。到2017年,租赁和商务服务、批发零售、制造业以及信息传输等关键性行业进一步得到中国企业对外投资的关注,当年年末非金融类投资较上一年增加近40%。而另一方面,金融类对外直接投资进一步得到遏制,降至2017年上半年的66%。到2018年初,中国企业在非金融领域的投资进一步增加。在中国对外直接投资中,采矿业吸收了总投资金额的25.9%,租赁和商务服务业占比为17.8%,制造业占16.3%,信息传输及软件服务业占8.0%。与此形成鲜明对比的是,在2015年及之前在中国对外直接投资中占比较高的房地产业、体育和娱乐业等行业投资受到限制,在中国对外直接投资中所占比例下降。

值得一提的是,中国正在大力实施的"一带一路"倡议给中国企业对外投资结构带来了重要影响。在海外并购总体金额大幅下降的背景下,2017年中国企业在汽车与运输、电力和公用事业、石油和天然气、生命科学这四个行业的并购金额却同比增长,占全年中国海外并购比重超过六成。在2017年排名前十的中国企业海外并购案例里,共有四项涉及交通运输行业,显示了这一领域在当前"一带一路"倡议实施背景下的重要性和发展前景。以推进"一带一路"为背景,中国的物流、仓储、港口企业通过在新加坡、缅甸、马来西亚等东道国投资建厂或对东道国企业实施并购,拓宽了物流和仓储的国际市场,分散了市场风险,增加了利润来源,企业竞争力得到了很大的提升。在实现企业自身盈利和发展目标的同时,这些企业也在客观上促进了中国与这些国家之间的设施联通与贸易畅通,为"一带一路"倡议实施提供了经验。

近年来,国际投资格局发生了较大变化,发达国家对来自中国的企业投资加大了审查力度,同时考虑到国内经济转型的需要,中国扩大了在"一带一路"沿线国家的对外投资,客观上促进了对外投资目的地多元化。截至2016年末,中国投资者在海外设立的3.72万家企业遍布全球190个国家或地区。在区域分布方面,亚洲吸收的中国企业投资金额最多,投资存量已近1万亿美元,占比接近70%。其次是拉丁美洲,中国企业在拉美的投资存量金额达2 071.5亿美元,占比为15.3%。中国企业在欧洲的投资存量金额为872亿美元,占比为6.4%。中国企业在北美洲的投资存量金额为754.7亿美元,占比5.6%。随着中国经济发展和经济结构转型,虽然中国企业在非洲的投资总额保持了增加,投资存量达398.8亿美元,但是占比出现了下降,仅为2.9%。大洋洲吸收中国对外投资金额在几个大洲中最少,投资存量为382.4亿美元,占比2.8%。就具体国家或地区而言,接受中国对外投资较多的国家或地区为中国香港、开曼群岛、英属维尔京群岛、美国、新加坡、澳大利亚、荷兰、英国、俄罗斯和加拿大等。

近年来,随着"一带一路"倡议的实施,中国企业对"一带一路"沿线国家的投资合作成为中国对外直接投资的新的增长点。2014年以来,"一带一路"沿线国家已经吸收超过 700 亿美元的来自中国的对外直接投资,实施企业合作共建项目超过 2 000 个。2017 年,中国企业在"一带一路"沿线国家的直接投资和签订对外承包工程合同金额分别为 144 亿美元和 1 443 亿美元。在 2017 年国际形势发生重大变化的背景下,中国对欧美企业的并购出现下滑,但对亚洲尤其是东盟国家和大洋洲的并购投资却显著增加,其中对东盟并购投资创历史新高,同比增长 268%,达 341 亿美元,占 2017 年宣布的中国企业海外并购交易总金额的近四分之一。2018 年以来,中国企业对外承包工程新签大项目的数量进一步增加。2018 年 1—2 月对外承包工程新签合同额在 5 000 万美元以上的项目达 90 个,合计 264.4 亿美元,占新签合同总额的 86.3%。

随着"一带一路"倡议的深入实施,"一带一路"沿线国家的构成也发生了较大变化。在"一带一路"倡议提出初期,参与国家以发展中国家为主,现在越来越多的发达国家也开始加入进来,使得"一带一路"沿线国家的构成得到进一步优化。2017 年,新加坡受到中国企业的青睐,在新加坡的并购案数量大幅增加,最终新加坡成为吸收中国对外直接投资最多的国家。新加坡具备高机会、低风险、开放性、创新力这几大优势,有望扮演关键角色推动"一带一路"倡议在东盟国家的实施,包括作为区域融资枢纽、区域物流和基础设施建设中心、企业国际/区域总部所在地,以及高端人力资源平台等角色。中国企业在新加坡的并购对象主要集中于运输、科技、电信以及生命科学等行业。此外,2018 年 11 月,习近平总书记对葡萄牙、西班牙、阿根廷等国进行了国事访问,进一步将"一带一路"倡议在欧洲和南美洲加以推动。

在对外投资企业性质和分布方面,中国对外直接投资的企业性质和地区分布均发生了较大变化。在改革开放早期,民营企业还没有成长起来,大型国有企业承担了中国对外投资的主要任务。近年来,越来越多的民营企业和地方企业逐步占据对外投资的主导地位。2016 年,地方企业对外直接投资占同期对外直接投资总额的比重从上一年的 66.7% 增至 87.4%,其中长江经济带沿线省市的对外直接投资额达 604.6 亿美元,占全国对外直接投资总额的 35.5%。在地区分布上,尽管东部地区企业的对外投资金额仍然远高于中西部地区,但是也存在一些新的变化,主要体现在西部地区企业的对外投资增速有很大幅度的提高。2018 年 1—2 月,东部地区的对外投资金额达 74.5 亿美元,占地方对外投资的 72.4%,仍然占据了绝大部分的中国对外直接投资。而西部地区仅为 15.9 亿美元,远远低于东部地区。但是从增速上看,东部地区较上年同期仅增长 23.1%,而西部地区同比增长达 69.1%,显示出很强的增长潜力。另外,上海、江苏、浙江、安徽、江西、湖北、湖南、重庆、四川、云南、贵州这 11 个长江经济带沿线省市的对外投资金额为 45.1 亿美元,占地方对外投资的 43.8%,充分体现了新一轮改革开放转型实施新区域的对外投资潜力。

第二节　中国对外投资结构优化的方向与路径

一、中国对外投资结构存在的问题

基于全球价值链的对外投资理论认为,一国企业实施对外投资的动机主要出于以下几点。一是规避国际贸易过程中产生的关税与非关税壁垒。Billett & Qian(2008)的研究表明,在贸易国内,尤其是制造业领域直接投资建厂可以减少贸易保护带来的成本,达到拓宽市场和减少投资风险的目的。二是在国内市场饱和后抢夺外部市场份额。由于国内企业之间的激烈竞争和扩张导致国内市场份额有限,企业希望通过对外直接投资开拓国际市场,扩大国际市场份额。三是吸收先进国家的领先技术。Alcácer et al. (2013)发现,跨国并购可以让国内企业以较快的速度和较低的风险获取国外先进技术,以实现技术进步并提升企业在全球价值链中的地位。四是获得廉价和丰富的自然资源。中国经济增长面临来自石油、天然气等能源的约束,40多年的高速发展导致国内资源开发开采成本较高,资源总量迅速下降,而未来的发展仍然需要大量的自然资源作为支撑,因而需要通过对外直接投资,从国外获取必要的资源对国内需求加以补充。五是出于地缘政治考虑对其他国家进行对外直接投资。一国在经济发展过程中,往往根据自身所处的发展阶段选择不同的对外投资方式,从而形成各异的对外投资结构。相应的,对外投资结构中的问题也在对外投资方式的形成和转换过程中逐步产生。

改革开放 40 多年来,中国从一个贫穷落后的发展中国家成长为经济总量居世界第二的大型新兴经济体。在自身经济结构和产业构成发生重大变化的同时,之前以资源型、援助型对外投资为主的结构正在发生改变,中国企业的对外投资行为也必将面临较大调整。Kogut(1985)较早提出,企业或国家主体为了取得全球战略优势,首先需要重新规划自身在价值链中的位置和发展方向。一旦明确后,该主体就要在全球范围内重新配置和组合生产要素,进而寻求自身价值链的区位优势和问题所在。当前,我国对外投资中存在的结构性问题主要包括以下几方面。

第一,在对外投资的东道国结构上,发达国家日益将中国视为竞争对手,开始加强对来自中国投资的审查力度,而"一带一路"沿线国家也存在着投资环境较差、相关制度不健全的问题。美国和欧洲国家出于保护本国利益或国家安全,对外国直接投资纷纷采取新的审查政策,加强了对外国直接投资的限制,这直接导致了近两年来中国在这些国家的投资并购金额大为缩减。而作为我国重要的投资目的地,"一带一路"沿线国家虽然经济潜力大、投资需求多,但往往存在营商环境较差、信用评级不高、法律制度不完善、投资壁垒较多等问题,投资政策实施时难以符合预期。一方面,"一带一路"沿线国家存在着隐性壁垒问题,主要包括东道国市场成熟程度低、对外资进入有较高的限制条件等,直接导致中国企业与东道国企业签订的投资协议无法顺利实施。部分国家政局动荡不稳,宗教、民族、派别矛盾相互交织,甚至是地缘博弈的焦点,这些因素进一步导致我国相关投资项目建设过程中形成的债务纠纷、劳资冲突、信贷违约等问题难以得到有效解决,企业及人员的合理合法权益难以得到保障。而另一方面,我国对外投资企业自身也存在跨国经营能力整体偏弱、投资项目的可行性研究和成本收益分析能力较差、企业融资困难、忽视投资目的国在环境能源标准方面的要求、沿线国家企业人才储备缺乏、中介服务机构乏力、国际化水平低、缺乏足够的投资经验等问题,这就增加了在开拓"一带一路"沿线国家市场时的地域投资风险和政治风险。

第二,当前中国对外投资主体,即央企等大型国有企业、中小型地方企业及民营企业受各自发展条件和特征的制约，在进行对外直接投资时遇到不同的阻碍。大型国有企业在进行对外投资时，往往缺乏资金硬约束，这导致在进行海外并购时付出的代价较大，且因其具有国资背景而越来越多地受到投资目的地国家的限制。此外，国有企业在国内往往占据垄断地位，风险防范意识较为薄弱，这使得它们在进行海外投资时暴露出风险控制意识不足、风险管理体系不健全、并购战略执行差等问题。而在民营企业方面，尽管近年来中国民营企业积极开展对外投资，并逐渐成为中国资本"走出去"的主力军，但是一些阻碍中小企业"走出去"的瓶颈也开始显现。首先，我国民营企业开展对外投资业务时间短，缺乏足够的海外经营经验和优秀的海外管理团队。其次，民营企业在对外投资时遇到与在国内经营时相类似的问题，如资金短缺、贷款歧视、缺乏必要融资担保等，这些问题在复杂多变的海外市场环境中对民营企业形成了更加严峻的约束。再次，我国对民营企业实施的一些审批环节，程序复杂且效率低下，也会在一定程度上妨碍民营企业进行海外投资的积极性。最后，我国制造业民营企业实施对外投资的主要动力是受国内要素价格提高的影响，通过向海外投资来降低生产成本，缺乏应对海外市场激烈的竞争环境的核心技术和创新意识。

第三，在产业结构和模式方面。目前我国的对外投资尚未脱离之前的产业结构特征，如对外投资较多地集中于能源开发和小商品贸易方面，而对高端装备制造业和生产性服务业的投资较少，这一特征已经不符合当前中国经济发展阶段以及实现产业升级转型目标的要求。2018年中美出现贸易摩擦后，中国为应对美国关税政策而对美国大豆加征关税，同时也相应增加了中国企业进口美国大豆的成本。一旦南美国家出现大旱而导致大豆歉收，我国在大豆进口方面则面临着左右为难的境地。因此，无论从投资规模还是对外投资的企业数量来看，我国在农业领域的对外投资规模十分有限，这不利于我国长期确保粮油食品安全和农业产业的资源配置。除此之外，我国企业的对外投资还普遍存在重规模、速度、项目承包和建设等，轻质量、效益与合作经营等，而且有些企业对国家推动"一带一路"倡议的理解不到位，没有将消化国内过剩产能、优化国内产业在全球价值链当中的地位作为导向，将资金过多地投入房地产、影视娱乐业和体育等产业，既不能解决国内产业升级与转型的问题,同时也造成了资金浪费,不利于中国企业在全球价值链当中实现产业地位的提升。

第四,在项目和领域构成方面,我国的对外投资存在过于侧重经济类项目和大型长期项目的倾向。受到经济发展阶段和其他因素的影响,我国企业在"走出去"时更多考虑的是政治和经济因素,而对社会民生类项目,如学校、医院等考虑较少,这会导致国际社会认为中国的对外投资只是为了逐利或获取资源,而对东道国的社会发展不能起到促进作用。因此从宏观上看,如何更好地统筹两类项目是值得思考和解决的重要问题。此外,基于投资供求双方的考虑,中国企业在"一带一路"沿线国家的投资重点领域主要是大型基础设施、过剩产能输出等。长期来看,这些大项目能够促进这些国家的工业化和城镇化进程,带动我国产能输出和产业升级,但同时也存在投资规模大、周期长、风险高等方面的问题,难以形成稳定的现金流。

二、基于全球价值链布局的中国对外投资结构优化路径

党的十九大报告特别强调了对外开放新格局的重要性,其中就包括如何结合国内产业发展状况,大力推进对外投资,实现我国企业"走出去"战略。在深化对外开放的大背景下,中国对外投资和引进外资的大门都只会越来越开放。为了应对中国经济发展阶段和对外投资环境的变化,中国企业需要通过调整对外投资结构和策略以整合全球资源和市场,实现自身附加值在全球价值链当中的提升。

根据 Krugman(1995)的全球价值链分割理论,企业的生产环节可以根据产品的价值链分割进行分解,并布局在全球不同国家或地区进行不同阶段的生产和整合。中国企业已经基本走完了价值链中的低端制造业承接过程,现在正处在向资本密集型乃至技术密集型迈进的过程中。当前中国产业的国际空间布局变化与企业在全球价值链上的调整和布局密切相关,因此,在优化对外投资结构时应结合具体产业和企业的特征,对于产能过剩和技术升级的行业给予不同策略优化措施。在对外投资方式方面,中国企业可以在传统绿地投资、跨国并购等投资方式之外进行创新,增加园区建设和联合投资等投资方式的比重。在对外投资产业结构方面,应当突出制造业

和生产性服务业等实体经济投资。具体而言，对外投资结构的优化包括以下几个方面。

（一）投资目的地结构优化

近两年来，欧美国家开始对外国直接投资采取日益严格的审查制度，因此我国要更加注重针对"一带一路"沿线国家的投资。中国政府通盘考虑国内外经济政治环境大局，提出了"一带一路"这一重大倡议，这一倡议对外有利于促进我国与沿线国家的包括经贸往来在内的全面合作，对内为中国企业在全球市场范围内调动全球生产要素资源，以消化国内过剩产能，实现技术合作等提供重大机遇。中国企业的对外直接投资在2013年"一带一路"倡议开始实施之后一直保持高速增长，若没有重大突发变量影响，这一增长态势可望在今后较长的一段时期内持续。然而近5年来，尽管"一带一路"倡议已经取得了很好的成绩，中国企业对"一带一路"沿线国家的投资已超过700亿美元，但在"一带一路"沿线国家的投资占比仍然偏低。因此，应进一步扩大在"一带一路"沿线国家的投资占比，同时寻求新的"一带一路"合作伙伴。

发展至今，"一带一路"倡议给中国企业对外投资带来了巨大机遇，但同时我们也应当对"一带一路"沿线国家投资中出现的问题和风险加以认识和防范。从"一带一路"沿线国家的构成可以看出，这些国家在政治、经济和文化等各方面的差异很大，这就要求中国企业在"一带一路"沿线国家进行投资时需要关注东道国政局、投资政策和周边局势，在进一步扩大和优化投资时充分考虑和防范投资风险。2005—2016年中国企业海外投资共发生失利案例202宗，其中有56宗发生在"一带一路"沿线国家，占所有失利案例数的28％。这56宗失利案例发生在27个"一带一路"沿线国家，其中菲律宾、伊朗、印度尼西亚、缅甸、叙利亚是失利项目数最多的几个国家。在发生海外并购失利的国家中，中国企业在伊朗、菲律宾、缅甸、叙利亚、俄罗斯等国的海外并购失利项目所涉金额较高。就失利原因而言，政局发生动荡是导致中国海外投资项目失利的最重要原因。从行业分布来看，能源业和金属业是中国企业对外投资失利案例发生最多的行业，其中能源行业失利案例29宗，金额达492.9亿美元；金属行业失利案例8宗，金额合计82.2亿美元，两个行业合计案例数和金额占比分别为78.4％和66.1％。

(二) 对外投资产业领域优化

根据第三章关于中国对外直接投资产业分布领域的阐述,服务业是当前中国对外直接投资中所占份额最大者,且有望在未来继续上升。2013 年,第二产业在中国企业对外投资金额中的占比达到最高,此后逐步下降。中国企业在选择未来的产业投资领域时,既要以自身的生产能力和比较优势为基础并响应"一带一路"对外投资战略,也要结合东道国在资源、劳动力和市场等方面的特征,选择进入能最大限度实现投资效率的产业领域,促使我国对外直接投资的产业结构进一步优化,其具体路径如下。

首先,中国企业的制造业对外投资应当具有全球价值链视野,将打造全球分工格局下的制造体系作为目标。在传统制造业方面,应推动国内企业发挥技术和生产优势,并结合东道国在资源富集、劳动力密集、市场需求大、国内政局稳定等方面的优势,形成以中国企业为主导的全球生产网络体系。鼓励民营企业在战略行业和战略区域进行布局,鼓励其在诸如基础设施、能源资源、信息通信、军工、高新技术、装备制造、海洋等领域进行投资,鼓励民营企业在海外建立研发中心。

其次,服务业的对外投资应将重点放在构建全球价值链中的高附加值部分,如打造市场端的全球营销网络体系、产品端的全球领先研发创新体系等。应该设法将研发设计中心设在欧美等市场经济发达国家,以便接触和获得世界前沿科技成果与创新理念。为了呼应和促进上述制造业对外直接投资,可在这些国家或地区建立产品设计、融资租赁和物流等相关服务体系,与制造业形成优势互补。对于那些市场规模较大,有足够市场需求的国家,应当引导诸如通信软件、大数据以及"互联网 +"等信息技术企业前往投资,在这些国家推广具自主知识产权的技术标准。

(三) 对外投资产业模式优化

发达国家的跨国公司在早期的跨国投资中占据了重要的推动和引领地位。在此时期,企业凭借垄断知识资产和规模经济优势,在发达国家之间进行投资。20 世纪 60 年代起,日本开始了其长达 30 年的高速经济增长,产业实力不断加强,生产能力不断提高,从而产生了对外投资的需要。与早期西方发达国家跨国公司的发展模式不同,日本企业在进行对外投资时采取的是主要企业集聚模式。这一模式以一家大型公司为主,在其周围配备有大量零部件企业,通过集聚产生规模效应。这可以看作是国际直接投资的 2.0 版。进入 90 年代,新加坡在我国苏州建立新加坡工业园区(现已更名为苏州工业园区),并取得很大成功,这使得跨境园区建设备受世界各国瞩目。

在日本通过集聚模式发展跨国投资的基础上,中国企业做了进一步创新,通过发挥产业园区的成功经验,将国内的产业园区模式推广到海外的跨境工业园区,对日本的国际直接投资模式进行了升级。中国企业在许多发展中国家建立了大量跨境工业园区,与以往欧美和日本等国企业的跨国投资相比,跨境工业园区建设有着自身的鲜明特征。首先,中国主要在发展中国家建设跨境工业园区而非发达国家。跨境工业园区建设选在发展中国家的原因在于,发展中国家的发展程度较为滞后,东道国政府无力投入基础设施,而发达国家的发展程度较高,这方面的需求较少。对于在发展中国家进行直接投资的企业来说,必须通过工业园区建设,解决道路、电力、厂房等问题,从而为工厂性投资解决区位条件受到束缚等一系列问题。其次,与传统的工厂投资模式相比较,跨境工业园区模式的建设显然需要更大规模的投资,同时也将涉及更多的配套政策,并对东道国当地产生更加深刻的影响。同时,建设跨境工业园区需要筹集更多的资金,建设周期也更加长,为保证园区能够早日交付使用会联合几个企业一起投资建设。由于跨境工业园区模式往往在发展中国家实施,这些国家的政治环境和政府工作效率时常不尽如人意,因此在建设跨境工业园区时可能还需要东道国政府提供足够的支持。最后,跨境工业园区的开放性较强,这主要体现在土地和工厂厂房的租赁商。负责建设跨境园区的企业可以从中获取租金收入,并有利于吸收更多数量和种类的企业,强化集聚效应。

(四) 对外投资主体优化

如第三章中所述,数十年前,国有企业对外直接投资存量占中国全部存量的绝大部分,非国有企业所占比例较小。中国对外投资结构在这一阶段的主要问题之一是对外投资主体过于单一。近年来,随着非国有企业的成长,其对外直接投资存量比例持续增加,几乎与国有企业持平。2016 年,非公有制企业的投资额在非金融类对外直接投资流量中所占比例达到 68%,

已经成为中国非金融类对外直接投资的重要主体。作为"走出去"的主力军,中国民营企业在"一带一路"沿线国家投资以及关键性战略性产业布局中发挥着重要作用。发达国家对来自中国的国有企业在高新技术、能源、军工等领域的海外并购日益敏感、加强防范,而这更有利于中国民营企业成为海外投资的主体。因此,应进一步促进民营企业成为对外直接投资的主体,并为实现这一目标扫除政策和体制上的障碍,创造良好的制度保障。具体可以考虑从以下两点出发。

第一,从对外投资政策和体制上放松对民营企业的限制。当前,民营企业在进行对外直接投资活动时,经常遭遇融资和购汇困难、资质认定限制等政策歧视。因此应当逐步放松对民营企业境外投资项目的限制,简化重大投资和并购项目的程序。在项目和融资支持方面,民营企业与国有企业应当有同等的地位。

第二,在融资和担保体系方面为对外直接投资的民营企业提供更加充分的支持。由于商业银行贷款重点支持国有企业,民营企业在实施重大海外并购项目时,融资渠道主要依靠自有资金积累,因而经常面临资金不足的问题。此外,民营企业在进行对外直接投资时缺乏健全的担保体系。企业为其海外项目在国内进行融资时只能以国内资产抵押,而不能用境外资产抵押。因此,为了给民营企业的对外直接投资提供融资支持,应适度扩大政策性贷款力度,如通过中国进出口银行、国家开发银行等政策性银行为民营企业的对外投资提供优惠贷款规模,并建立和完善海外投资贷款风险补偿金和贴息制度。此外,还可以设立产业基金、投资基金、海外投资合作股权投资基金等,以及鼓励通过 PPP 等模式创新金融产品和融资模式。

第三节　中国对"一带一路"沿线国家的投资结构策略与优化途径

一、我国在"一带一路"沿线国家的投资现状

受全球总体经济走势和投资环境的影响,2017 年中国对"一带一路"沿

线 59 个国家的新增投资额较上一年有所下降。但是，由于同期中国对外投资总额下降，因此对"一带一路"沿线国家的新增投资额占比反而较 2016 年增加了 3.5％。2017 年，中国企业对"一带一路"国家的对外投资目的地主要是新加坡、马来西亚、老挝、印度尼西亚、越南、巴基斯坦和柬埔寨等国，以及俄罗斯和中东阿联酋等，不难看出东盟国家是中国企业在"一带一路"沿线国家的主要投资目的地。在中国企业海外并购项目整体锐减一半左右、交易总额整体下降 10.26％的情况下，我国对"一带一路"沿线国家实施并购 62 宗，投资额达 88 亿美元，同比增长 32.5％。2017 年，中国企业在"一带一路" 62 个沿线国家新签订的对外承包工程项目合同金额达 1 443.2 亿美元，占同期中国对外承包工程新签合同额的 54.4％，同比增长 14.5％。在境外合作园区建设方面，截至 2016 年 12 月，中国企业在"一带一路"沿线国家建设的境外合作园区数量达 46 个，在东盟国家所建境外合作园区数占了总数的一半。

为了优化对外投资结构，中国有关部门在"一带一路"沿线国家的对外投资制度建设方面加强管理，一方面推动对外投资便利化，另一方面加强对外投资真实性和合规性的审查，建立"有保有压"的长效机制。2017 年 8 月，国务院发布的《关于进一步引导和规范境外投资方向的指导意见》将境外投资项目分成鼓励开展、限制开展和禁止开展三类。根据这一指导意见，房地产、酒店、影城、娱乐业、体育俱乐部等境外投资被归为限制开展的范畴，而有利于"一带一路"建设和周边互联互通的基础设施投资则属于重点推进内容。国家发改委、商务部、人民银行、外汇局等部门也陆续出台了企业对外投资监管文件，一方面保障有能力、有条件的企业开展真实合规的对外投资活动，鼓励境内企业参与"一带一路"建设和国际产能合作；另一方面有效防范对外投资风险，促进对外投资持续健康稳定发展。上述监管内容主要包括两方面：一是通过税收、融资、外汇、保险等手段支持那些有利于"一带一路"建设、国内优质产能走出去，同时具有一定技术水平、能够缓解能源资源供求矛盾的项目；二是限制非实体经济的大规模高风险境外并购收购、采用落后技术和设备的境外投资、无具体实业项目的股权投资基金或投资平台等。

二、中国向"一带一路"沿线国家实施的园区投资战略

改革开放以来,中国经济发展取得巨大成功的一条重要经验是利用有限的资源集中建设各类经济园区,引进国家和地方发展急需的资金、技术、人才和先进的管理经验,打造产业集聚发展和区域经济竞争的重要载体,推动快速的技术创新和产业升级。近 10 年来,作为改革开放最成功的经验之一,中国经济园区正在逐步走向海外,以满足中国创新对外合作模式、促进对外投资转型升级的需要。因此,及时总结产业园区建设的经验,提出富有中国特色的园区经济理论,探索可行、有效、创新的园区全球化模式,是值得深入研究的课题。

对于我们耳熟能详的一些著名欧美跨国企业,如通用、宝洁、沃尔玛等,在海外直接投资开办工厂进行生产是其惯于采用的方式。但是,中国企业在实施"走出去"战略时,却采取了与上述欧美跨国企业不尽相同的模式。如清华科技园从 2017 年开始,尝试在巴基斯坦等"一带一路"沿线国家建设科技产业园区。在生产过程全球化和要素配置全球化的今天,跨国产业园区的做法能够更好地优化企业资源配置,发挥集聚效应。中国企业的这一做法引领了跨国投资变化的新趋势,是中国将自身经济发展和产业成长的经验贡献给世界其他发展中国家的过程。

中国企业在境外推广和建设产业园区的做法始自 2006 年商务部公布的《境外中国经济贸易合作区的基本要求和申办程序》。在这一政策中,商务部提出,要建立 50 个国家级的境外经贸合作区,并将其打造成促使中国企业"走出去"的平台。在"一带一路"倡议肯定了园区"走出去"的积极作用,同时鼓励在海外推进各类型园区建设后,境外园区建设越发引人关注,为"走出去"模式创新、提供产业转移载体、发挥国际比较优势提供了大好机遇。根据商务部统计,截至 2016 年底,中国企业在 36 个国家有在建合作区 77 个,累计投资 241.9 亿美元,入区企业 1 522 家,总产值达 702.8 亿美元,上缴东道国税费 26.7 亿美元,为当地创造就业岗位 21.2 万个。其中在 20 个"一带一路"相关国家的 56 个合作区占在建合作区总数的 70% 以上,累计投资 185.5 亿美元,入区企业 1 082 家,总产值达 506.9 亿美元,上缴东道国税

费 10.7 亿美元,为当地创造就业岗位 17.7 万个。尽管从当前全球范围来看,在国际贸易投资中,工厂性投资仍然有重要的位置,但园区投资填补了原有全球国际投资诸多空白点,并且越来越在推动世界投资贸易尤其是发展中国家投资贸易方面展现出积极而重大的价值。中国园区的发展起步早,在产业发展、融资模式上,存在多样性可供"一带一路"沿线不同经济发展水平的国家借鉴和复制。从产业发展模式上看,中国园区大致可归纳为以下五种模式。

(一) 加工区模式

加工区需要有便利的交通条件,同时要聚集足够数量的劳动力,因此多位于自然条件或农业生产条件优越的港口以及能源矿产等资源密集的地区。由于加工区主要生产附加值相对较低的劳动密集型产品或高技术产品的装配环节,因此无须从事研发。在全球制造业转移的大背景下,我国早年的出口加工区主动承接来自日、韩等地的制造业产业转移,依托劳动力资源丰富和自然条件优越的沿海地区吸引国际大型制造企业来华建设生产基地。在港口或国际机场临近划出一定范围,新建和扩建码头、车站、道路、仓库和厂房等基础设施,提供免税等优惠待遇,专门制造、加工、装配出口商品。加工区的优势在于:一是带动国产原材料、零配件的出口,为扩大对外贸易出口做贡献;二是出于保护国内产业,禁止加工区内生产出来的产品在东道国国内销售;三是探索新的通关作业模式和贸易监管制度,推动本国落后制度与国际惯例接轨。

目前,中国在"一带一路"沿线国家建立的加工园区包括白俄罗斯明斯克中白工业园和印度(浦那)中国三一重工产业园等制造业加工园区,巴基斯坦(旁遮普)中国成衣工业区和孟加拉达卡服装和家电产业园区等劳动密集型加工园区,巴基斯坦瓜达尔能源化工园区和中哈阿克套能源资源深加工园区等能源资源加工,以及华信中俄现代农业产业合作区等农业加工区。在现有的"一带一路"中外合作境外园区中,加工区占据较大比重,并正在向更加多元化和高级化的方向发展。

此外,我国在"一带一路"沿线国家建设的轻工业基础制造园区则基本复制了我国加工区的建设模式,重点在孟加拉国吉大港、斯里兰卡科伦坡、越南胡志明市及海防、尼泊尔加德满都、哈萨克斯坦阿克套海港经济特区等地推广,主要生产箱包、服装、鞋帽、纺织、家具及小家电等经常遭遇贸易摩擦的轻工产品。之所以选择这些地区的原因在于:一是这些地区的人均GDP为2 000~7 000元,大体正处于20年前中国承接日本、台湾地区和韩国产业转移的水平;二是这些地区的劳动力平均月工资低于200美元,在低技术制造业领域就业占比低于50%;三是东盟国家将降低关税及进一步实施贸易一体化,与日本、韩国、印度、澳大利亚和新西兰等国建立自贸区,中国能通过在东盟国家直接生产来规避发达国家的贸易保护壁垒;四是俄白哈关税同盟能帮助中国企业打开更加广阔的北亚中东欧市场之门;五是人口和社会资源较为集中在大城市和港口周边,有利于形成集群经济,周边辐射力很强。

(二)产业带模式

20世纪80年代在我国开始出现的经济技术开发区是产业带的早期形式之一。产业带由若干规模较大的各类科技园区、工业园区和科研机构、企业群体连成一片组成。其具体模式包括:第一,优势企业主导型产业带。其中由较大的特色企业或由政府通过政策等形成的优势企业作为核心,具有产业间集聚功能强、竞争优势显著、产业链体制完善等特征,容易形成规模经济。第二,中小企业集聚型产业带。企业之间既相互协助又相互竞争,有着较好的竞合关系。产业带园区紧抓全球产业转移以及服务资源转移的机遇,依托本地坚实的经济基础和广阔的发展腹地为入园企业提供优惠政策,吸引高新技术企业特别是著名跨国公司入驻,以跨国公司和本地创业企业促进产业集群式发展。

目前,产业带模式是我国企业在对外投资中最常采用的模式。以首个中国境外经济贸易合作区——巴基斯坦海尔—鲁巴经济区为例。该经济区于2006年11月26日由当时的中国国家主席胡锦涛和时任巴基斯坦总理阿齐兹共同揭牌成立,海尔集团为中方代表企业,与巴基斯坦企业合作在该经济区开展家电生产、检测等一系列经营活动。除此之外,第一个设立在非洲的境外经济贸易合作区——赞比亚中国经贸合作区由中国有色矿业集团有限公司牵头成立,该经济合作区以铜钴冶炼产业为核心,形成了以生产型材、机械建材以及电缆电线为主的加工产业群,之后又进一步发展以家电、食品等轻工业品为主要产品的拓展产业带。高端装备制造产业园区则重点向德国海德堡、汉堡、杜伊斯堡,捷克俄斯特拉发,白俄罗斯明斯克,沙特阿拉伯吉赞经济城,阿联酋阿布扎比等地推广。

我国企业选择在上述国家实施产业带园区模式的依据在于:第一,中德合作正处于从经贸合作向技术、金融、产业合作的提升期。中德(沈阳)装备园得到批复后,一大批汽车、机械制造、电子、化工医药等德资企业已经在园区聚集,随着越来越多德国机构看重"一带一路"建设商机,下一阶段有必要在德国建立姐妹园区,直接加强双方先进技术、管理经验和高素质人才等领域的合作。第二,捷克作为老牌工业国家在机械、机床行业技术成熟度较高,飞机设计和制造是其优势产业,掌握核心技术的中小企业众多,能够为机场提供全方位的解决方案。第三,白俄罗斯的化学和石油工业占该国经济总量的 40.6%,同时其纳米材料产业发展迅速,能够为高端装备制造提供配套支持。第四,为了对海湾地区的能源、高端制造业等相关产业进行直接投资,中国于 2015 年和阿联酋、卡塔尔设立了 200 亿美元的共同投资基金。2016 年,中国为促进中东地区石油化工、建筑材料、家用电器等领域的发展,与沙特阿拉伯签订了《产业合作谅解备忘录》,加强在工业园区建设方面的合作。且沙特和阿联酋均为政治稳定的海湾国家,聚乙烯、聚丙烯及其他高端热塑性产品、乙二醇、甲醇等石油化工产业基础雄厚。

(三) 物流商贸园模式

物流商贸园模式是以现代物流为主导的园区模式,涵盖市场、商贸、流通和物流等多个方面,经营范围包括商品交易、物流运输、电子商务、金融服务和餐饮娱乐服务等。保税物流园是物流商贸园的子模式之一,是征关税和进口环节税、海关特殊监管等保税区政策与国内货物进区退税的出口加工区政策的叠加。

物流商贸园一般集中在商贸兴旺、交通发达的国家,特别是政局稳定性较高的东南欧、东欧等地区。在中国企业建设的海外物流商贸园中,山东帝豪国际投资有限公司根据一区多园模式建设的中欧商贸物流园为其中的典型。山东帝豪国际投资有限公司在匈牙利首都布达佩斯建立了商品交易展示中心,并在匈牙利切佩尔港和德国不莱梅建设了物流园。该物流园的功能包括商品展示、仓储运输、集散配送、流通加工和信息处理等,现已初步覆盖中国主要城市和欧洲,为它们提供便利快捷的运输配送。除此之外,为进一步扩大影响,中欧商贸物流园还定期举办贸易洽谈订货会、中国商品展销会、中国产品招商代理推介会等营销活动,并搭建中国商品常年展示厅,向东道国社会推广宣传中国产品。物流商贸园区重点向波兰华沙、罗马尼亚布加勒斯特、匈牙利德布勒森等东欧地区,卡塔尔等稳定的西亚地区,老挝塔銮湖等东南亚地区推广。

之所以在这些国家推广物流园,理由主要在于:首先,东欧是浙江跨境电商合作的主要对接地区,尤其是波兰,位于义新欧铁路上,连接欧洲南北,拥有波罗的海唯一深水集装箱港口,华沙还是义务的商品分拨中心,欧洲商品可以在华沙集聚运往中国,中国商品也可从华沙分拨到欧洲各地;其次,西部宁夏、新疆等地已在筹划面向海湾阿拉伯国家市场,建设日用消费品批发零售市场、物流集散地、建材机械批发市场、科技新产品展销中心等现代商贸服务基地;第三,目前东南亚地区还没有大型的物流配载中心,而老挝政治稳定,社会安宁,包括中老铁路在内的泛亚铁路项目正在修建,塔銮湖和磨丁的文化、度假、旅游景区、地产开发等服务已经初步成形。

(四) 科技城模式

发展科技城模式的一个重要前提条件是本地拥有优质丰富的科教智力资源,依托本地高校、科研院所等丰富的科技资源,通过科技成果转化衍生出一批高技术领域的创新型企业,营造浓郁的创业氛围和良好环境,吸引并支持科技人员、外来移民创办科技领先型企业,实现高新技术产业发展。由于受发展阶段和建设起步较晚等原因的影响,科技园区与加工园区、物流商贸园区等传统模式相比还相对落后。

目前中国已经或者正在建设的科技园区已经全面提上议事日程,全国多个省份都在致力打造适合自己发展阶段和区位优势的科技园区。我国的高新技术创新创业园区重点向印度古吉拉特邦、以色列特拉维夫、贝尔谢巴、俄罗斯莫斯科等地推广。印度古吉拉特邦经济发展水平较高,经济增速远高于印度全国水平,其城市化水平、教育普及、基础设施建设等在印度首屈一指,大量世界 500 强企业,如福特、博世、日立等都在该邦投资数码设计、软件开发、电子商务等产业。以色列是世界著名的创新国家,是可以与硅谷相媲美的创业者乐园。2013 年至今,中国已经将以色列创新园区模式引入,陆续建立东莞松山湖科技产业园、广州开发区(含黄埔智能产业园)、大连高新技术产业园、常州西太湖科技产业园、中以(哈尔滨)产业合作园,而中国科技企业(如联想)已经开始积极参与投资以色列的科技公司。在已形成的合作框架与网络基础之上,中国可以进一步战略投资以色列基金或孵化器,设立双边孵化器,成立联合实验室或高校创新中心(研究院)等。至于俄罗斯,其现有的航天、通信、核工业等核心技术能够为高科技园区提供技术支持,在此方面中关村、清华科技园等已经开始与之进行科研和生产等方面的合作。2017 年 1 月,为了促进中国企业与东南亚、南亚国家之间的科技合作和产业创新,云南成立澜湄科技园,在澜沧江到湄公河流域打造空间、服务、资本、孵化一体化的产业生态,力图成为云南面向东南亚和南亚地区的辐射中心。

(五) 海关特殊监管区模式

海关特殊监管区是参照国际自由贸易区设置的特别经济区域,该模式由保税区和出口加工区等组成。有别于本国关境内一般地区并实行特殊的贸易管制、税收政策,被赋予承接国际产业转移、连接国内国际两个市场的功能。中国设立的首家保税区为上海外高桥保税区,成立以来发展迅速,功能也最为完善,目前是中国规划面积最大的保税区。为促进外向型经济发展需要,保税区在贸易、关税、投资、金融等方面的开放度更大,让国内企业能够直接与国际生产经营环境接轨。保税区、保税物流园、准自贸区等重点向与我国西北、西南、东北等沿边地区接壤的国家推广,打造沿边迷你型自由贸易试验区。

我国企业在海关特殊监管区方面的尝试主要包括以下内容:第一,按照自贸区标准推进黑龙江绥芬河—东宁重点开发开放试验区、图们江跨境经济合作区、吉林珲春口岸等沿边重点开发开放试验区建设,全面实施面向俄罗斯的贸易投资自由化政策,探索跨境经济合作区的运营模式、管理体制与多层次跨境协调机制。第二,在新疆,利用中巴经济走廊建设的契机,联合巴基斯坦设立准自贸区,借鉴国内自由贸易试验区建设经验,选择金融服务、航运服务、商贸服务、文化服务以及社会服务作为扩大开放的重点领域,全面实施负面清单管理。第三,在云南、广西等省区整合沿边开放资源,与缅甸、老挝共同设立具有国际贸易、转口贸易、国际物流功能的沿边自由贸易试验区,加强中缅、中老双边在市场准入、海关监管、检验检疫等方面的管理体制创新与政策协调。第四,建设中国与老挝的产业合作基地,在此基础上形成以国际贸易、储运服务、国际旅游为辅,面向东南亚和南亚市场,具有自由贸易试验区功能的出口加工区。

三、现有境外产业园区发展存在的问题及对策

(一) 存在的问题

由于我国企业,尤其是中小民营企业的对外投资起步较晚,将国内产业园区建设的经验应用到国外也还有待成熟,总体而言仍处于摸索阶段,风险与优势共存。现有境外产业园区存在的发展问题主要体现在以下五个方面。

(1) 海外园区建设受东道国政局和政策变化等的影响,存在较大的系统性投资风险。由于"一带一路"沿线国家的政策环境存在很大差异,投资所在国大多还处在工业化与对外开放的初级阶段,政治和安全格局多变,贸易与投资制度尚未成形,政策与法案的调整过于频繁,土地征收和基础设施等相关领域的保障严重缺失。此外,进行海外园区建设的土地征收费用和各项基础设施建设费用一次性投入较大,前期投入带来的风险也更多。海外园区在招商引资时,时常会面临企业进驻园区又撤资的现象。由于海外工业园区基本都是由开发商主导,在运营时往往不具备相关的素质和经验,因此经常会面临人才缺乏等难题。

(2) 建设经验欠缺,特别是缺乏整体规划以及合理的企业资源配置,带来开发成本偏高、经营形式粗放、配套设施不完善等问题,因此而导致的诸如海外园区面积过大、公共交通不便、物资采购困难等也给我国海外工业园区建设和运营带来诸多挑战。对于发展阶段落后于中国的东道国,其建设理念和发展模式均有待完善和提高,这使得中国企业在投资海外园区时的

基建成本大幅增加,最终可能降低生产效率。在海外园区建设中,交通不便是最为突出的问题之一,既增加了园区和企业的生产运输成本,也加大了企业的招工难度和交通投入。

(3) 我国企业的海外园区运营模式与企业经营特征之间存在匹配难题。由于企业适应海外国际化的水平不同,其生产策略、用工方式、生产产品等差异较大,这导致了有些企业进驻海外园区后又重新撤出。同时,境外工业园区内多以民营企业为主,且主要是资源需求型,真正在制造环节能够配套并产生集聚效应的大型企业较少在国外建立工业园,这使得园区较难发挥应有的产业集聚效应。

(4) 海外园区软实力投资有待加强。目前我国企业的海外投资领域多集中在交通、制造业等方面,品牌建设、高新技术等软实力领域还有待进一步关注。境内对外投资企业应该意识到,建设海外园区不应仅仅是在境外拿地和聚集中国企业,更重要的是要创造中国园区品牌效应,实现资本、技术、人才等诸多方面的软实力输出。就目前海外工业园区的经营状况来看,我国海外园区建设还需要较长时间来实现园区的本地化。以中资企业在泰国的人员招聘和培训为例,由于园区在当地掌握的人才信息渠道较少,很难招收到 IT 人员、高级技工等人才,加上与当地文化沟通不足,导致园区建设受阻现象不断出现。在中缅铁路规划项目中,中国的承建企业对当地环境保护重视不够,同时铁路之类的大型基建项目很难直接大规模惠及沿线百姓,因此无法体现海外园区硬实力和软实力的良好协同。

(5) 部分对外输出产能与一些东道国优势产业高度重合,加剧了竞争激烈程度。根据江苏省海外产业园区对外输出过剩产能的经验,尽管输出的纺织、食品加工等产业符合产业梯度转移和价值选择的基本规律,但也存在进入门槛低、输入国易于模仿等问题,面临与其他对外国的激烈竞争,而东道国日后一旦实现后发崛起,也会对之形成潜在竞争,所有这些都增加了过剩产能输出企业迅速占领东道国行业龙头的难度。

(二) 对策建议

跨国工业园区作为"一带一路"沿线区域间合作的重要载体,不仅可以通过引导高新技术和装备制造领域内有意向的会员企业落户工业园区,加快"一带一路"沿线国家基础设施建设步伐,而且可以作为我国文化输出、带动相关国家和地区发展并进而提升国际形象的重要途径。因此,针对我国目前海外园区的现状及存在的相关问题,需要从顶层设计、文化输出、人才建设等方面着手,为推动海外园区长期、健康可持续发展,提升中国国际形象提供有力保障,具体可以从以下途径着手。

(1)提高海外园区的基础设施建设水平,创建绿色园区效应。中国企业的海外园区建设应坚持"一带一路"倡议所倡导的政策、设施、贸易、资金、民心等互融互通的理念,着眼于长效合作而非短期利益,并通过打造和传播绿色园区理念,保护东道国环境,实现节能化发展。中国企业的海外园区项目多分布在拉美和非洲等发展中国家,应在园区早期规划和开发阶段结合当地特征进行合理安排,获取东道国当地社会和居民的支持。在产城融合的发展趋势下,中国企业在东道国当地交通和制造业部门的投资应注重品牌、科技等软实力领域的拓展。海外园区不仅应成为当地经济增长的助推力,同时产城融合设计理念与建设体系的有机结合,可以更好地改善当地民众的生活水平。可以通过园区企业社会责任联盟的成立来实现当地民众、园区企业的共同参与。努力打造我国海外园区市场中开放包容、创新创优、绿色环保的园区品牌效应。与国际产能合作政策相结合,优化海外园区的产业规模和产业领域。海外园区建设需要对照国家出台的推进国际产能合作的重点领域和区域,找准突破、用足政策,借助国家战略和平台支撑,在更高层面推进海外园区建设层次,并优化海外园区的产业规模和投资领域。同时,要防止单一的国际产业转移,要把过剩产能的去化、传统产能的转移和新型产能的培育结合起来。

(2)促进文化融合,注重园区长期合作。中国企业的海外园区建设不仅仅是投资设厂,而应服务于中国对外开放新格局,促进中国与世界其他国家或地区的合作与发展。在园区"一园两地"模式建设中,文化、交融、建设缺一不可。除传统经济和外交维度外,通过提高我国园区在海外的软实力,实现国家间文化融合,才容易实现我国海外园区建设的长远发展。因此,在开发海外园区时,要注重基础建设与当地文化相结合,更好地实现与当地经济合作相匹配。当前,中国企业在进行海外园区建设时较少对东道国当地的民意进行调查,与当地民众的沟通还很缺乏,导致投资经营行为可能不被本地社会和民众理解。因此,今后中国企业可以在进行海外园区建设之前通过建立民意调查系统,以此了解当地民众的利益诉求并赢得他们的支持。同时,为了强化主题或推行特定政策,可按年度策划具有象征意义的事件和交流项目,重建文明交融之路。通过繁荣文化活动、培训人才计划以及媒体和文化渠道,培育与当地群众的沟通融合,孵化园区长期合作。海外园区要注重把东道国环境及当地资源和市场等要素相结合,增加海外园区与当地之间的联系,深化海外园区在当地的融入程度。逐渐改变海外园区的封闭式运行和"孤岛化"建设模式,更好地与当地的政策、法治、人文环境融合。加大利用当地各类要素资源的力度,包括对当地本土化人才、资源、市场的使用力度,这样既能降低生产成本,也能通过分享收益提升当地认同。此外,海外园区还应当积极谋求产业技术升级,牢牢把握园区企业在当地的技术领先地位,维持园区在产业发展方面的引领作用。

(3) 发挥行业协会的作用,创新运作模式。"一带一路"倡议时空范围广、跨度大,是一项规模宏大的系统工程,不仅需要政府、企业、金融机构和更需要行业组织积极参与。行业组织应当在帮助企业"走出去"、协助边境经贸合作区或跨国产业园区"走出去"等方面发挥积极的作用。首先,要通过健全双边工商合作机制,积极建立多边工商组织合作机制,充分利用各方的智慧和资源,发挥各自的优势,实现多边联动机制,支持企业利用多种方式开展国际合作。其次,行业协会应发挥联络的中介作用,通过举办国际会展、实地考察、建立信息共享平台等方式,为园区"走出去"提供必要的信息支持。最后,还应充分引导社会资金的参与,为跨境园区在海外的基础设施建设、技术创新、人才引进等方面提供充足的资金支持。海外园区"硬平台"应与海外输出"软实力"相结合,加大海外人才培养和技术培训、输出力度。海外园区虽然以工业生产和商贸流通为主,但也需要积极开发其综合能力,发挥其国际化发展的"桥头堡"和"大平台"作用,注重对于人才、技术、标准、观念等软实力的输出承载功能。海外园区应作为与国内外高校、科研院所合作的载体,通过开展人才和技术培训传播国内园区的建设和运营经验,通过维持海外园区的产业领先地位来推进当地工业发展和产业升级。

（4）海外产业园区的格局优化应当符合我国"一带一路"倡议的要求，通过统筹安排同时下好国内国外这盘大棋。当前，作为"一带一路"倡议的重要抓手，可以通过海外产业园区建设形成标志性区域以便发挥国际联动效应。与国内园区结合，形成内外联动、梯级有序的产能合作通道。国内不少产业园区具有坚实的发展基础和成熟的产业链、良好的产业发展环境和完善的园区管理体系。海外产业园区的发展必须与国内既有产业园区的提升优化相结合，通过自身腾挪，积极谋划国内园区的优化发展和能力提升、园区承载的国际化生产与贸易体系，形成更大、更优的国际化产能体系，提升把握全球制造业命脉的能力。要避免简单地把海外产业园区作为国内园区与企业的"新家"，盲目地向外转移资产和单一地去化国内园区产能，从而导致国内园区产业空心化。

（5）积极开展相关研究、进行专门规划和配套政策，提高海外产业园区发展的科学性和规范性。要改变目前对其相关基础研究滞后、薄弱的状况，需高度重视对海外国家地区的全方位深入研究和学术交流等，为科学决策、规避风险、影响当地做好学术和信息储备。在科学研究的基础上，需要系统、专门谋划海外园区发展与建设的总体规划，以及新常态下支持和规范海外园区建设的有关配套政策，推动海外园区规范有序发展与多元主体和多种资本结合，放大和拓展海外产业园区的开发能力与绩效。面向未来，海外产业园区的开发建设必须逐步改变单一民营企业单打独斗的模式，倡导国内跨省、跨所有制多元主体海外合作，并积极吸收国际资本参与和国内外企业入驻，把海外园区建设成为全球化资本合作、企业集聚的平台，这样既有可能避免国内"诸侯经济"造成的园区遍地开花和低效利用的弊病，也可以通过合作共担风险、共享收益。

第四节　上海市对外投资结构与
"一带一路"倡议的对接

在中国提出的"一带一路"倡议中，上海恰好处于内陆与沿海的交汇点，是"一带一路"倡议的桥头堡。作为中国经济发展的龙头城市，上海正在打造全球卓越城市,并着力全面提高城市服务功能。处在"一带一路"重要战略位置的上海承担着政策、设施、贸易、资金和民心等内外联通,并将"一带一路"建设向高质量发展推进的关键任务。

一、近年来上海市对外投资结构现状

根据《"一带一路"投资指数报告》《"一带一路"工程承包指南》和《东盟投资合作指南》提供的数据,上海企业在 2014—2016 年共投资"一带一路"沿线国家项目 246 个,实际投资额达 54.9 亿美元,年均增长近 1.6 倍;承接重大工程 3 019 个,累计合同额达 217 亿美元,年均增长 9.4%。2018 年 1 月,上海共备案对外直接投资项目 78 个,对外直接投资中的中方投资额达 10.17 亿美元,同比增长 1 044.1%。就对外投资企业的所有制结构来看,上海对外直接投资企业中民营企业为 53 家,中方投资额为 7.2 亿美元,占比分别为 67.9% 和 70.3%,远高于对外投资的国有企业家数和投资额。上海市国有企业对外投资家数为 14 家,中方投资额为 2.3 亿美元,占比分别为17.9% 和 23%。从对外投资方式结构来看,新设企业数量最多,为 46 家,上海企业投资金额为 5 亿美元。对外实施并购的企业为 20 家,投资额为 1.6 亿美元。实现增资的企业数量为 12 家,投资额为 3.5 亿美元。

在投资目的地结构方面,亚洲是上海企业在 2018 年 1 月的主要投资地,投资额达 5.3 亿美元,占比 51.9%;第二为南美洲,上海在南美洲的投资额为 2.6 亿美元,占比 25.4%;第三是欧洲,投资额为 1.2 亿美元,占比 11.8%;投资额占第四位的是北美,投资金额达 1 亿美元,占比 10%。上海在亚洲的投资主要集中在东南亚和南亚地区,其中新加坡、印度、马来西亚分别占据前三名,2016 年分别吸引上海企业 8.16 亿美元、5.05 亿美元和 3.52 亿美元投资额。

在对外投资的产业分布上,制造业备受上海企业青睐,2016 年度投资额达到 5.68 亿美元,占总投资额的 28%。"一带一路"沿线国家成为上海开展国际产能和装备制造合作的集中地。上海企业在装备制造、电力能源等"一带一路"重点合作产业上具备强大优势。在国际产能合作与"一带一路"倡议提出后,以钢铁、有色、建材、铁路、电力、化工、轻纺、汽车、通信、工程机械、航空航天、船舶和海洋工程为代表的产业成为国家推动"走出去"的重点。而上海在上述多数产业中均具有比较发展优势。"一带一路"倡议为上海企业深化装备与产能"走出去",强化上海企业的相关行业在全球价值链上的地位提供了机遇。

二、上海市对"一带一路"沿线国家的投资战略及结构分析

2017年10月,上海市根据习近平总书记的要求,出台了《上海服务国家"一带一路"建设发挥桥头堡作用行动方案》,对上海在"一带一路"中的功能定位、实施路径和原则进行了明确,是贯彻实施习总书记要求,将上海建设成为服务"一带一路"倡议的桥头堡的行动纲领。2018年1—6月期间,上海对"一带一路"沿线国家的非金融类直接投资中方备案额为17.9亿美元,占全市总额的29.2%。在"一带一路"沿线国家新签对外承包工程合同额达46.9亿美元,同比增长188.97%,占全市总额的74.82%;完成营业额的18.48亿美元,占全市总额的66.06%。

表6.1梳理了上海有能力向"一带一路"沿线国家转移或输出的优势产业、代表性园区、龙头企业以及有可能接收这些产业的沿线战略性支点城市。上海市推进实施的海外合作产业园区建设方式主要有两种:一是以园区为主体,即国内园区开发经营公司在国外开发建立综合的独立园区,将国内的开发招商经验在国外复制推广;二是以企业为主体,即国内企业在国外自建自用园区以主要满足企业自身扩张发展的需要。

表6.1所示的海外园区建设与投资既包含园区的选择,也包括对园区内企业的选择,从而显示了上海企业对外投资的模式和产业结构。确定以上对外投资结构的主要依据是,这些园区已有在上海以外的其他省份进行园区共建合作的经验。这一经验表明:第一,该园区具有产业输出的需求、意愿与实力;第二,它们已经在投资共建、利益共享机制等方面进行了探索,积累了经验,更有可能在"走出去"中取得成功。在园区中选择企业的主要依据是,该企业已经在"一带一路"沿线国家或者海外进行市场布局,表明其有能力将开发、建设、运营和管理体制机制进行品牌输出。在投资目的地方面,

表 6.1　上海"园区出海"与"一带一路"支点城市的产业对接

输出产业		转移方	条件基础	接收方	条件基础
传统机械制造与加工	园区主体	上海嘉定工业区	与江苏盐城建湖县共建湖科技工业园	斯里兰卡科伦坡	(1) 斯里兰卡的经济发展水平落后于中国，劳动密集与中等技术产业的就业量占比也低于中国，可以考虑向其转移此类产业； (2) 作为南亚最深的集装箱码头，科伦坡南港码头适合传统重型工业的原料运输和产品集散，是中国和斯里兰卡共建"21世纪海上丝绸之路"务实对接标杆性项目； (3) 中国正在投资建设科伦坡港口城，该项目为中资企业入驻科伦坡港提供住宅等配套设施
		上海西郊工业园	全额出资建设江苏东台工业园		
		上海川沙功能区	与安徽滁州南谯工业园共建南谯川沙工业园		
	园区主体	上海南汇工业园	出资 3 000 万元建设南汇江苏响水工业园	蒙古乌兰巴托	(1) 山羊绒、羊毛等重要产地，具有原材料成本优势； (2) 产品初加工，轻工业是其主要产业，其中大部分产品销往中国
		上海奉贤南桥镇光明工业园	与安徽合山县铜闸镇共建上安铜由工业园		
纺织服装业	企业主体	上海纺织(集团)有限公司	(1) "1 + 5"推进国际化，"一条通路"——纺织产业"走出去"，"五个基地"——建立海外原料基地、海外制造基地、海外供应配送基地、销售基地和创新设计集成基地； (2) 以轻资产方式在孟加拉建国设纺织厂；	孟加拉国吉大港	(1) 服装业年均工资水平 1 400 美元(是中国的 1/3)，纺织业工资 1 300 美元(是中国的 1/4)，在"一带一路"沿线国家中排名靠后，劳动力成本低廉； (2) 上海纺织在当地建立一批低成本制造基地，形成了每年百万件(套)服装加工能力和十万件(套)检品能力

（续表）

输出产业	转移方		条件基础	接收方	条件基础
	园区主体		(3) 在美国、欧洲建立了10余家海外公司； (4) 在中国和欧洲建立起高端服装服饰设计基地； (5) 发展在非洲港口城市的货运、物流中心和交易市场	哈萨克斯坦曼吉斯套州	(1) 具有丰富的石油、天然气、采矿、煤炭等矿产资源； (2) 化学工业基础极为薄弱，发展缓慢，上海传统石化类企业在该地区发展空间广阔
石油化工与精细化工产业	园区主体	上海金山第二工业园区	该园区计划分阶段将有色金属、印染以及四大工艺（锻造、铸造、电镀及热处理）等行业转出或承接	塔吉克斯坦苏格特州苦盏市	(1) 拥有巨量的石油和天然气资源，但只象征性地进行了开采； (2) 该市是苏联时期的老工业基地，民众受教育程度较高； (3) 中国已在其附近启动高速公路和新城建设项目，能够为中资化工企业入驻提供相应的生产加工、物流仓储、国际商贸等专业服务
	企业主体	上海高桥石化	上海市政府一直要求高桥石化离高桥港、腾出部分用地 2016年在泰国签约的项目投资金额高达3亿美元，下一步将继续沿着"一带一路"倡议，寻找新的战略投资机会		
		华谊精工有限公司			
新能源汽车及零部件、新光源和新能源装备制造	园区主体	上海漕河泾开发区	与江苏盐城共建上海漕河泾新兴技术开发区盐城工业园	乌兹别克斯坦吉扎克	(1) 该地气候干燥、日照时间长、太阳能资源丰富； (2) 已经建有中资太阳能热水器生产厂，具备太阳光热能源开发的产业基础
	企业主体	上海嘉定汽车产业园	与江苏共建嘉定亭湖工业园		

（续表）

输出产业	转移方	条 件 基 础	接收方	条 件 基 础
	企业主体	上汽集团	（1）新设国际业务部，进一步强化总部对于海外业务的管理职能，统筹协调海外品牌战略和全球型谱； （2）加强战略规划，明确海外经营整车出口、KD代工和海外生产基地"分步走"的业务模式； （3）不断加快海外经营人才队伍建设，支撑公司海外经营； （4）加快海外市场布局，2013年借助中国上海自贸区平台，成立了上海汽车国际商贸有限公司； （5）是国内少数掌握新能源汽车核心技术的企业，成立环球车享汽车租赁有限公司，并向海外拓展业务		
新材料产业	园区主体	上海市工业综合开发区	与江苏滨海共建上海滨海工业园	沙特阿拉伯利雅得	石油化工（聚乙烯、聚丙烯及其他高端热塑性产品、乙二醇、甲醇等）基础雄厚，为新材料等精细及专用化学产品生产提供原料基础

（续表）

输出产业		转移方	条件基础	接收方	条件基础
	园区主体	上海外高桥保税区	与江苏启东滨海工业园共建上海外高桥（启东）产业园	柬埔寨西哈努克港	（1）在西港经济特区带动下，五金机械、轻工家电等产业已经初具规模； （2）作为大湄公河高校培养留学人才基地，本地劳动力的语言（中英文）基础，管理操作技能水平普遍较高； （3）西港新区"五通一平"——平整土地，修建道路，拉接电网，布排污水管，建设污水处理设施等，为园区、企业解决后顾之忧
		杨浦区高新技术产业孵化园	与江苏海安共建上海杨浦（海安）工业园		
高端装备、电气设备制造业	企业主体	上海电气集团	（1）上海电气和意大利安萨尔多公司签署协议，出资4亿欧元参股后者40%股权，成为我国第二家掌握重型燃气轮机制造核心技术的公司，这次采购可把该公司与世界先进水平的差距缩短30年； （2）探索合资建立区域共享服务中心，推动做强总部的理念	俄罗斯莫斯科	（1）现有的航天、通信、核工业等核心技术能够为高端装备制造提供技术支持； （2）该市已同中关村、清华科技园等开展科生产方面的合作

（续表）

输出产业	转移方	条 件 基 础	接收方	条 件 基 础
	上海仪电（集团）有限公司	（1）上海仪电已在国内"一带一路"主要城市（新疆喀什、湖南株洲、云南玉溪等）建立智慧城市试点；（2）开始积极探索PPP，与当地政府成立合资公司，联合体招投标等境外市场开拓方式		
计算机软件、电子信息、动漫及衍生品	园区主体：上海徐汇国家级软件基地	与安徽马鞍山花山经济开发区共建上海徐汇（国家级）软件基地马鞍山软件园	马来西亚吉隆坡	（1）该市通过"多媒体超级走廊"计划大举开放通信市场、网上资讯服务、电子商务、数码广播科技；（2）中国已与马来西亚签署高铁领域合作备忘录，对电源模块信号、控制、监控、嵌入式系统、通信传输与管理等软硬件都含有强劲需求
	企业主体：各类高校科技创新型企业	例如复旦远达科技发展有限公司在江苏海门建立远达科技创业园，主要从事电子信息科技成果产业化		
通信、电子设备制造业	园区主体：上海闵行莘庄工业园区	与江苏共建盐都工业园	菲律宾马尼拉	声音的录制和重放设备、电视、电机设备及其零件是其对中国的主要出口产品

（续表）

输出产业	转移方		条件基础	接收方	条件基础
现代服务业、服务外包、文化旅游休闲度假、智慧城市	园区主体	上海金山加工出口区	与浙江共建国际化生态智慧型科技新城	老挝万象	（1）中老万象赛色塔综合开发区正试图打造以地产开发、商贸、物流仓储等服务业为支撑的现代化综合开发区；（2）塔銮湖经济特区和磨丁经济特区均为著名的文化中心、度假中心、旅游景区，目前已经有中资地产开发企业入驻
		上海张江高新技术产业开发区	与浙江平湖共建张江平湖科技园	老挝波乔省	适宜发展特色生态农业，大金三角白金旅游业
	企业主体	上海实业集团	该企业已投资俄罗斯圣彼得堡波罗的海经济贸易合作区，以房地产开发为主、建成宾馆、商贸、办公、餐饮、文化、教育和休闲等设施		
物流服务业	企业主体	中国远洋海运集团	（1）积极在"一带一路"沿线国家谋篇布局，大力拓展海外相关产业，目前已形成全球化经营体系，重要支持保障网络覆盖全球；（2）中国远洋海运不仅在欧洲、香港地区、东南亚、西亚、非洲、北美、南美开设了七大控股公司，在全球100多个国家和地区设立了400多个营销网点，构成了对"一带一路"倡议的强力支撑	荷兰鹿特丹、新加坡、希腊雅典、牙买加金斯顿	（1）中国远洋海运集团已在这些城市进行油轮码头、汽车码头、集装箱码头、物流园区等方面的投资；（2）大力拓展码头、仓储、堆场等综合物流业务

（续表）

输出产业	转移方	条件基础	接收方	条件基础
基础设施建设与服务产业（企业主体）	上海建工集团	(1) 上海建工在中亚及东南亚等"一带一路"沿线地区参与一些近期或者中长期即将启动的大型项目，尤以基础设施为主；(2) 已经形成柬埔寨、特多、厄瓜多尔、斯里兰卡、蒙古等多个相对稳定的根据地市场	印度尼西亚中苏拉威西省	(1) 有色金属矿产资源丰富；(2) 青山钢铁厂、广新集团、二十冶、中冶华天、阳光设计院等中资企业已计划在该省布点，为发展基础设施建设项目提供配套性服务与支持
	宝钢集团	基础设施建设离不开钢铁供应，宝钢所属的湛江钢铁毗邻"海上丝绸之路"的起点，八一钢铁地处丝绸之路经济带腹中的新疆，辐射中亚诸多不发达国家的优势无与伦比	蒙古国赛音山达州	(1) 焦炭、铜、黄金、铁矿石等资源丰富；(2) 洗煤、炼焦、炼铜、炼钢、炼油等矿产资源加工以及生产建筑材料等是该地主要产业
			缅甸孟邦	(1) 该邦邻近的仰光、曼德勒和内比都是缅甸经济发达地区，城镇化步伐加快，居民房屋建设项目增长之下市场对建筑材料的需求不断增长；(2) 孟邦的毛淡棉地区已经吸引泰国投资方兴建水泥厂，建筑材料市场潜能较大
生物医药、纳米技术应用和云计算等高新技术（园区主体）	上海张江高新技术产业开发区	(1) 张江已与欧盟、东盟以及金砖国家构建起稳定的关系，促成了一批项目落地；(2) 类似上海张江波士顿境外科技园区的模式，有望在"一带一路"沿线国家直接建立境外科技园区种进一步复制	印度古吉拉特邦	(1) 《中印两国联合声明》宣布建设印度中资工业园，表明该邦对中资持欢迎态度；(2) 经济发展水平较高，经济增长速度远快于印度全国增长水平，邦政府专门有完善的税收优惠政策、招商引资政策以及配套政策；(3) 城镇化率、教育普及程度和城市化水平均为印度国内最高，基础设施非常完备

（续表）

输出产业	转移方	条 件 基 础	接收方	条 件 基 础
			白俄罗斯明斯克	（1）拥有白俄罗斯最大的制药企业鲍里索夫市医药制剂厂； （2）化学和石油工业占经济总量的 40.6%，有发展医药、纳米材料的中间材料基础； （3）每年定期举办白俄罗斯明斯克医药药展，重点展出先进医药产品、实验室和诊断设备

投资接收者的选择依据包括资源环境基础、产业基础、要素禀赋与成本、经济教育水平、是否与中资企业或园区有过先期合作、产业配套服务、当地政府政策以及对中国投资者的态度等。

三、上海市在"一带一路"沿线国家投资结构的优化方向与策略

作为中国对外投资合作的标杆城市,上海将引领新形势下中国对外投资合作水平的升级,这主要体现在上海企业对外投资合作决策与管理能力的提高,以及上海政府对企业对外投资合作服务与引导能力的提高两个方面。如表 6.1 所示,上海"一带一路"沿线投资合作主要集中在东南亚与南亚,对外投资方式以国际产能合作为主,因此,上海企业应当充分借助政府与第三方专业机构的服务与支持,关注"一带一路"沿线高端装备制造、信息技术等战略性新兴产业的投资合作机会,提高对外投资合作项目的综合管理能力,降低潜在的项目风险。上海企业在"一带一路"沿线国家的未来布局应坚持市场为导向,不能盲目跟风,注意国内产能供给要与目标地的产能需求、发展计划相对接,重视评估东道国的基础设施、营商环境、投资获利空间等各个维度的综合指标。

在政策方面,上海在加强"一带一路"沿线国家投资时应当着重考虑以下方面。

（1）在财政金融政策方面。上海市政府可以为符合上海对外投资总体思路和发展目标的企业进行一定额度的贷款贴息或建立鼓励对外投资合作工作专项发展基金;在税收上,增强对企业的国际税收辅导以避免重复征税发生,实行必要的税收减免和重点行业税收优惠政策等,做到对国有企业和民营企业在税收上一视同仁;在融资政策上,金融机构,特别是政策性银行应降低对外投资企业的信贷门槛并增加贷款额度,还应建立对外投资合作保险制度来帮助对外投资合作企业规避风险;在外汇政策方面,借助自贸区扩充新片区这一优势,通过外汇管理创新解决企业对外投资在外汇管理上的障碍。

（2）尝试建设综合性一站式服务平台并设立境内和境外分支机构,为上

海的对外投资企业提供覆盖境内外全流程境外公益性境外投资服务。积极整合各部门、各行业的政策资源,做好行业指导、投资促进、人才培训、风险防范等综合性服务和企业个性化定制化服务。推动企业诚信体系和上海企业对外投资合作信用数据库建设,在加强对"一带一路"沿线国家风险评估的基础上,实施对沿线国家及企业征信体系的评估。

(3) 推动上海企业与海外国家文化互信关系的建立。应基于海外国家对"一带一路"倡议等中国对外投资合作战略的认知度和友好度,为上海企业提供对外投资合作时的国家/地区排列顺序;充分利用中国海外使领馆及相关机构帮助上海企业与当地社会深度融合,增强东道国对上海企业的认同和信任等。

第七章

发达国家对外国投资限制及对
中国全球价值链布局的影响

在经历了为发达国家企业代工的一段时期后,中国企业开始谋求更高阶段的发展。Cho & Lee(2003)的研究表明,发展中国家企业可以通过接受 OEM 嵌入全球价值链,并通过 OEM 消化吸收国外先进技术,融入全球市场并发展壮大。具备了生产条件和技术优势的后发企业开始尝试向价值链高端攀升,逐渐由 OEM 向 ODM 演变。Mathews(2002)、Dutrénit(2004)和 Hobday(2005)进一步指出,随着生产技术的不断改善,一些企业开始增加研发投资以接近技术前沿,并为加快这一进程而进行跨区域并购。这恰好解释了近年来中国企业为了实现产业升级和经济结构转型所需的行业领先技术,对欧美等发达国家的高技术企业加大并购力度这一现象。根据中国商务部发布的《2016 年度中国对外直接投资统计公报》,2016 年中国企业在欧美等发达国家的投资金额达 368.4 亿美元,比 2015 年增加了 94%,几乎翻了一番。其中在欧盟国家的直接投资金额达 99.94 亿美元,较 2015 年增长了 82.4%,占所有在欧盟直接投资的 1.8%。德国是中资企业在欧盟地区投资的首选,2016 年流量达 23.81 亿美元,是上年同期的 5.8 倍,占对欧盟投资流量的 23.8%,主要投向制造业、租赁和商务服务业、科学研究和技术服务业等行业。2016 年中国企业在美国的投资金额为 169.81 亿美元,是 2015 年中国企业在美国投资金额的 2.1 倍,为中国对美国直接投资的最高水平。中资企业对美国的直接投资主要分布在制造、交通运输和仓储、软件和信息技术服务、房地产、文化娱乐等领域。

由于中资企业对欧美国家的制造业、高端服务业企业的并购大多基于其高技术和高附加值等特征,因此不可避免地引发了这些企业所在国的担忧,纷纷对中资企业在本国的并购行为加以限制。中国企业针对发达国家的高技术企业发起的并购能够有效提升中国产业的全球价值链高端环节的布局,并加快中国经济转型和产业升级的速度。而发达国家对此采取的遏制策略则会有损或妨碍该战略的实施。本章将梳理和总结美国、德国、英国等发达国家在针对外国直接投资上的监管实践,并将近年来中资企业并购行为在相关国家遭遇的限制作为案例加以分析,探究中资企业的海外并购行为遭到限制的原因,研究相关对策,确保通过并购技术水平在全球领先的企业来高效实现产业价值链攀升。

第一节　发达国家对外国投资限制的法律与政策

一、美国对外国投资监管机构设置与相关法律法规

美国针对外国企业在美直接投资设立的监管机构为美国外资投资委员会(The Committee on Foreign Investment in the United States,CFIUS)。该机构作为美国联邦政府委员会,其固定机构由财政部、司法部、国土安全部、商务部、国防部、国务院、能源部、美国贸易代表办公室和科技政策办公室这九个联邦政府部门与办公室构成。由上述部门构成可见,CFIUS并非是一个单纯的经济管理部门,而是包含了政治、法律、国家安全部门等在内的综合性监管机构,这就使得CFIUS对外国投资行为的监管可以从多角度加以考量。另外,经济顾问委员会、管理与预算办公室、国家安全委员会等机构也可以作为观察员在适当时候对CFIUS的事务进行参与。

CFIUS的权力和管辖范围由1950年颁布的《国防生产法案》(*The Defense Production Act of 1950*)和2007年颁布的《外商投资与国家安全法案》(*The Foreign Investment and National Security Act of 2007*)赋予,其主要职责是对可能会导致外国人控制美国行业或企业的交易加以监管,重

点关注相关外国投资是否会影响美国国家安全。由于对外国直接投资是否实施了控制或影响国家安全通常出于主观判断,加上 CFIUS 对外资的审查标准和决策过程也并不清晰透明,因此容易引起较大争议和国际贸易摩擦。

自 20 世纪 80 年代创建以来,CFIUS 在早期并没有经常性地发挥监管作用,其初试锋芒是在 1987 年日本富士通公司计划收购美国仙童半导体公司之时。美国政府对这一并购案持否定态度,为了赋予总统在明确获知外国企业的并购行为会影响国家安全时有权组织或撤销外国企业并购的权力,美国国会于 1988 年通过了《埃克森-弗洛里奥修正案》(*Exon-Florio Amendment*)。作为该项法案的执行机构,CFIUS 终止了富士通公司的收购。CFIUS 第二次对并购行使否决权是在 1990 年,当中国航空技术进出口总公司试图收购美国西雅图航空零部件制造企业曼口公司时。2006 年,当迪拜港口试图收购半岛东方轮船公司时,美国国会通过了《国家安全外国投资改革和加强透明度法案》(*National Security Foreign Investment Reform and Strengthened Transparency Act*),加强并扩大了 CFIUS 的审查程序,将关键基础设施和外国政府涉入的收购添加为审查因素。2007 年又出台了该法案的修正案,规定凡是涉及外国政府控制或重要基础设施的交易都必须接受审查。

2007 年 7 月 26 日,为了进一步加强美国对涉及国家安全的外国企业并购行为的审查与限制,同时实现对外资开放和维护国家安全之间的平衡,时任美国总统布什授权通过了《外商投资与国家安全法案》(*Foreign Investment and National Security Act of 2007*,FINSA),并于当年 10 月 24 日起正式生效。这一法案对与外资并购相关的国家安全问题做了全新解释,并尝试对在美国进行直接投资的外资企业予以全面审查和监控。以此为依据,CFIUS 得以对"1988 年 8 月 23 日之后提议或待决的,可能导致外国人控制美国商业的任何交易"进行审查。自此,所有由外资控制,并可能威胁美国国家安全问题的交易都将被作为"受辖交易"而接受审查。2008 年 12 月 22 日,美国财政部又颁发《关于外国人合并、收购和接管规定》以配合 FINSA 的实施,这一细则对外资并购在国家安全方面的原则、范围、标准和程序等进行了规定,并在审查制度的企业实体和程序规定上都更加明确。

　　根据 FINSA 提供的具体审查对象内容,CFIUS 可以将所有受辖交易作为审查对象。也就是说,任何可能导致外国人实现对美国企业的控制的交易都在其审查范围内,而这里的"外国人"可以是任何外国国民、政府或其他实体,也可以是任何受控于外国国民、政府或外国实体的实体。这里对"控制"的界定也相对宽泛,只要该投资行为通过在董事会占有席位、代理投票权、拥有各类正式或非正式的安排等方式获得有关公司重要事项的决定权,都可以被认定为对美国企业形成了控制。CFIUS 也未对这里提到的重要事项作出明确界定。这些重大事项可以是但不仅限于企业的财产处理、日常运营规划、企业合同处置、企业存续及相关章程的修改。

　　在审查程序方面,根据 FINSA 的规定,审查程序可以由总统或 CFIUS 成员启动,也可由参与交易的任意一方在交易进行之前自愿向 CFIUS 提交书面通知主动申请。整个程序可以分为日常审查、调查和总统裁决三个阶段。其中,日常审查期限为 30 天。如果 CFIUS 认定该被审查交易不属于受辖交易,则将签发"不予行动"决定,调查程序终止,准予交易继续。如果日常审查认定交易属于受辖交易,则进入自日常审查结束后起为期 45 天的调查期。在此期间,交易方可以与 CFIUS 协商并在其监督下采取措施,缓和已有或潜在的威胁美国国家安全的情形。如果在调查期结束后,CFIUS 内部仍无法就该交易达成一致意见,可向总统提请阻止交易,最终决定将由总统在 15 天内作出。

　　随着特朗普政府施行贸易保护主义,四处挑起贸易争端,FINSA 对外国投资的审查在 2018 年 8 月进一步得到了强化。2017 年 11 月 8 日,得克萨斯州共和党参议员约翰·科宁(John Cornyn)和加利福尼亚州民主党参议员黛安·费恩斯坦(Dianne Feinstein)提出了比 FINSA 更为严格的《外国投资风险审查现代化法案》(*Foreign Investment Risk Review Modernization Act*,FIRRMA),该法案已于 2018 年 8 月完成立法程序,并在参众两院的强力支持下获得通过,被纳入《国防授权法案》。与 FINSA 相比较,FIRRMA 的主要内容包括:第一,针对外国投资者的安全审查范围大幅扩大。这主要体现在外国投资者控制权的股权变化需接受审查、要维持和增强美国技术的领先优势、增加"特别关注国家"概念这三个方面。第二,在安全考量方面特别重视"特别关注国家"行为、涉及网络安全漏洞和美国供应链安全情况的交易等。第三,从简化申请程序、增加日常审查时间、提高决策透明度等方面完善安全审查流程。第四,增加对机构和总统采取额外行动应对国家安全威胁的授权,并减少司法审查的影响。第五,继续对外国国有资本的审查,既要求证实该外国政府与美国的外交策略的一致性,还要求外国强调投资者提交其在本国军队及政府部门服务的历史信息,并接受审查通过后的持续跟踪,如每年检查安全协议执行情况。据预测,该法案若通过即意味着外资对美国企业的并购难度将进一步加大。

二、德国对外国直接投资监管的法律法规

自 1949 年后,联邦德国将实行社会市场经济作为制定国家经济政策的指导原则,实施由国家调节的资本主义市场经济。以此为指导,联邦德国颁布的大量经济法规在调节管理国家经济方面取得了卓越成就,联邦德国也因此成为战后经济发展最快的国家之一。正是在这个时期,联邦德国出台了在该国外贸管理中起关键作用的《对外经济法》及《对外经济条例》。

德国的《对外经济法》共有四章,52 条。与美国成立 CFIUS 是以保护国家安全为目的不同,德国《对外经济法》的第一条就明确了"对外经济是自由的"这一根本原则,而该法的主要内容则是为保留德国政府在这一原则下实施干预提供依据。《对外经济法》规定,在出现以下情形时,国家有权力加以干预:第一,为保证国家间协议所订立的义务的履行;第二,当有国外货币和资本带有敌意进入德国并将对德国经济产生不良影响时;第三,为防止外国采取不符合自由贸易原则的政策带来的影响;第四,为防止外国采取给德国的国家安全和外交利益,以及世界和平带来不良影响的政策。除此之外,德国还可以出于保护国内经济和国内利益、维护长期的国际收支平衡、保持本国货币稳定、防止生活必需品供应受冲击等目的,而对与国外的商品服务贸易、资本往来进行限制或调查。而且,德国在一般情况下不会使用这些限制性权力。

《对外经济法》针对对外贸易进行管理时,采取的手段主要包括进口清单和出口清单。作为《对外经济法》的附件,进口清单内容的确定与修改依

据来自德国政府和欧盟,在《联邦公报》上定期向社会大众公布。进口清单的作用是列出所有可能的进口商品种类及对其的管理措施,如该商品的进口是否需要审批或申请进口许可证。进口清单中98%的商品在进口时并不需要审批,而对于需要审批的商品管理办法有以下几种:第一,配额制。主要包括"先来先得"制、按申请额度占总额度比例配额制、老客户优先制、按申请企业数量分配制、出口许可证制等。第二,被动式加工进口制,即出口国从德国进口原材料或中间品,再将加工后的最终品或中间品销售给德国。对于此类商品,德国按照本国所产同类商品的一定比例准许进口。第三,主动式加工进口制。按照《对外经济条例》第33条的规定,如果某种本需审批的进口商品经过加工后以再再出口为目的,那么这些商品就无需审批。第四,按照《对外经济条例》第32条和第33条的规定,运往自由港和海关仓库的商品无需审批,但是军事武器设备、军民两用品和专利等出口则仍然受到出口管制。

　　德国政府于2008年8月20日通过了《对外经济法》及《对外经济条例》第13次修改案草案,其目的是对外资企业并购德国企业的行为进行限制。导致德国做出这一政策调整的直接诱因是,中国外汇投资公司于2007年5月斥资30亿美元认购了世界排名第一的美国私募基金公司黑石集团的1.01亿普通股,中国外汇投资公司是以国家外汇储备投入作为资本金成立的公司,具有中国政府背景。这一收购案使得德国社会担心,本国关键性行业可能会通过投资而被外国国家基金控制,最终不利于本国利益,因此便开启了对《对外经济法》及《对外经济条例》的第13次修改。

　　根据对相关法案的修正,当外国投资者收购德国企业的股份达到或超过25%时,德国联邦经济与技术部便可以对之加以审查。这里的外国投资者包括所有欧盟和欧洲自由贸易联盟以外的投资者,包括该外国企业在欧盟或EFTA内的分支机构。而且,该法案修正案还对达到或超过25%的股权进行了规定,该股权不仅包括外国投资者直接收购的股权,同时也包括其通过子公司等间接控制的股权。德国联邦经济与技术部的审查权有效期为收购合同订立日起或收购要约公开日起的三个月。德国联邦经济与技术部会要求被审查企业提供相关收购资料,并在联邦司法部公报上予以公示。

自企业递交完材料之日起两个月内,如果联邦经济与技术部认定该收购项目确实对国家安全存在威胁,则可在得到联邦政府同意后予以实施干预。对于已经完成的收购项目,联邦经济与技术部可以采取以下两种措施加以干预:禁止或限制收购者在企业中行使股东表决权,以免其对被收购企业实施重大影响;直接取消已完成的收购,并委托资产管理公司将被收购企业恢复到收购前状态。

该修改案在德国政府内阁获得通过后引起了较大争议,尤其是德国企业界,如德国最重要的两个商业协会——德国工业联合会和德国工商总会对此持强烈反对的态度,认为此举阻碍了外资进入德国,且该修改案并未明确标示什么是危害国家安全的标准,因而可能会被滥用或者将经济行为政治化。对此,德国联邦经济与技术部的回应称,此次修改案的上述内容仅仅是预防性规定,并不会轻易动用或成为监管常态。而且,该修改案并未在收购审批程序和收购者申报义务上增加额外规定,评判收购项目是否会危害国家安全的标准严格受欧盟法律和欧洲法院判决的约束。因此,联邦经济与技术部认为这一修正案并不会影响德国对外开放的投资环境。

随着欧盟内部一体化进程的推进,德国政府的部分对外经贸管理权已逐步转移到欧盟委员会及其下设机构。作为成员国,德国需要将欧盟的有关对外经济法规以国内法的形式具体化并实施。因此,除了上述对《对外经济法》所做的修订外,一些在欧盟已获通过的涉外经济法律也可以在德国发生法律效力,即便这些法律没有经过德国国内法重申。所以在德国投资的外国投资者需要遵守德国的《对外经济法》和欧盟国家对外经济法规。目前,德国针对外国投资者投资行为所做的限制有以下几个方面。

首先,根据《和平利用核能及核能风险保护法》和《战争武器控制法》的相关规定,建设和经营核电站和核垃圾处理项目、军事国防工业军事产品的产销、进出口运输等都不允许外资投资者进入,或者其进入需经联邦政府批准。更有甚者,政府主管部门有权撤销外资投资者之前获得过的批准证书。其次,按照德国《信贷法》第 32 条和《保险法》第 5 条的规定,在收购银行、保险公司和金融服务公司或持有此类企业 10% 以上的股本时,外国投资者需要向社会发出通告并向联邦金融服务监管局报批。再次,按照德国《电力和煤气供应法》第 3 条、《电信法》第 6 条第 1 款,能源供应、通信和交通、自然资源开发、经纪人、建筑等行业的资产转让需经政府主管部门批准,如果资产收购者不具备可靠的专业人才或技术,可以予以拒绝。然而这一限制只适用于上述行业的资产转让,股权转让则不在此列。上述行业的企业主变更营业执照持有人时也需要向主管部门报批。最后,德国对非欧盟国家建筑业企业的注册、招标、人员招聘等方面规定,建筑行业的工商会和经济促进公司可能通不过初审,并设置语言、技能方面的考试来限制劳务输入。而如果该建筑项目涉及军事、科研等国家机密,那么将严格限制外国投资者参与。

即便获准进入德国市场,外国投资者在个别行业的经营上也会受到一定程度的限制。以金融业为例,欧盟以外国家的银行在包括德国在内的欧盟各国范围内经营时不具备法人资格,因而不能像欧盟国家的银行那样持有单一银行执照即可在其他欧盟成员国经营业务。德国自 2014 年 1 月 1 日起不再适用《德国银行法》第 13 条,而用欧盟新法规《资本金要求条例》第 391 条和第 395 条取而代之。该新法规按照投资者来源国对业务规模进行了限定,只有来自被纳入德国联邦金融服务监管局 T028 号文件的国家的外国投资者才能将资产业务规模做到 100%,或资产规模限制在 15 亿欧元以内。对于未列入 T028 号文件目录的国家,如中资银行分支机构的资产规模只能做到 25%,这就在很大程度上限制了中资银行的业务空间。此外,《德国银行法》第 33 条还规定,非欧盟国家银行在德国设立的分支机构需要有足够的自有资本金才能获得营业许可。但是《德国银行法》第 53 条第 1 款第 2 项又提到,联邦财政部有权授予欧盟以外第三国银行在德国的分行全部或部分享受第 53 条对欧盟国家银行在德国分支机构的规定。目前只有美国、日本、加拿大、澳大利亚等国的银行被获准在德国享受该条款。

德国对本国就业市场实施严格保护,这也会限制某些行业赴德国投资的企业的经营活动。根据德国劳工法和就业条例,欧盟以外国家来德从业人员需要接受审查,其流程是:用人企业先报劳动主管部门,主管部门优先考虑德国或其他欧盟国家人员,并在媒体上发布广告,直到无人应聘后才允许考虑非欧盟国家人员应聘。如果赴德投资的非欧盟国家的企业想要招聘某些特殊专业技术人员，德国国内无法满足其需求但从本国招聘的人员又无法通过考核认证，其经营活动就会受到限制。

外国企业在德国投资军民两用物品时可能会遭遇由联邦经济与出口管制局负责实施的出口方面的限制。联邦经济与出口管制局归口于联邦经济与能源部，将根据《对外经济条例》规定的 C 类两用商品清单进行审查，并根据需要对该商品清单进行调整。2015 年 7 月，德国经济与能源部对 C 类两用商品清单做了第四次修改，增加了对出口电话监控系统和数据存储的全国性许可要求。外国企业在德国投资军民两用品时，需要详细了解相关产品的出口管制措施及更新状况。对于中国企业而言，德国的高新技术产业和先进制造业经常是它们的投资标的，因此尤其要了解产品性质和最新 C 类两用商品清单。

三、英国对外国投资监管机构设置与相关法律法规

贝克·麦坚时国际律师事务所与荣鼎咨询公司联合发布的研究报告显示，2018 年上半年，英国是中国在欧洲投资中总金额排名第二的国家。作为全球最开放的发达经济体之一，英国对外国投资持有较宽容的态度，且没有设立针对外国投资的审查机构。在英国退出欧盟前，该职能归口于英国的竞争监管机构和欧盟委员会。

英国对外国投资的审查对象主要是与公共利益有关的并购交易，这里的公共利益包括：①公共利益并购交易，这类交易与公共利益直接相关，并接受英国并购管制；②特殊公共利益并购交易，这类交易与公共利益有一定关系，但尚不需要一般并购审查管辖的介入；③满足《欧共体并购条例》第 21 条第 4 款并购管辖门槛的并购交易，但会对英国的合法利益产生影响；④该并购交易达到了《欧洲联盟运作条约》第 346 条并购的管辖门槛，但对英国国家安全有潜在的影响。

英国针对并购项目发起审查的依据包括《2002 年企业法》《欧共体并购条例》和《欧洲联盟运作条约》等①。根据上述法律法规，英国可以在以下情

---

① 英国脱欧后，其对并购项目的审查会发生怎样的变化还不明朗。

形对并购项目发起审查：①根据 2002 年《企业法》，如果并购企业在英国上一财政年度营业额超过 7 000 万英镑，或在完成此并购交易后，某一特定商品或服务所占市场份额达 25％以上，该并购就会受到管制；②根据《欧共体并购条例》的规定，若某并购交易中所涉企业的全球年度总营业额超过 50 亿欧元，且其中每家企业（至少有两家相关企业）在欧洲共同体内的年度总营业额超过 2.5 亿欧元，该并购会受到管制。但是，如果所涉企业中 2/3 以上均来自同一成员国的则不受此约束。此外，如果所涉企业的全球总营业额超过 25 亿欧元，且在至少三个成员国的每一个国家的总营业额超过 1 亿欧元，同时至少两家企业中的每一家在该成员国的营业额超过 0.25 亿欧元，且在欧洲共同体内的总营业额超过 1 亿欧元的，该并购也会受到管制。

2014 年 4 月 1 日，英国成立竞争与市场管理局，负责对市场竞争进行监管，附带对外资进行审查的职能。竞争与市场管理局属于非内阁部门，不属于政府机构，直接对议会负责，负责实施各阶段的并购审查，在涉及金融、文化传媒和体育产业中的公共利益时需要向相关内阁部门大臣报告。竞争与市场管理局的并购审查包括信息收集、发起调查、实施调查、作出裁决四个阶段。如果被调查对审查结果不满，可以申请上诉。

针对与国家安全、新闻媒体和金融安全等相关交易的审查不但需要满足一般并购审查的条件，还要国务大臣和竞争与市场管理局一起按照以下程序进行审查。如果确定某并购交易符合一般并购审查条件和公共利益管辖标准，由国务大臣负责公告干预并介入。随后，竞争与市场管理局展开调查，并听取第三方对公共利益事项的意见。在调查结束后，竞争与市场管理局向国务大臣汇报结果并提出建议。国务大臣对之进行裁决，如果认为该交易未涉及公共利益，接下来则由竞争与市场管理局按照普通并购交易做进一步审查；反之，国务大臣可以为该交易提供担保并予以通过，也可以终止该交易。

英国在正式脱欧之前还可以依照《欧盟并购制度》审查相关并购。在进行此类审查时，国务大臣必须证明该并购满足以下条件：①该并购同时受英国和欧盟并购规则的管制，且同时满足两方面的并购管制条件；②该并购涉及英国公共利益；③对该并购是否影响英国的合法利益提出质疑。在完成上述证明后,国务大臣可发布欧盟介入公告。随后竞争与市场管理局开展初步调查并向国务大臣报告,对该并购活动是否涉及英国公共利益提供建议。国务大臣根据这一建议决定是否继续调查。如果继续调查,竞争与市场管理局负责实施并向国务大臣报告,国务大臣根据其报告作出裁定。与此前的调查不同的是,《欧盟并购制度》下的并购审查无需支付相关费用。

在并购审查结果方面,对于一般性并购审查,竞争与市场管理局可以根据掌握的证据作出损害裁定或给出其他合理解释,还可以采取临时措施或罚款。被审查人可以承认违反竞争法,选择和竞争与市场管理局自愿达成协议。对于被审查人的合作态度,竞争与市场管理局可以在罚款上给予一定折扣。在满足以下条件时,被审查人可以向竞争与市场管理局提出保证,以求得竞争与市场管理局不作出损害裁定:①容易识别出该项并购中所涉竞争因素,且被审查人提供的能够保证将其解除;②被审查人提供的保证能在短时间内实现;③对于涉及安全垄断或者滥用支配地位的交易,竞争与市场管理局不予以接受。被审查人可在裁定前任何时候提交保证,但是越早提出保证,则保证越有可能被竞争与市场管理局接受。

英国对外国投资者并购英国企业进行审查的一个著名案例是2007年美国通用电气收购史密斯集团航空业务。史密斯集团是英国武器系统的主要供应商,如果此类并购导致史密斯集团的核心技术与机密信息外泄,将直接损害英国的军事力量及国家安全,而且通用电气有可能通过操纵史密斯集团而损害英国国家安全。出于这一考虑,2007年3月14日,此项并购案被提交到欧盟委员会。之后国务大臣发布欧盟介入公告,公平交易局展开调查。在此期间,国防部表示史密斯集团的技术应该留在英国,否则会有损英国的国家安全。并购方在交易各方协商后提供保证,同时国务大臣要求史密斯集团依旧承担英国军方主要承包商的角色,英国可以使用该集团的技术,且该集团董事会的大多数成员必须是通过安全审查的英国人,并需要建立信息保密机制。完成上述程序后,此项并购于2007年4月23日获得通过。

2016年6月23日,英国举行脱欧公投。最终52%的选民支持脱欧,英国与欧盟达成协议的脱欧方案预计在2020年底完成。由于脱欧之前英国是主要外商投资接收国,近一半在英的外国投资都来自欧盟成员国,因而可以享受欧盟成员国内部优惠条件。英国脱欧一旦得到实施便会提高贸易成本,从而减少来自欧盟国家的外商直接投资。借助于欧盟的统一市场,位于英国的跨国企业无须缴纳关税即可出口其他欧盟成员国,在供应链管理协调上也有很大便利。脱欧后,跨国企业将额外支付高额成本,同时移民管制也会变得更加严格,这将增加企业间人员流动的成本。据估算,流入英国的外商直接投资会因为脱欧而减少近22%。以汽车制造业为例,脱欧后贸易成本和跨区域协调成本的上升会使跨国企业在英国设厂的吸引力变小。英国汽车制造和贸易协会中70%的会员认为脱欧会导致汽车制造业下降12%,并在长期带来消极影响。再以金融业为例,金融业在英国有着极其重要的地位,其产值占国民生产总值的8%,税收占税收总额的12%。如果英国仍处于欧盟成员国范畴,其他国家在包括英国在内的欧盟范围内可以直接设立分支机构。一旦英国脱欧成为现实,作为非成员国国家的银行,便无法享受之前只要在英国设立分支机构,即可进入欧盟其他成员国市场的优惠条件,从而明显提高非欧盟成员国金融机构进入欧盟市场的成本,最终降低英国对这些国家的金融机构在英国开设分支机构的吸引力。

从以上对美国、德国、英国三国的外国直接投资审查制度的分析不难看出,出于对国家安全和经济安全等因素的考虑,三国对来自国外的直接投资都有所限制。但是,不同国家在对外国直接投资进行审查时的依据和强度有所差异,特别是近年来针对来自中国企业在高技术领域投资并购的态度有较大的差异。就当前的变化趋势来看,美国对中国企业并购美国高科技企业的态度最为严厉,德国对中国企业在德国并购的阻力不仅来自政府监管,同时还与员工态度密切相关,而英国则可能因为其脱欧给企业并购带来更多的不确定性。因此,鉴于目前这些发达国家日益加强对外国投资监管的趋势,中国企业通过在海外并购高科技企业来实现价值链攀升和占据技术前沿的努力将会受到一定的阻碍。下一节将对近年发生的中国企业在海外并购受阻的几个典型案例进行深入分析。

第二节　中资企业在发达国家并购受限的案例分析

2017年,中国企业对外非金融类直接投资覆盖了174个国家和地区,涵盖的外国企业数量达6 236家,与2016年相比下降29.4%。2017年中国企业在美国的直接投资额约为290亿美元,与2016年的460亿美元相比下降了170亿美元。而2018年中国对美国的直接投资延续了2017年下降的趋势。根据荣鼎咨询提供的数据,2018年1—5月,中国企业在美国实施的包括企业并购和绿地投资在内的直接投资出现断崖式下跌,总金额仅为18亿美元,较2017年同期下降超过90%,降至7年以来最低水平。如果考虑到同期中国企业从美国退出的96亿美元投资,2018年前5个月中国对美国直接投资净值实际上为－78亿美元。中国企业对欧洲国家的直接投资也与此相类似。贝克·麦坚时国际律师事务所提供的报告显示,尽管2017年中国对欧洲直接投资比2016年增加了76%,为810亿美元,但是,如果将中国化工对瑞士农业科技企业先正达近440亿美元的收购推迟完成这一因素考虑进去,当年中国对欧洲的直接投资实际仅为370亿美元。由此可见,近年来中国企业在欧美国家的并购和投资严重受阻。我们选择近年来中国在美国和欧洲直接投资受阻的典型案例,对美国与欧洲国家针对来自中国的投资日益加大的审查力度进行分析。

一、中青芯鑫收购美国半导体测试设备商 Xcerra

近年来,为了配合高端产业技术升级和适应不断扩大的市场规模,中国在国家层面为半导体产业的发展提供了大规模基金、优惠税收和补贴政策等多项支持。但是,中国半导体产业仍然面临诸如国际竞争、人才缺乏和生态系统薄弱等问题,产业发展水平,尤其是在材料与设备领域与国际先进水平仍有很大差距。排名靠前的半导体设备关键材料和设备的生产集中在日本、美国和中国台湾等地的企业,前十大半导体设备厂商的市场占有率在90%以上,具有十分明显的集中化趋势。要想在短期内提升国产半导体的市场占有率并不现实,目前国产半导体设备的生产仍处于追赶阶段,国内企业的生产规模、融资能力和人才储备等均不足以支撑国内企业在短期内实现这一目标，这样一来，通过收购相关技术公司，完善产业链，就成为我国半导体行业企业的重要选择。2017年，国家集成电路产业投资基金股份有限公司参股的中青芯鑫资产管理有限责任公司尝试收购美国专业半导体测试设备商 Xcerra，然而该交易被 CFIUS 以这一并购损害美国国家安全为由加以阻止。最终，Xcerra 与中青芯鑫资产管理有限责任公司终止了并购协议。

此项收购案例中的被收购方 Xcerra 为美国一家半导体测试设备生产商，成立于2014年，主要设计和生产用于测试半导体、电路板的设备，可以为移动应用、工业、汽车和消费品终端市场等提供全套解决方案和技术。Xcerra 还拥有能够提供战略性部署应用和支持的全球资源网络，旗下拥有atg-Luther & Maelzer、Everett Charles Technologies、LTX-Credence 和 Multitest 四个品牌，在电子行业测试解决方案领域有着良好的声誉和业内好评。

中青芯鑫资产管理有限责任公司是此项收购案的收购主体，坐落在苏州工业园区。在其资金来源方面，中青芯鑫资产管理有限责任公司吸收了国家集成电路产业投资基金作为其股本资金支持方，并从芯鑫融资租赁有限责任公司贷款融资以支撑本次收购。2017年4月7日，中青芯鑫资产管理有限责任公司和 Xcerra 签署了并购协议，于四天后向 Xcerra 提供了由国家集成电路产业投资基金股份有限公司承诺的股本金出资承诺函和由芯鑫融资租赁有限责任公司承诺的贷款承诺函，并通过北京银行向 Xcerra 的苏州子公司提供了保函。通过查询相关企业的工商信息，中青芯鑫资产管理有限责任公司的股东包括：①芯鑫融资租赁有限责任公司，该公司股东包括国家集成电路产业投资基金股份有限公司、中芯国际集成电路制造有限公司、北京芯动能投资基金、海峡半导体产业发展有限公司和西藏紫光清彩投资有限公司等；②由紫光集团参股的中青信投控股有限责任公司；③国家集成电路产业投资基金，该产业投资基金由上海国盛（集团）有限公司、中国烟草总公司、中国移动通信集团公司、中国电子科技集团公司及北京亦庄国际投资发展有限公司等大型国有企业投资设立而成。

2017年6月，美国半导体测试设备公司 Cohu, Inc 向 CFIUS 举报，声称中青芯鑫资产管理有限责任公司对 Xcerra 收购后会让中国获得关键性技术知识产权,削弱美国在芯片制造领域的发展优势,提高中国在该领域的竞争力,最终对半导体产业全球供应链造成破坏。Cohu, Inc 认为,更重要的是此次并购的主要出资方受到来自中国政府基金支持,如果 Xcerra 被并购后利用中国政府提供的补贴与美国竞争对手竞争,可能会导致竞争对手破产从而使得员工失业。为应对 Cohu, Inc 提出的指控,2017 年 8 月 4 日,原收购主体公司中青芯鑫资产管理有限责任公司将收购协议及相关融资文件下的权利义务全部转让给了 7 月 17 日新成立的收购主体——湖北鑫炎股权投资合伙企业。

2017 年 12 月,为了获得充分的并购协商时间,湖北鑫炎股权投资公司和 Xcerra 向 CFIUS 重新提出申报。但 Xcerra 此后发布公告,称湖北鑫炎股权投资公司和 Xcerra 对 CFIUS 给出的收购获批"非常不可能"的反馈进行了认真讨论和研究,因此决定放弃争取 CFIUS 批准的努力。Xcerra 的首席执行官戴夫·塔切利说:"尽管交易双方已经为收购获批做了最大努力,但 CFIUS 明确表示并不会批准此项交易,本公司和湖北鑫炎股权投资公司作出了共同决定,终止此项收购交易。"最终,这项收购总金额达 5.8 亿美元的并购交易宣告流产。

作为中国企业收购美国芯片生产上游测试设备企业的第一例,Xcerra 收购流产案表明了 CFIUS 和美国政府否决此项交易的根本原因所在,即顾虑中国芯片制造企业一旦获得了 Xcerra 的生产设备,便会对美国军方供应链乃至美国国家利益造成损害。但实际上,Xcerra 并不是一家芯片设计或生产商,而仅仅提供用于半导体芯片生产的测试设备。即便如此,对美国来说芯片在技术上仍然十分敏感。来自 CFIUS 的强化审查将阻止中国在该领域的未来收购举动,以及阻止中国在这个领域的扩张。

二、蚂蚁金服收购美国汇款公司 MoneyGram

如果说中青芯鑫资产管理有限责任公司收购 Xcerra 失利案表明美国在高科技领域遏制中国的意图,那么蚂蚁金融收购美国汇款公司 MoneyGram 失利的案例则说明,美国对于中国企业在金融领域的收购也持有非常高的警惕性。2018 年 1 月 2 日,由于 CFIUS 对交易所持的否决态度,中国企业蚂蚁金服向 MoneyGram 支付了 3 000 万美元"分手费",宣告此项并购额达 12 亿美元的交易失利。

此项并购案的收购方蚂蚁金服由 2004 年成立的支付宝发展而成。在淘宝业务量大增,支付宝的金融属性得到充分发掘后,支付宝于 2013 年 3 月开始作为主体发展成为小微金融服务集团,并于 2014 年 10 月正式成立蚂蚁金服。蚂蚁金服的主营业务是借助"互联网 +"向小微企业和个人消费者提供普惠金融服务,在技术上引入开放的生态系统,并以移动互联、大数据、云计算等技术为基础。目前,支付宝、余额宝、招财宝、蚂蚁聚宝、芝麻信用等均为蚂蚁金服旗下的子业务板块。被收购方 MoneyGram 是一家汇款机构,成立于 1940 年,总部位于美国得克萨斯州东北部城市达拉斯,目前在全球范围内拥有员工 3 000 多名。MoneyGram 的主要产品是个人间的环球快速汇款业务,汇款人向收款人的汇款在 10 余分钟内即可完成,因此产品名称叫做"速汇金"。MoneyGram 的分支机构分布在全球 30 多个国家和地区,与全球各大银行合作的营业网点更是遍布全球 200 多个国家和地区的 35 万个网点,全球账户数多达 24 亿个。与世界著名企业如中国银联、邮储银行、中国银行、工商银行、沃尔玛、CVS 药店、英国邮政、加拿大邮政等保持有长期的合作伙伴关系。

蚂蚁金服为了应对国内市场日趋饱和,同时国内游客出境旅游购物快速增加的需要,已经在亚洲国家多个市场进行了拓展,但是在欧美市场,尤其是美国市场的占有度还有待进一步提高。2017 年 1 月 26 日,蚂蚁金服通过其在英国和美国的分支机构实体与 MoneyGram 签署了并购协议,并将收购价格定为 13.25 美元/股。此外,蚂蚁金服香港公司还为此次收购提供了 4 500 万美元的保函。此后,同为电子支付商的美国堪萨斯州 Euronet 参与竞购,并同样愿意承担 MoneyGram 的 9.373 亿美元的公司债务。为此蚂蚁金服于 2017 年 4 月 15 日将收购价提升到 18 美元/股,并各自大幅提高因己方原因终止并购所需承担的分手费约三分之一,以表示交易诚意。其中蚂蚁金服愿意将分手费从 6 000 万美元提高到 8 300 万美元,而 MoneyGram 也同意将分手费从 3 000 万美元提高到 4 100 万美元。此外双方还约定,一且交易因 CFIUS 的审查而导致终止的风险由蚂蚁金服单方面承担,并将这部分的分手费由之前的 1 750 万美元提升到 3 000 万美元。

此后,蚂蚁金服和 MoneyGram 联合宣布,双方已就此次并购协议的修订版达成一致意见,而 Euronet 公司的收购条件并不比原收购条件更加优越,MoneyGram 并不会因为 Euronet 公司的收购条件而要求豁免与 MoneyGram 的并购协议而与新竞购方重新谈判,因此向 MoneyGram 公司股东提议批准蚂蚁金服方面的收购方案。

MoneyGram 一方对此次并购交易的评价是,蚂蚁金服在全球移动支付技术方面具有领先地位,能够帮助 MoneyGram 改进其全球汇款能力,让 MoneyGram 的全球用户享受到来自其代理商的更优质服务。一旦这次并购获得成功,MoneyGram 将保留现有产品、品牌和团队,并作为独立单元进行业务运行。蚂蚁金服方面表示,他们特别看重 MoneyGram 所拥有的世界一流员工,因为 MoneyGram 的团队以为客户提供优质服务而闻名,蚂蚁金服将维护并扩大 MoneyGram 的客户服务团队,客观上增加美国的就业机会。蚂蚁金服对 MoneyGram 的并购交易一旦成功将大大拓展其美国市场,为其深入经营欧美市场赢得重要机遇。

但是,蚂蚁金服和 MoneyGram 被 CFIUS 告知,此项并购将被否决,原因包括两个方面:第一,与中青芯鑫资产管理有限责任公司收购 Xcerra 的案例相类似,CFIUS 认为国资背景的企业和基金在蚂蚁金服股本中占有较大比例;第二,美国政府担心中国企业会通过收购来获得美国个人数据,进而危及美国国家安全。值得注意的是,担任蚂蚁金服母公司阿里巴巴总裁的马云在 2017 年 1 月 9 日得到了时为美国候任总统特朗普的接见,向特朗普作出了未来 5 年为美国创造 100 万个就业岗位的承诺。即便如此,在 CFIUS 否决了该项并购案后,阿里巴巴也不再提请美国总统介入。最终,蚂蚁金服和 MoneyGram 在 2018 年 1 月 2 日签署了终止协议,宣布此项并购案失利。

三、凯桥资本收购美国莱迪思半导体公司

2016 年 11 月 4 日,总部位于美国加利福尼亚州帕洛阿尔托的私募股权

公司凯桥资本宣布收购莱迪思半导体公司。后者于 1983 年成立于俄勒冈州,之后于 1985 年在特拉华州重组。该公司在波特兰、芝加哥和中国上海等地设有研发中心,其重要产品包括可编程门阵列和可编程逻辑器件等,为半导体行业提供广泛使用的元部件。其产品用户,如计算机通信行业、汽车行业、医药行业、军工行业等原始设备生产商可以将莱迪思半导体公司生产的产品零部件安装在特定逻辑电路上,能够缩短这些行业的产品设计周期,通过降低研发成本来提高市场竞争力。凯桥资本在美国的总部所在地为硅谷,但投资人大多来自总部位于北京的国新基金。本次并购交易规模达 13 亿美元,是晶片领域整并潮中最近一笔交易。这起现金收购的每股收购价为 8.3 美元,较莱迪思半导体当日收盘的 6.37 美元溢价 30.3%。

　　莱迪思半导体公司和凯桥资本于 2016 年 11 月 3 日签署了并购文件。CFIUS 对收购方进行了审查,发现尽管并购文件中显示的收购方主体是由美国公司组成的基金,且总部位于硅谷,但在审查其公司架构时却发现一家名为 Yitai Capital Limited 的香港公司出现在该公司的有限合伙人中。而 Yitai Capital Limited 的股东是具有国资背景的中国风险投资有限公司(China Venture Capital Fund Corporation Limited,CVCF),隶属于中国国有企业。据此,CFIUS 认定凯桥资本有着中国背景,可能会对美国国家安全造成损害,并于 2017 年 9 月向收购双方提供了不予批准的审查结果。莱迪思半导体公司和凯桥资本不认同 CFIUS 的裁决结果,认为两者之间的并购能够拓宽公司未来发展前景、增加股东收益和员工福利,以及提高当地就业水平,因此将此项并购递交给美国总统特朗普,希望能够挽回这次并购。但是特朗普最终听从了 CFIUS 的意见,仍然签发总统令禁止此项并购,从而使得这次并购成为 27 年里美国总统第四次亲自否决的并购交易。

　　莱迪思半导体公司和凯桥资本收购案的失利与前面的两个案例相比既有相似之处也有不同。相似之处在于,与凯桥资本存在关联的 CVCF 有国资背景,因而美方担心中国政府在这桩交易中可能发挥影响,导致相关知识产权流到外国公司,并影响美国半导体产业供应链。除此之外,莱迪斯半导体公司的产品属于美国政府的采购范围,进而被纳入国家安全的考量而遭到禁止。而与之前案例的不同之处在于,虽然凯桥资本是一家在美国注册的投资公司,但是也未能逃脱被否决的名义。因此,这一案例表明 CFIUS 的监管模式正在发生变化,针对私募基金对美国科技公司的收购采取要求列全出资人名单的穿透式监管。根据早先的监管规定,只要收购方不具备国资背景且该项并购不涉及敏感技术转让,CFIUS 并不会对中国企业在美国的并购进行干预。随着近年来美国日益重视技术流失问题,CFIUS 对中国民营企业赴美收购的监管相应加强,中国企业倾向于"曲线收购",即中国企业从 2014 年起通过私募基金对美国高科技企业发起并购。具体操作流程是,先由中国企业注册成立私募基金,然后由该私募基金出面直接收购目标公司,交易完成后中国企业再从私募基金那里购买目标公司的股权,以达成最初的交易目的。在此过程中,私募基金通常以财务投资者的身份介入,只要收购流程保持透明,且不触碰美国国家安全或敏感技术等监管红线,那么通常都能实现成功收购。

但是,这一情况正在发生变化。2017 年 5 月 23 日,美国参议院金融委员会通过一项旨在加强 CFIUS 审查权力的法案,通过成立一个跨部门机构来对敏感技术加以监管,同时授予 CFIUS 更大的权力,对采用成立或参股壳公司的办法掩盖企业收购美国高科技企业的真实想法实施审查。此后,类似于凯桥资本这样的私募基金或由该私募基金成立的带有针对性意图的企业可能会被裁定为壳公司,进而被 CFIUS 严格审查。根据 CFIUS 的穿透式监管要求,私募基金在收购美国科技公司时要列出所有投资人名单,如果有数个投资者来自同一家企业或集团,则会认为这家企业或者集团才是本次交易真正的收购主体,进而对其出资背景等信息加以审查。

前几年,为了收购太阳能、新能源汽车电池新材料等领域的美国企业,私募基金会针对财务不佳的美国公司,以拯救就业的名义提出收购申请。地方政府部门为了刺激经济与增加就业会游说 CFIUS 批准私募基金对美国高科技企业的收购。等到交易一旦完成,私募基金就会伺机将高科技企业的股份出售给真正买家。但是,在 CFIUS 加大监管力度的背景下,这一迂回战略的操作空间显得越来越小。目前,中国国内私募基金正筹划设立由美国人管理的二级市场基金。通过持有 ETF 的形式"被动"持有美国科技类上市公司股权,以获得相关技术转让操作空间,再卖给国内企业。因为根据美国参议院金融委员会通过的新法案特别规定,由美国人管理并作出投资决策的被动投资型基金将不受 CFIUS 监管。但是,若这类二级市场基金通过被动持股方式获取了美国科技公司的相关技术,CFIUS 仍将对相关技术转让采取监管措施。

四、中国公司收购德国芯片设备制造商爱思强和照明企业欧司朗

近年来中国企业海外并购的受阻不仅发生在美国,在颇受中国资本青睐的德国也同样出现。前几年,中国企业对德国先进制造业和高端装备业企业频频发起了并购,并斩获颇丰,较为著名的案例有中国化工集团收购德国特种机械制造商克劳斯玛菲、美的收购德国工业机器人巨头库卡等,并引发德国国内政商各界的广泛关注。但是,中国企业在 2016 年试图收购德国芯片设备制造商爱思强和照明企业欧司朗时,却遭遇了德国经济部和行业工会的多方抵制,最终宣告失利。

成立于 1983 年的爱思强是一家专门为半导体芯片制造提供生产设备的制造业企业,由来自亚琛工业大学半导体技术研究所的技术人员建立而成。该公司提供的设备可以制造先进的电子和光电子应用元件。而这些元件的利用范围包括 LED 应用、显示技术、数据存储、数据传输、能源管理和转化、通信、信号灯和照明技术以及其他尖端技术。欧司朗总部设于德国慕尼黑,是一家拥有超过 110 年品牌历史的高科技公司。产品主要基于半导体技术、虚拟现实、自动驾驶、智能手机,以及建筑和城市中的智慧互联照明解决方案。欧司朗在 17 个国家共设立了 46 个生产基地,客户遍布全球近 150 个国家和地区。

由于销售收入无法支撑高昂的研发成本,爱思强遭遇亏损,因而接受了来自中国福建宏芯基金的收购要约。福建宏芯基金于 2016 年 7 月出价每股为 6 欧元,总收购金额达 6.7 亿欧元,提出收购爱思强。2016 年 9 月初,德国经济部审查通过了该收购案。收购协议规定公司位于德国黑尔措根拉特的总部以及位于德国总部、英国剑桥和美国加州森尼韦尔的研发中心位置不变,现有主要高管仍然延聘,且爱思强仍然获得所有技术的相关知识产

权。福建宏芯基金获得爱思强 6 个监事会席位中的 4 个，并负责出资支持爱思强的新技术和产品研发。

尽管德国经济部已经批准了这次收购，但美国情报机关注意到了福建宏芯基金对爱思强的收购计划，并告知德国总理府，认为中国方面可能因此获得德国芯片生产技术，并将爱思强的产品用于军事用途。在美国的横加干预下，德国经济部撤回了 2016 年 9 月初作出的批准意见。而就在 9 月 26 日有关美国情报部门介入并购案的消息公布后，福建宏芯基金股票大跌 7.94%，收盘价 4.75 欧元。美国干预中国企业对欧洲制造业企业的收购行为有先例可循，2016 年 1 月，CFIUS 阻止了荷兰飞利浦公司同意向中国企业出售 LDE 业务的并购意图，其理由同样是认为从国家安全角度考虑该并购可能会损害荷兰的国家利益。

针对爱思强收购案例，德国经济部商定了一份对外来投资进行审核的指导方案，主张在一些具有战略重要性的行业加强对德国企业的保护，如果收购者获得被收购企业 25% 以上的投票权，政府有权叫停收购。但是，代表德国商界意见的德国工商大会并不认同经济部这一指导方案，认为德国是一个高度自由和市场化的国家，德国不能在要求世界其他各国对德开放市场的同时关闭自己的市场。而根据专业人士意见，爱思强只是一家半导体生产设备制造商，并不直接生产芯片或者芯片制造所需的零部件。而且，自 1983 年成立以来，爱思强在韩国、中国等全球国家或地区销售了 3 000 多台这类生产设备，德国政府并未加以干预。

2016 年另一起备受德国社会关注的收购案为三安光电收购德国老牌照明企业欧司朗，这一并购案与福建宏芯基金收购爱思强存在一定关联。继中国企业以 4 亿欧元的价格收购了欧司朗旗下子公司朗德万斯，中国半导体企业三安光电于 2016 年 7 月提出以每股价格 70 欧元收购欧司朗股份，这样一来欧司朗的母公司西门子就可以实现成功退出。福建宏芯基金收购爱思强和三安光电收购欧司朗这两个并购案之间的联系在于，三安光电取消了与爱思强的一笔数额巨大的订单，致使爱思强销售受到很大影响且股价暴跌。而正在这时，福建宏芯基金提出收购爱思强。因此，德国社会对三安光电收购欧司朗也产生了疑虑。

在三安光电对欧司朗的收购案中,率先表达异议的是欧司朗基层员工。他们向媒体发声,表达了极不愿意服从于异质文化的情绪,认为欧司朗依靠在德国雷根斯堡以及马来西亚的工厂很有效地控制了成本,来自亚洲的收购者的目标是欧司朗的尖端技术,而非德国的高人力成本生产基地。欧司朗公司的职工平均年龄为38岁,且受过很好的教育,对企业有着很高的认同度。他们认为欧司朗与爱思强濒临亏损的情况截然不同,欧司朗在研发技术、管理团队和产品盈利水平上均有着明显优势,企业资本结构合理,有着优越的市场地位。欧司朗在技术创新和产品定制解决方面的潜力巨大,能够适应市场竞争环境,因此并不需要有外部投资者注资。除了欧司朗企业自身员工表达了反对意见之外,德国金属产业工会也认为三安光电对欧司朗的收购存在致使关键性技术泄漏的重大风险,还可能导致老客户取消与其的合作项目。有鉴于此,加上欧司朗工人可能会因为这一收购而遭遇不公正待遇,金属产业工会也对收购持反对态度。与欧司朗员工和德国金属产业工会的立场相一致,德国经济部也不同意此项交易,拒绝出具无异议证明。在多方反对声中,三安光电于两周后撤销了收购欧司朗多数股份的要求。

第三节　发达国家限制中资企业海外并购的原因及影响

近两年来,中资企业在欧美国家的商业并购引起了对方的社会争议,且面临着越来越频繁的监管当局的审查和干预。由于中国企业的并购目标往往针对位于产业链高端的企业,欧美国家在它们具有竞争优势的领域,如工业4.0、芯片制造等方面感觉到来自中国的竞争压力越来越大,因而经常以国家安全、劳工保护等理由拒绝来自中国企业的并购要约。造成被并购国家的政府和社会舆论对来自中国的企业并购心生警觉进而抵制的原因有很多,既有这些国家本身的心态问题,也有中国企业在实施并购时采取的方法不当等因素。

一、并购目的国政府与民众的战略与文化因素考量

欧美国家,尤其是美国对来自中国的并购逐渐提高了审查门槛。近年来,美国屡屡以国家安全为由阻挠中国企业对美国企业的并购,并将中国企业的并购行为与中国国家经济战略联系起来,将中国在美国战略中的地位由合作伙伴向竞争对手转换。自2010年成为全球第二大经济体后,中国大力推进以技术创新、产业升级为导向的经济转型。在这一过程中,为了加快转型速度、降低研发成本和风险,中国企业希望通过并购技术发达国家的企业来达成早日实现转型升级的目标。而这些被并购企业出于摆脱经营困境或消化巨额研发成本的考虑,也愿意接受并购。但是其所在政府往往认为中国企业对外并购的真正驱动力是中国政府,因而认为这些并购行为破坏了市场秩序,扭曲了市场关系。但根据实施并购的专业人士的意见,中国政府只是在宏观政策层面制定框架,并没有在细节上指导或要求企业实施并购的细节。不论是国有企业还是民营企业,在并购成功后都需要根据企业经营原则,以经营绩效和股东利益最大化为目标来管理和运营企业,而非通过任何政治指导来经营企业。

除了单纯的政治考量之外,另一个关于强化对中国企业的审查的原因是,有些国家政府认为中国与别国之间不能实现对等并购。如德国政府就曾抱怨,相比较中国企业在德国并购,德国企业在中国的投资受到不平等对待,并要求中国应向试图收购中国企业的德国公司提供对等的待遇。表面上看,近年来中国企业对德国企业发起的并购的确远远超过了德国企业在中国的并购。据统计,2014—2015年,大约只有15家德国企业在中国进行了成功的企业并购,而同期中国企业对德国实施的并购达到了75起。但是,如果我们更加深入地加以考察,则情况未必如此。2014年,中国企业在德国发起的收购总额为16亿欧元,占外国在德国投资总数的0.4%;与此同时,德国企业在华投资总额约达600亿欧元。造成这类差距的更加现实的原因是两国企业在并购信息上的不对等。德国企业主要是出于拓展市场而并购中国企业,因此目标常常是民营企业。如果目标企业不是上市公司,德企就难以了解其财务信息,因而无法实施并购。此外,就中国企业在德国实施的

并购而言,即便被并购企业是高科技企业,大多数也不会出售自己的核心业务,因此不会因为来自中国企业的并购而导致德国丧失其技术领先地位。

对中国企业并购行为的担忧还来自并购目的地企业的工人和工会。如前文提到的中资企业收购德国爱思强和欧司朗,他们既可能担心自己不能适应并购后的异质性管理文化,也认为在长期并购方可能会为了降低人力成本而调整企业生产地址,最终造成工人失业。这一情形时常发生在中资企业试图收购欧洲中小企业时,被收购方员工大多顾虑企业遭到并购之后之前的工作条件无法得到保证。然而根据德国汉斯-伯克勒基金会于 2014年对 3 家被中资收购后的德国企业的调查结果,这 3 家企业在被并购后完全遵守了之前的劳动合同,且为当地创造了新的就业机会。而根据另一份针对 150 家企业的研究报告,有 5 家企业被收购后仍然破产,占比仅为 3%。

中资企业在欧美市场的商业并购之所以遇到较多阻力,除了在一些关键领域对西方构成战略威胁外,当地媒体的误导以及民众对真实情况缺乏了解,以至于缺乏清晰持续的整合计划和有效的沟通交流也是重要因素,需要中国政府和中资企业今后与海外市场在沟通和应对上做出改进。国外学者在对中资企业并购案进行研究时,为了顺应当地民众或政治团体的意愿而作出的有倾向性的片面结论也说明,中国企业在对东道国进行投资时与当地民众之间的沟通和媒体宣传还有待进一步深入和改进。

二、中国企业对外并购战略和策略上存在的失误

在分析中国企业海外并购失利的原因时,也需要从并购企业自身加以分析。中国企业需要了解国际普遍认可的并购规则和习惯,争取在海外并购中占据相对有利的位置,为并购工作的展开创造良好的环境。在 2009 年的中铝收购力拓案中,由于中铝在并购条约中将违约金定得太低,同时将回复时期定得过长,导致力拓公司得以有充分的时间去和其他的竞争对手讨价还价,也能以较低的成本规避违约的风险,最终使中国铝业集团的并购计划失利。在国际的并购战上,给目标企业太多的空间,意味着压缩了自己的主动权。

此外,由于缺乏足够的海外并购经验,中国企业缺乏对当地文化和商业

惯例的了解,希望单纯地以出高价赢得并购。按照惯例,在给一家初创公司投资意向书之前需要做足调查,并熟悉目标企业所在国关于并购的政策和法律。而有些中国投资者缺乏长远的思维,没有对海外并购进行长期考察和调查,浅层次接触后就急于给出投资意向书,然后试图协商条款,为自己争取更多利益;还有些中国投资者比照中国国内初创公司估值,在并购时出价过高,从而给初创公司创始人和风投人士留下急躁冒进的印象,失去参与最热门的交易或领投的机会。

　　海外并购在本质上是对目标企业相关者利益的重新调整,包括管理层、员工、客户、政府、工会等。为保证海外并购顺利完成,中国企业应当做足功课,协调以上各个方面的利益。而要确保海外并购能够实现预期效果,则要求企业注重并购完成之后的整合工作。以2004年上海汽车收购韩国双龙汽车为例,就并购本身而言,这一案例顺利得以完成。但是在并购完成之后,由于上海汽车面对韩国方面工会提出的要求,没有给出妥善的解决方案,最终造成上海汽车的巨额亏损。现阶段,中国企业的并购目标大多是欧美发达国家的企业,而中国是一个传统的东方文化国家,两者在管理理念与社会文化上都存在着巨大的差异。如何整合收购企业和被收购企业的人员、业务和市场? 这些都是中国企业在成功收购目标企业之后的棘手问题。从海外并购案例来看,中国企业常常缺乏清晰和能够持续进行的整合方案,整合工作及其能力是薄弱环节,由于缺乏沟通交流能力而不能与不同文化和不同管理模式的企业进行有效交流。早期的 TCL 海外并购就是因为屡次处理不好被收购企业的内部管理而无法达成预期的并购目标,而使 TCL 集团陷入了困境。

　　在支付手段上,中国企业在实施海外并购时并购方式和支付手段比较单一,更多地偏好现金支付。现金支付方式最主要的问题在于,在完成大笔的现金支付后,企业可能出现现金流不足、资金周转不畅等问题,从而导致并购后的企业生产和管理混乱。事实上,企业的海外并购方式和支付方式可以更加多样化,在并购过程当中根据实际情况决定采取何种并购方式。当前,市场经济发达国家跨国企业进行并购时较常采取的方式有定向发股、交换股份、资本市场收购等,较少采取现金支付。我国企业的规模总体偏小,加上海外并购经验较少,还没有能力高效配置和整合全球资源,在不同并购方式和支付手段的使用上比较缺乏。目前,中国企业在进行跨国并购时的国内融资能力受到约束,存在贷款额度和外汇额度等多方面的信贷约束。

第四节　针对发达国家并购限制的对策建议

一、针对外国强化审查时对外投资需掌握的总体原则

就目前逆全球化趋势有增无减,欧美国家纷纷加强对来自中国企业的投资并购的审查来看,中国企业在发达国家面临的并购投资环境可能会更加严峻。但是从配合国内经济结构调整和推动产业升级的角度来看,中国企业仍需要更加积极地发展对外投资,在全球范围内充分调动生产要素,优化资源配置。为应对这一趋势,我国企业既要在总体上调整在发达国家的投资并购策略,也要在不同的国家实施区别对待的针对性策略。

总体而言,在现阶段我国企业对发达国家的投资并购应当考虑以下原则。一是双赢原则,即找准全球价值链高端环节切入口,力求实现双赢。要找到能够符合双方利益的共振点,让标的方明了中国企业除资金外能提供什么,并购后标的企业的定位所在,这样才能真正吸引标的企业,并减少东道国政府的戒心。二是低调务实原则。有国资背景的中国企业在实施海外并购应特别强调这一原则。带有国资背景或符合国家战略导向的企业在进行海外并购时,往往会被质疑是否代表了国家意志。然而,这些企业作为国民经济支柱,往往代表了产业升级和经济转型的方向,因此必须通过参与国际竞争和并购来进一步壮大。而在新的审查环境下,通过寻求合作方或者中间人,或控股某些私有投资公司进行间接并购的办法也仍然会引发关注进而被审查。因此,对于这些企业而言,需要进一步考虑如何避免因自身身份而引起被并购方监管层的注意。三是经济利益与社会利益相结合的原则。投资并购应结合慈善公益、劳工待遇、环境保护等社会责任,提高企业的社会声誉。中国企业应当在保证企业利润的基础上,在并购标的国开展污

水、废气处理等环境保护活动,并关注员工安全、健康等福利,积极参与社区建设,如降低潜在的政治和社会风险,提升中国企业在国际并购中的品牌价值。

二、在美国实施并购需要注意的问题

当前,中国企业在发达国家的并购阻力主要来自美国。从 2017 年开始,由于 CFIU 对来自中国的企业并购实施越来越严格的审查,中国企业在美国的并购项目和金额迅速缩减。此外,就近年的趋势来看,美国对中国企业海外并购的审查不仅仅在美国本土实施,甚至开始干预中国企业在欧洲国家,如德国、荷兰等国的并购项目。应该看到,2012—2017 年,中国企业在美国实施的并购实践有了长足进步,交易程序的设计日益清晰明了。在 CFIUS 针对科技等行业的审查日趋严格之下,中国企业在选择交易策略和交易标的时需要更加慎重。具体而言,中国企业在美国的并购应注意以下几个方面的问题。

(1) 对并购标的性质进行合理界定。中国企业在美国的并购标的集中在高科技产业领域,如半导体等。对于这类标的,应重点关注其是否与美国安全方面存在联系,例如是否与美国政府签有生产或销售合同,该企业是否曾获得美国政府的资助,该企业技术是否或是否可能被应用于美国国防军工领域,并购标的地址是否邻近军事设施,该产品出口是否受限,等等。

(2) 应合理设计并购架构与并购者身份。为防范美国目标企业被外国政府控制,企业的并购方是否具有政府或者国家资本背景是 CFIUS 开展审查的关键因素。如果并购完成后的企业部分股权为外国国有企业所持有,即便持有的股权不超过 50%,CFIUS 也会特别关注其股东行为是否具有实际主导控制权,如对于重大合同的决策权等。在前文的案例分析中,有中国企业试图通过境外私募基金来参与收购,以此消除 CFIUS 对并购方身份的顾虑,但由于未来被并购方仍然由并购方企业掌控而非境外私募基金,因而未能消除 CFIUS 的顾虑而遭否决。CFIUS 会对私募基金的股权持有者进行审查,如果认为某股东对该基金的重大决策有一票否决权或者可以通过收益互换等衍生品金融工具合并其中一个关键投资人的经济收益,就可能认定该股东对基金有实际控制力。

（3）考虑使用缓解协议条款来应对 CFIUS 的审查。缓解协议是指交易方在 CFIUS 的监督下采取措施，缓和交易中已显现或潜在的威胁美国国家安全的情况，以作为获得 CFIUS 批准审查的条件。对于有些较为敏感的项目，CFIUS 有时会接受收购方提出的一些缓解国家安全威胁的协议。这方面的一个成功案例是当年万向集团对 A123 的收购。A123 与美国政府和军工部门有着密切的联系，如受到美国能源部的资助、与美国军工行业签有合同等。但在该并购发生时，CFIUS 同意接受缓解协议，允许 A123 重组将要出售的业务并对重组结果给予肯定，最终万向集团完成了对 A123 的并购。对于买方而言，如果缓解协议提出的措施不会降低标的方的实际价值，买方一般会予以接受。

三、在德国实施并购需要注意的事项

考虑到在德国实施并购的经验与美国情况的异同，中国企业不仅要关注德国监管部门可能采取的措施，还要从欧盟相关规定和员工意愿等方面加以全面考虑，具体而言应特别注意以下事项。

（1）中国企业在德国的并购应全面考虑并购各方利益和企业社会责任。由于缺乏对德国商业、法律和文化体系的了解，中国企业容易以中国的思维看待在德国的并购问题，或单纯从经济角度考虑并购方案。因此，中国企业应充分征求投资公司、税务顾问和专业律师等各方意见，认真做好项目前期调研，尽量避免涉及禁止及限制公共利益、国防、运营欧洲经济体内航空公司、国家安全等投资领域，了解劳资、税务和环保等领域的相关法律规定并充分估计并购双方因文化差异而可能造成的后果。涉及员工解雇时，需征询企业委员会意见并报请股东大会通过，并需依法给予补偿。如果中国企业的并购对象是德国破产企业，要特别考虑并购过程中及并购后的风险，如破产撤销权、税务补偿、债务补偿等。如果并购标的是中小企业，则要深入了解德国的投资补贴政策。尤其是在德国经济欠发达地区，根据《改善地区经济结构公共任务法》，如果被并购企业是中小企业，而并购方是大企业，一旦并购成功就会将完成并购的企业看成是大企业，因此也就失去之前享有的中小企业优惠政策。

（2）应保证并购操作机构的有效性和稳定性。企业的并购操作机构需要依靠专业人才，充分利用当地已有专业咨询人才和机构的力量，将前期调研、并购谈判、整合规划等环节委托专业团队协助完成。并购操作机构要对并购全过程负责，应保证与被并购方之间形成良好而一贯的沟通，对并购合同条款进行斟酌和确定，并对谈判过程进行记录。在订立并购合同之前，中国企业一定要对合同中的陈述保证、现状维持、风险分担及索赔等条款认真考虑。并购操作机构要全面准确评估并购对象，包括有形资产、无形资产和人力资本价值等。在人事变动方面，作为并购方的中国企业还要认真评估完成并购后关键人才的去向或当地职工的冗员问题如何解决。

（3）应尊重当地文化，并购后遵循属地化管理战略。在完成并购后，短期内不要更换本地管理层，应鼓励有经验、负责任的管理人员留下来保证企业平稳过渡，之后逐步调整。并购方往往不了解德国当地和企业的文化，可以在本地员工的帮助下尽快熟悉当地经营环境。此外，还应妥善解决并购方企业员工在当地的居住和社会福利问题，解决在德医疗保险和工伤事故投保等有关事项。

四、在英国实施并购需要注意的事项

由于英国有着良好的自由市场传统，因此中国企业在英国的并购很少因政府审查而失败。2017 年 9 月，前面提到的凯桥资本在收购美国芯片制造商 Lattice Semiconductor 失败后，随后以 5.5 亿英镑在英国收购了排名仅次于高通和 ARM 的芯片公司 Imagination。因此英国对待外国投资并购的氛围较为宽松，且英国脱欧可能会使得英镑贬值，不少中国企业更加倾向于赴英国实施并购。对于赴英国投资的企业，应当注意英国并购审查门槛（自愿提交审查）。在交易达成前和过程中，要注重与 CMA（媒体类交易与通信事务管理局）的沟通，最好至少提前一个月与 CMA 接触。中国企业在英国实施并购项目时，对于涉及公共利益领域应尽量保证由英国国民来处理。

第八章

本土跨国公司培育和中国
对外直接投资结构优化

　　跨国公司是全球价值链的主导者,是全球投资结构形成的驱动者。随着经济全球化的发展,跨国公司在全球贸易投资规则制定过程中发挥着助推作用。对于母国而言,培育本土跨国公司是一国经济实力的重要象征,跨国公司对外直接投资结构的改善是母国产业结构优化的重要组成部分。跨国公司对外直接投资策略往往是母国政府经济战略构想的具体体现。在当前的全球投资形势下,培育本土跨国公司是优化投资结构,推动"一带一路"倡议实施,提升亚洲地区产业链和全球价值链布局的主体保障。

第一节　培育本土跨国公司对优化
我国投资结构的作用

一、跨国公司是全球价值链的主导者

(一) 跨国公司推动了全球价值链分工方式的形成

　　20 世纪 50 年代以后,跨国公司获得大发展。20 世纪后期,受到信息通信技术发展的推动,跨国公司充分利用多边和双边的贸易投资协定,不断扩大市场、降低生产成本、扩大利润,使得国际分工从制造扩展到服务工序分工,全球生产和贸易呈现以"贸易—投资—服务网络"为特征的全球价值链分工模式。本质而言,全球价值链是由跨国公司通过国际生产、跨境贸易活

动形成的与其分支机构、合作伙伴和供应商之间的网络关系,跨国公司通过全球价值链实现的贸易占全球贸易的80%[①](见图8.1)。因此一国在国际分工中的地位,在全球价值链中的位置,在全球化中的利益,与该国跨国公司的规模和实力紧密相关。

跨国公司总部作为跨国公司全球投资、生产和贸易的管理者,实质上也是全球价值链的治理者和协调者,而地区总部则发挥着区域价值链治理者和协调者的作用。但是对于服务业跨国公司在其中的作用,目前还未被充分认识。随着服务重要性的提升,制造业跨国公司向服务业转型,或者强化服务功能,全球价值链共分为5个阶段,其中4个阶段是服务;服务业跨国公司尤其是生产性服务业跨国公司逐渐成为全球价值的主导者(张娟,2015)。

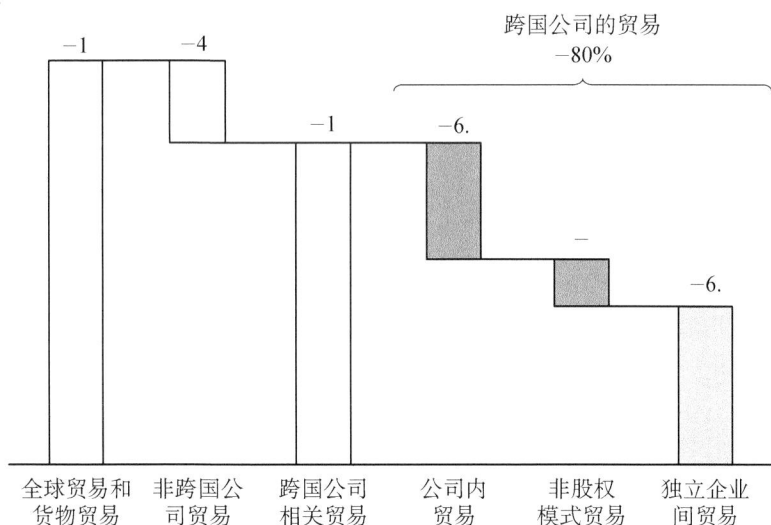

图8.1　2010年跨国公司在全球货物和服务贸易中的占比

资料来源:张娟.服务业跨国公司的贸易效应[M].北京:经济科学出版社,2017:116.

(二) 跨国公司对全球价值链的治理

全球价值链贸易的核心是全球价值链治理。所谓的治理是指决定资

---

① OECD-WTO-UNCTAD. Implications of Global Value Chains for Trade,Investment [R]. 2013.

本、原料和劳动力资源在链条中配置的方式和控制能力,由 Gereffi(1994)提出。治理模式是指价值链的主导者对其各个环节的协调和控制方式,决定了价值链的运行机制和收益。不同的行业治理模式具有一定的差异性,Gereffi & Fernandez-Stark(2011)提出了全球价值链的治理模式的理论主要包括四个方面:一是治理主体,全球价值链的治理主体主要是跨国公司。二是治理动机,主要是生产者驱动和购买者驱动。购买者驱动类型主要体现在大型零售行业,体现零售商和品牌商整合能力,而生产商驱动主要体现在制造业领域,更强调制造业跨国公司利用技术和规模优势协调价值链的能力。三是治理模式,包括市场型、模块型、关系型、领导型和层级型等五类。市场型由治理主体通过价格调节来实现,模块型由治理主体通过标准化生产流程来实现,关系型由治理主体通过较为复杂的关系管理来实现,领导型由治理主体通过强化管理能力实现对众多厂商的管理来实现,而层级型治理模式需要主导企业具有较高的掌控能力,这与市场型正好处于两端。四是贸易收益,全球价值链的收益主要由治理主体和模式来决定。全球价值链的主导者是发达国家的跨国公司,因此,发达国家在全球价值链上占据高附加值环节和价值份额,发展中国家通过融入全球价值链实现了贸易规模扩张,获得了贸易收益,但是相对发达国家,其收益是有限的。

改革开放以来,凭借丰富的劳动力资源、较强的加工制造能力和相对完善的产业配套,我国快速融入全球价值链分工体系,成为全球价值链网络的重要节点。我国对跨国公司的集聚能力越来越强,包括跨国公司地区总部和服务业跨国公司,但是还仅仅是集聚,还难以凸显对全球价值链的治理能力。根据世界投入产出数据库(WIOD)公布的贸易增加值,我国出口增加值在逐渐提高,占世界的比重从5%左右提升到14%左右,逐步接近美国的水平,但是回到增加值的改善的本质,也就是代表价值环节攀升的服务增值的提高。根据 TiVA,在总出口增加值中,美国、日本、德国等制造业大国均呈现服务要素的贡献上升(见表8.1)。我国服务要素贡献率走势和美国、德国、日本、新加坡等发达经济体基本趋同,1995—2011年,中国总出口增加值中服务贡献率基本在40.94%~43.4%波动,总体波动上升,但是规模相对较低,而且低于金砖国家中的印度。

表 8.1   1995—2011 年中国出口贸易增加值中服务要素贡献率及比较(%)

年份	中国	德国	美国	日本	新加坡	印度
1995	43.40	48.82	53.47	48.75	60.04	48.50
2000	41.01	51.31	55.63	47.14	57.58	53.62
2005	41.21	51.61	56.91	46.50	65.76	57.20
2008	40.94	51.58	55.71	45.19	70.67	55.19
2009	43.00	54.24	58.32	48.10	67.01	57.27
2010	42.14	51.26	56.82	44.10	66.86	56.11
2011	41.85	50.95	55.67	44.36	66.44	57.53

综上可知,①经过多年发展,我国在全球价值链中的贸易增加值逐步提高,国内贸易收益在增加,全球价值链地位在改善。由于贸易增加值不能体现是外资企业还是内资企业,因此,贸易收益的改善还无法判断受益的主体。②我国不同行业贸易增加值能力不同,例如家具、纺织品等劳动密集型制造业在全球价值链分工中获取增加值的能力较强,且逐年提高。我国纺织、家具等行业企业较早通过参与跨国公司采购体系进入全球市场,获得了充分的市场竞争。此外,由于我国纺织产业具有较长的历史,劳动力的资源层级较为丰富,除了基础的制造业工人外,近年来我国纺织服装领域研发、打样、设计、营销、渠道建设能力逐渐提高,涌现出雅戈尔、波司登等跨国企业,形成了自己的产业链体系、供应链体系和价值链体系。

美国、日本等发达国家的大部分商品和服务进出口是在跨国公司国际生产网络内完成的,而我国的跨国公司也从小到大、从少到多、从弱到强,已经成为推动中国经济发展不可或缺的关键动力。因此,促进我国企业参与全球价值链分工,非常重要的是培育本土跨国公司,通过构建以中国跨国公司为主的跨境产业链可助力实现国内外产业互联互动互促,推动国内产业升级,增强其对全球价值链分工的影响力和控制力,努力构建我国跨国公司主导的全球价值链。只有本土的跨国公司和生产者服务跨国公司在我国集聚,并且与外资的地区总部和服务机构共同合作,才能实现我国对全球价值链的构筑和治理的目标。

二、跨国公司是全球投资结构变化的驱动者

国际投资是跨国公司开展国际经济技术合作的基础,而跨国公司是全球投资的主要载体。跨国公司不断增加国际投资的目的是让自己获得更加有利的资源和市场,因此形成当今全球投资的产业结构、区域结构和投资模式。

(一) 跨国公司主导的投资行业结构变动

在跨国公司发展的早期,主要是采掘业和制造业跨国公司到殖民地国家开展经营活动,因此全球投资主要集中在制造业和采掘业。制造业公司为利用殖民地国家的资源及廉价劳动力而开展跨国经营,但是这些殖民地国家的基础设施不能满足这些制造业公司的需求。为了更好地在当地经营,制造业跨国公司带动母国的铁路公司、公用设施公司等服务企业向海外拓展。随着海外经营活动的频繁和加深,制造业跨国公司对销售、金融、专业服务等配套服务的需求日益增多,尤其是银行和金融业公司为了留住原来的顾客,跟随已经从事跨国经营的顾客提供海外服务,因此服务业国际投资慢慢占据重要位置[①]。根据《2018 世界投资发展报告》,在商业活动、贸易等行业带动下,服务业投资占全球 FDI 存量的 1/3,而跨国公司的主体也由制造业为主慢慢转向服务业。

根据《2018 世界投资发展报告》,从全球 100 强跨国公司的构成来看,采掘业和贸易公司退出榜单,尤其是跨行业的并购,更是模糊了采掘业等跨国公司的行业特征,在以电商为代表的技术和数字跨国公司兴起的背景下,诸如家乐福等贸易跨国公司的地位受到挑战(见表 8.2)。

表 8.2　2012—2017 年前 100 强跨国公司的行业构成(企业数)

行　　业	2012 年	2017 年
采矿、石油和提炼	19	13
汽车和飞机	13	13

---

① 张娟. 服务业跨国公司的贸易效应[M].北京:经济科学出版社,2017:48.

（续表）

行　业	2012 年	2017 年
制药	10	12
公用事业	10	9
批发和零售贸易	10	6
食品、饮料和烟草	9	8
技术	7	15
电信	6	7
其他工业	12	13
其他服务业	4	4

资料来源:《2018 世界投资发展报告》。

21 世纪初,互联网技术和信息技术的兴起带来商业模式翻天覆地的变化,使得服务业和制造业跨界融合程度越来越高。互联网跨国公司推动制造业企业服务化,互联网服务提供商、设备制造商和软件生产商越来越多地参与数字内容的发行。互联网技术和信息技术的发展另外一个更为重要的贡献是推动了数字经济的形成,而全球数字经济的发展又是由科技类跨国公司推动,例如谷歌领导了数字技术的革命,而亚马逊则引领了数字经济下商业模式的革命。如表 8.3 所示,亚马逊和谷歌等数字经济跨国公司近年来呈现出较快的增长速度,在财富 500 强中的排名从 2009 年的第 400 多名,上升到 2017 年的 100 名以内,显示了快速发展的特点。

表 8.3　2009—2017 年典型的数字跨国公司在财富 500 强中的排名情况

年份	排名	公司名称	国家	行业	营业收入（百万美元）	利润（百万美元）
2009	485	亚马逊	美国	电子商务	19 166	645
	423	谷歌	美国	软件和电脑服务	21 795.6	4 226.9
2010	340	亚马逊	美国	电子商务	24 509	902
	355	谷歌	美国	软件和电脑服务	23 651	6 520

（续表）

年份	排名	公司名称	国家	行业	营业收入 （百万美元）	利润 （百万美元）
2011	270	亚马逊	美国	电子商务	34 204	1 152
	325	谷歌	美国	软件和电脑服务	29 321	8 505
2012	206	亚马逊	美国	电子商务	48 077	631
	277	谷歌	美国	软件和电脑服务	37 905	9 737
2013	149	亚马逊	美国	电子商务	61 093	− 39
	189	谷歌	美国	软件和电脑服务	52 203	10 737
2014	112	亚马逊	美国	电子商务	74 452	274
	162	谷歌	美国	软件和电脑服务	60 629	12 920
2015	88	亚马逊	美国	电子商务	88 988	− 241
	124	谷歌	美国	软件和电脑服务	71 487	14 444
2016	44	亚马逊	美国	电子商务	107 006	596
	94	ALPHABET	美国	软件和电脑服务	74 989	16 348
2017	26	亚马逊	美国	电子商务	135 987	2 371
	65	ALPHABET	美国	软件和电脑服务	90 272	19 478

资料来源：谷歌宣布成立新公司 Alphabet［EB/OL］．［2016 – 08 – 13］．http://fortune. com/global500/.

　　数字经济领域跨国公司的壮大，推动了数字经济产业范畴的扩大和领域的拓展，生产和运营的数字化产业出现，例如数字化产业依托的主体，如搜索引擎、社交网络等互联网平台，数字化产业的内容，如音乐、视频、书籍等数字内容，以及支撑数字化产业的其他领域，如大数据、数字支付等。数字跨国公司和数字领域的发展，推动了该领域的国际投资。数字化跨国企业对外投资主要包含三个层面：一是集中于数字经济底层基础构架的数字技术，包括在信息、通信、互联网、物联网、人工智能等领域的投资；二是数据资产、数据安全、数据产权等领域的投资；三是相关配套服务领域的投资，包括人才、创新、研发和大数据中心的投资。

（二）跨国公司主导的区域结构特征

从全球投资的区域来看，跨国公司地区布局的趋势也体现在全球投资的区域布局之中。例如以加工制造业全球转移的区域轨迹为例，其先从欧美发达国家转移到亚洲"四小龙"，20世纪80年代前后，亚洲"四小龙"制造业陆续外迁，这一时期的中国恰好处于劳动年龄人口占比快速攀升的"人口红利期"和改革政策密集落地的"改革红利期"，迅速成为加工制造业的新基地。2008年金融危机以后，随着中国加工制造的成本逐步提高，又从中国慢慢转向东南亚国家。

与制造业投资的区域格局不同，服务业跨国公司的发展使得服务业外资呈现新的格局。在过去的几个世纪中，大部分跨国界活动是以国家为单位的，但是20世纪80年代以后，城市成为跨国公司的主要空间组织形式。城市从形成之日开始，便是财富和权力集中的象征，而全球性城市更是国际经济事务的核心，尤其是服务业跨国公司向大城市集中的趋势更加明显（O'Connor，1989，周振华，2008）。90年代以后，服务业跨国公司的全球化主要依托于全球各大城市向腹地扩散，并以此为节点形成全球生产和服务网络体系。在区位选择上，服务业FDI呈现明显的集聚特征。例如，投资到日本的跨国公司80％集中在东京都区域，投资到美国的跨国公司主要集中在加利福尼亚州、纽约州、得克萨斯州、伊利诺伊州和新泽西州等地区。我国的服务业外资相对集中在北京和上海等全球城市，而北京和上海的服务业跨国公司集聚也相对错位，例如上海以商务和贸易领域的跨国公司为主，北京以金融、科技类跨国公司为主。

数字经济领域跨国公司的发展使得数字领域的投资呈现独特的区域特性，数字投资主要受到软硬件基础设施的影响，如互联网基础设施电力供应成本、ICT技术的可获得性，以及特定政策偏好等。基于以上考虑，数字领域投资呈现既能在大城市集中，又能在偏远地区集聚的特征，这使得发展中国家和不发达地区获得了"弯道超车"的能力。目前全球数字领域还没有专门的投资统计，主要分布在信息与通信、专业科技活动、金融和批发零售业等领域。

（三）跨国公司主导的投资模式

从全球投资的模式看，近几年，全球跨境并购一直较为活跃。《2018世界投资报告》指出,2015 年 FDI 强劲上涨后,2016 年全球 FDI 流量增长势头渐缓,2017 年降幅更是高达 23%,反映出经济复苏之路依然崎岖不平。从 FDI 的模式分布来看,2017 年,全球公司间贷款模式下的 FDI 减少,同时跨境并购驱动的实体投资模式下的 FDI 降幅也明显,制造业、服务业和初级产品部门都有所下降,降幅分别为 19%、14% 和 22%。随着跨国公司业务多元化,为了使得新业务板块的价值最大化,兼并收购的方式比绿地投资能够使其短时间发展壮大,获得市场,这也是近年来跨境并购增多的原因。但是面对全球经贸形势的紧张,跨国公司收缩了在全球的投资业务,尤其是需要发挥全球各地竞争优势、具有较完善的价值链的行业,而那些市场导向型的行业并购,却逆势而上,如商业服务和信息通信行业。总而言之,没有一成不变的投资模式,这与整体经济形势紧密相关,经济走强,跨国公司对未来经济的前景看好,因此绿地投资增加。此外与行业的生命周期相关,当行业处于生命周期的早期,跨国公司倾向于绿地投资;当行业已经成熟,竞争充分的时候,跨国公司倾向于跨境并购,快速有效利用本地市场的资源。

三、跨国公司是全球贸易投资规则制定的推动者

(一) 跨国公司在政治经济中的作用

作为跨国公司理论的创始人之一,美国学者斯蒂芬·海默较早观察到了跨国公司在当代世界政治经济生活中的作用,其核心思想是跨国公司试图按照内部的分工模式去主导国家之间的分工模式。美国普林斯顿大学的教授罗伯特·吉尔平在其 1975 年出版的《美国霸权与多国公司:对外直接投资的政治经济学》一书中,分析了跨国公司与霸权确立的关系。母国霸权地位的确立,是跨国公司开展国际经营的保障,而跨国公司有助于母国霸权的推进,如金融家和投资家是 19 世纪英国霸权的和平基石,美元和跨国公司则是 20 世纪美国霸权的基础。但是,跨国公司也能够促进东道国经济发展,并威胁到母国霸权。因此,实现母国主权意志和维持稳定友好的国际政治环境,是跨国公司开展国际经营必须实现的两个目标。跨国公司参与国际政治经济是维持自身利益的诉求,20 世纪 60 年代以后,美国社会反商业主义潮流兴起,跨国公司的生存环境发生了巨大的变化,严峻的形势迫使跨国

公司急于寻求在政治中的地位,通过直接游说、间接游说、草根游说和政治行动委员会等行动,慢慢渗透到政治活动当中,使得政策措施有利于其在本土发展和海外扩张。美国"弱国家、强社会"的政治体系,成为跨国公司影响国际政治经济关系的土壤。此外,以美国跨国公司为代表的经济巨头,逐步参与全球贸易投资规则的制定,服务于其国际经营的目标。

(二)跨国公司成为中美贸易关系的推手

自中美建交以来,中美贸易之间已有多次争端。1989 年以后,东欧剧变,苏联解体,中国对美国的战略作用骤然下降,中美外交关系遇冷,并直接影响到两国双边贸易关系,美国对中国在知识产权保护、最惠国待遇、劳改产品出口、市场准入、贸易平衡等问题上进行了强烈的指责和制裁。与此同时,美国跨国公司凭借其在创新、科技、战略、管理、人才等方面的优势,在中国市场上开创了积极的局面。在中美贸易的争端之中,跨国公司既要维护自己的利益,又不能超越美国国家利益。知识产权和市场准入是关系其切身利益的经济问题,跨国公司在这方面支持美国政府的主张,但是当双方的分歧扩大的时候,跨国公司担心它们在中国的投资和商业环境会受到威胁,因此不断创造缓和中美贸易的机会。因此,当 1995 年 2 月,中美就知识产权保护问题达成协议之后,跨国公司乐见其成,福特汽车公司的发言人说:"现在紧张气氛已经消除,我们真的可以认真地做生意了,可以摆脱政治的干扰了。"

在中国"入世"问题上,跨国公司的态度和角色也是双重性的。一方面,跨国公司希望通过 WTO 谈判促使中国在市场准入、外贸管理制度、知识产权保护等问题上做出让步,从而增进跨国公司在中国市场上的竞争力和收益。另一方面,跨国公司也希望中国加入 WTO 后,中美经贸关系能够比较稳固。在上述两方面考虑的促使下,跨国公司在《华盛顿邮报》等媒体上刊登整版广告,呼吁政府和国会配合,尽快结束贸易谈判。

在对华永久正常贸易关系的问题上,美国跨国公司和工商组织动用其政治资源,对本企业所在地区的议员展开政治攻势,促进克林顿总统在白宫玫瑰园正式签署议案,并确立《授权对中华人民共和国延长非歧视待遇(正常贸易待遇)及建立美中关系框架》。

中国加入 WTO 以来,经济全球化的内涵已经发生很大的变化。在全球经济总量中,服务业所占比重超过 60%,服务贸易已占世界贸易总额的 1/4,服务消费占所有消费额的 1/2 左右,财富 500 强的跨国公司一半以上属于服务领域。服务具有典型的不可贸易、生产和消费不可分离等特点,服务业跨国公司更加倾向于采用国际投资的形式来开展跨国经营。WTO 框架形成于 1995 年,推动了全球贸易 20 多年的繁荣,但是 20 多年来经济社会及技术的重大变化,导致 WTO 对很多新问题、新现象难以适应,比如服务贸易、技术转让、竞争中立等。在新一轮经济全球化进程中,跨国公司尤其是服务和数字领域的跨国公司,在进入中国市场的时候,觉得遇到重重阻力。在此背景下,便产生了跨太平洋伙伴关系协议(Trans-Pacific Partnership Agreement,TPP)。

也正因跨国公司在美国的绝对主导地位,本质而言,TPP 等区域贸易协定是倾向于保护跨国公司的贸易协定。TPP 首次引入"投资者与国家间争端解决机制"。根据该机制,在 TPP 的框架内,协议国国家法律必须服从TPP,如果东道国的政府决策损害了外国投资者的权益,则投资者可以绕开该国的司法体系,直接向国际商业仲裁机构提交争议,要求投资对象国政府赔偿损失。由此在 TPP 框架下可以对签约国政府的法律与政策变化所带来的损失要求赔偿,这极大地提高了跨国公司的福利和利益分配。因此,以跨国公司为主导的美国经济也成为 TPP 最大的受益者。

但是特朗普上台以后,宣布退出 TPP,使得跨国公司原先的推进计划受阻。回顾美国曾经对中国的指责的主题词,如市场开放、知识产权保护、竞争中立等,无不体现跨国公司的利益诉求。然而,当中国在汽车、金融等服务领域市场开放的钟声刚刚敲响,特斯拉在上海就宣布了超级工厂项目,这正如吉尔平所述,"尽管美国公司的利益和美国外交政策的目标在许多情况下是抵触的,但美国公司和美国政府之间已存在着利益互补性""美国公司的对外扩张是为美国重要的国家利益服务的。美国的政策鼓励公司向国外扩展,并且往往对公司加以保护"。

近年来,我国企业的国际生存形势严峻,海外投资在欧美等发达国家受到的限制越来越多,我国迫切需要培育跨国公司,建立工商界的沟通对话机制,寻求更大的国际生存空间。只有培育本土跨国公司,才能主导全球或者区域价值链网络体系,并且依托于此网络,才能在全球贸易投资和区域贸易中享有话语权,才能增强在国际贸易投资中的谈判筹码和应对能力。

第二节　中国本土跨国公司的发展历程及特征

1979 年,京和股份有限公司在日本东京开办,我国第一家境外合资企业产生[①]。此后,我国跨国投资逐渐起步,在加入 WTO 以后,我国跨国主体境外投资的步伐加快,这与国内外经济形势紧密相关。从国内来看,改革开放40 多年以来,我国产业的比较优势逐步确立。一方面,国内企业寻求更多的市场空间,这体现为以营销网络为主体的贸易企业境外投资增多;另一方面,企业寻找更有利的技术、资源、人才与资本。涌现了国家电网、中石化、中石油为代表的国有跨国公司,以联想、海尔、华为、阿里巴巴、腾讯等为代表的民营跨国公司。这些跨国公司的发展,为我国对外投资结构的调整、全球价值链地位的提升,形成了有力的主体支撑。

一、我国跨国公司主体来源与区域经济发展的格局相关

根据《2017 年度中国对外直接投资统计公报》,从境外非金融类企业的隶属情况看,地方企业占 88%,中央企业和单位仅占 12%。广东、浙江、江苏、上海、北京、山东、辽宁、福建、湖南、天津位列地方境外企业数量前 10 位(见图 8.2),合计占境外企业总数的 70.2%。广东省是中国拥有境外企业最多的省份,占境外企业总数的 18%;其次为浙江省,占 11.2%;江苏省位列第三,占 8.9%。总体而言,长三角地区和珠三角地区是我国跨国公司的主要来源地,与这些地区作为我国改革开放的前沿阵地以及经济资源的禀赋有着极强的相关性。2010 年以前,浙江省是我国跨国公司的主要来源地,现已经让位于广东省,这是近年来广东省凭借科技、管理、人才等方面的集聚,加大研发创新投入,推动产业转型和价值链升级的结果。

---

① 王利华. 中国跨国公司对外直接投资区位选择研究[D]. 上海:华东师范大学,2010:35-36.

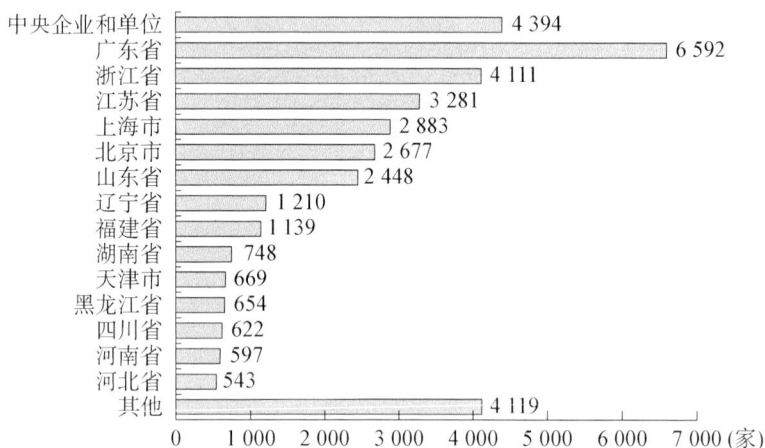

图 8.2　2016 年我国境外投资主体来源地分布

资料来源:《2017 年度中国对外直接投资统计公报》。

二、我国跨国公司境外投资主要以香港平台为主

根据《2017 年度中国对外直接投资统计公报》,2016 年末,我国跨国公司共在全球 190 个国家或地区设立境外企业 3.72 万家,遍布全球超过 80% 的国家或地区。其中,亚洲的境外企业覆盖率与上年持平,为 97.9%,欧洲为 87.8%,非洲为 86.7%,北美洲为 75%,拉丁美洲为 69.4%,大洋洲为 50%。从境外企业的国家或地区分布情况看,我国跨国公司在亚洲设立的境外企业数量近 2.1 万家,占 55.8%,主要分布在中国香港、新加坡、日本、越南、韩国、印度尼西亚、老挝、阿拉伯联合酋长国、泰国、柬埔寨、马来西亚、蒙古等。自 2013 年我国提出"一带一路"倡议,我国企业加快了国际化进程,截至 2016 年,我国企业在该区域的投资规模高达 145.3 亿美元,建设境外合作区 56 个,入区企业 1 082 家。

我国跨国公司在香港设立分支机构近 1.2 万家,占到境外分支企业总数的三成,是中国设立境外企业数量最多、投资最活跃的地区。这是香港作为全球离岸中心,在法律基础、税负成本、融资便利等方面有着很强的优势决定的。一是香港使用英美普通法,这样的法律基础和社会的法治精神,让商业和金融交易中的各方能够对自己的权利有更高的自信;二是香港的监管

体系,金融机构准入、资本要求、披露要求、报告要求、对风险控制指标要求
的严格与繁复程度、居民与非居民业务的限制、资金流动的自由程度、与海
外其他监管要求乃至会计准则的接轨程度、在岸与离岸市场的相互渗透等
与内地相比均具有一定优势,使得企业通过香港在海外融资等更加便利。
因此,随着中国企业加大"走出去"的步伐,香港又成为中资企业向境外投资
的中转平台。

此外,我国跨国公司在北美洲设立的境外企业超过 5 600 家,占 15.2%,
主要分布在美国和加拿大。在欧洲设立的境外企业达 4 100 多家,占
11.3%,主要分布在俄罗斯、德国、英国、荷兰、法国、意大利等地。在非洲设
立的境外企业超过 3 200 家,占 8.8%,主要分布在赞比亚、尼日利亚、埃塞俄
比亚、南非、坦桑尼亚、肯尼亚、加纳、安哥拉、乌干达等地。在拉丁美洲设立
的境外企业达 2 000 多家,占 5.5%,主要分布在英属维尔京群岛、开曼群岛、
巴西、墨西哥、智利、秘鲁、阿根廷、委内瑞拉等地。在大洋洲设立的境外企
业达 1 200 多家,占 3.4%,主要分布在澳大利亚、新西兰、巴布亚新几内亚、
萨摩亚、斐济等地。

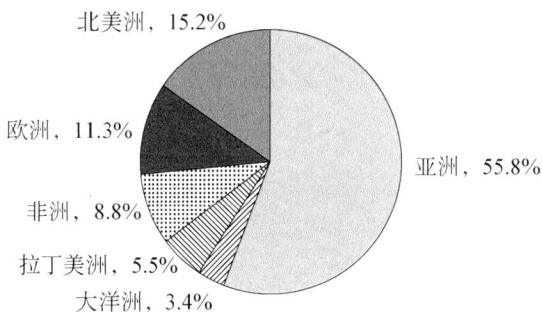

图 8.3　2016 年我国境外投资主体的目的地结构

资料来源:《2017 年度中国对外直接投资统计公报》。

三、我国跨国公司境外投资主要以批发零售为主

如表 8.4 所示,从我国跨国公司境外企业分布的主要行业看,批发和零
售业、制造业、租赁和商务服务业依然是境外企业最为聚集的行业,累计数

量超过 2.3 万家,占境外企业总数的 62.7%。其中批发和零售业超过 1 万家,占中国境外企业总数的 28.7%;制造业 7 700 多家,占 20.8%;租赁和商务服务业近 4 900 家,占 13.2%;建筑业占 6.4%;信息传输/软件和信息技术服务业占 4.7%;农/林/牧/渔业占 4.7%;科学研究和技术服务业占 4.3%;采矿业占 4.1%;交通运输/仓储和邮政业占 2.7%;居民服务/修理和其他服务业占 2.5%;房地产业占 2.4%;金融业占 1.3%。从具体行业来看,我国跨国公司投资以批发和零售为主,说明境外投资仍然以开拓市场为主,其次才是降低成本,这与我国对外开放的步骤基本相同。

表 8.4　2016 年我国境外投资的行业分布

行　业	境外企业数量(家)	比重(%)
批发和零售业	10 648	28.7
制造业	7 721	20.8
租赁和商务服务业	4 889	13.2
建筑业	2 386	6.4
信息传输/软件和信息技术服务业	1 745	4.7
农/林/牧/渔业	1 737	4.7
科学研究和技术服务业	1 578	4.3
采矿业	1 516	4.1
交通运输/仓储和邮政业	1 004	2.7
居民服务/修理和其他服务业	944	2.5
房地产业	910	2.4
文化/体育和娱乐业	488	1.3
金融业	477	1.3
电力/热力/燃气及水的生产和供应业	464	1.2
住宿和餐饮业	384	1.0
教育	112	0.3
其他	161	0.4
合计	37 164	100.0

资料来源:《2017 年度中国对外直接投资统计公报》。

四、我国跨国公司境外投资方式以开展跨境并购为主

根据《2017 年度中国对外直接投资统计公报》，从投资方式上看，跨国并购是我国企业开展跨国经营的重要手段，2016 年共实施完成并购项目 765 宗，涉及 74 个国家或地区，实际交易总额达 1 353. 3 亿美元，其中直接投资 865 亿美元，占并购总额的 63. 9％，占当年中国对外直接投资总额的 44. 1％；境外融资 488. 3 亿美元，占并购金额的 36. 1％。涉及制造业、信息传输/软件和信息技术服务业、交通运输/仓储和邮政业、电力/热力/燃气及水的生产和供应业等 18 个行业大类。从并购金额上看，制造业位居首位，涉及 200 个项目；信息传输/软件和信息技术服务业 264. 1 亿美元，位列次席；交通运输/仓储和邮政业 137. 9 亿美元，位居第三位；电力/热力/燃气及水的生产和供应业 112. 1 亿美元，位居第四位。上述四个行业中，交易金额最大的项目分别是青岛海尔股份有限公司以 55. 8 亿美元收购美国通用电气公司家电业务项目，腾讯控股有限公司等以 41 亿美元收购芬兰 Supercell 公司84. 3％的股权，天津天海物流投资管理有限公司以 60. 1 亿美元收购美国英迈国际公司，中国长江三峡集团以 37. 7 亿美元收购巴西朱比亚水电站和伊利亚水电站 30 年经营权项目，它们也成为截至 2016 年底中国企业在这些区域最大的对外投资并购项目。从实际并购金额看，美国、中国香港、开曼群岛、巴西、德国、芬兰、英属维尔京群岛、澳大利亚、法国和英国位列前十。

中国企业第一次进入全球商业的评价体系是在 1989 年，在这一年，中国银行首次进入财富 500 强排行榜。1995 年，财富 500 强首次将所有产业领域的公司纳入评选范围，有 3 家中国企业在这一年进入名单。但是，结合近期发布的财富 500 强数据来看，虽然目前民营企业已经占据了我国跨国公司境外投资的半数，但是进入财富 500 强的仍然以国有企业为主，而这些国有企业主要集中在垄断的资源能源和金融领域。上榜最多的行业是银行和商业储蓄，为 51 家，我国共有 10 家，分别是工商银行、建设银行、农业银行、中国银行、交通银行、招商银行、浦发银行、兴业银行、民生银行、光大集团，数量上超过了上榜的 8 家美国银行。加上保险公司和多元化金融企业，金融业公司上榜数量为 19 家，占上榜公司的 40％。此外，采矿、原油生产、金属产

品、车辆与零部件、房地产等传统行业居多,甚至财富500强房地产行业企业全部来自中国,而与民生相关的医疗健康、食品生产等行业以及高端半导体行业,却没有一家企业来自中国。作为参照,2018年美国大公司中没有房地产、工程建筑和金属冶炼企业,却在IT、生命健康和食品相关等领域存在众多大公司。

纵观我国跨国公司的发展,虽然有部分企业已经活跃在世界舞台,但是总体而言,海外资产规模和投资扩大,但是总体的跨国经营水平还不够高。通过与财富500强公司,以及《世界投资报告》公布的全球前100强企业数据的对比,我国跨国公司的发展还体现了一些短板,较为突出的问题是国际化程度较低(见表8.5)。例如,百度虽然在我国是互联网巨头,但是并不具备国际化的基础,因此不在跨国公司的考察范围,根据《中国500强企业发展报告》,我国的跨国公司前100强平均跨国指数只有14.54%,而全球100强平均跨国指数为61.23%。

表8.5　跨国公司100大指标比较情况

年　　度	海外资产比例(%)	海外营业收入比例(%)	海外员工比例(%)
2017年中国	16.01	19.54	8.99
2016年发展中经济体	29	44	38
2017年世界	62	65	59

资料来源:卢进勇.中国跨国公司发展报告(2017)[M].北京:对外经贸大学出版社,2017.

根据邓宁的国际投资理论,国际投资需要兼顾所有权特定优势、内部化特定优势和区位特定优势,我国跨国公司资产规模较为突出,但是所有权特定优势不显著,在经营上存在一些问题。比如上榜的企业通过垄断性资源获得规模化优势,但在技术、管理和品牌方面缺乏核心竞争力,市场化程度不高;行业的影响力有限,全球行业领导者通常在技术管理、品牌打造和管理方面具有一定的优势,但是我国跨国公司在行业中普遍影响力较小,相对新兴领域企业布局不多,尤其在关于民生和创新的领域。

第三节　基于全球价值链视角培育我国
本土跨国公司的政策措施

　　跨国公司的发展,决定着我国在全球价值链中的地位,并成为优化对外投资的主体。我国跨国公司的来源,主要是国有企业,其次为民营企业。以财富500强为例,我国入榜企业中,80％为国有企业,其余为数不多的为民营企业。随着我国经济进入新常态,为了拓展更加广阔的国际市场,民营企业通过海外投资,为自身发展搭建了更加宽广的平台。在当前的贸易投资形势下,由于民营企业在实施海外投资过程中具有更高的市场化程度,更加容易获得东道国政府审批部门的信赖,能够减少投资壁垒的束缚和跨国经营的阻力。因此,我国既要从提升企业在全球价值链中地位的视角出发,重点培育一批大型民营跨国公司成长,使其成为具有全球竞争力的跨国公司,也要支持国有大企业成为中国企业"走出去"的支柱,提升其在全球价值链中的产业控制力和辐射力。为此,政策措施应包含两个层面,一方面要满足不同性质跨国公司培育的一般要求,另一方面要出台针对性的政策措施,适应民营和国有主体成长为跨国公司的不同诉求。

一、基于全球价值链提升设定本土跨国企业培育标准

(一) 基于全球价值链设定定量指标

　　根据跨国公司的定义,我国跨国公司培育对象的基本要求是:开展对外直接投资,在两个及以上的国家或地区设立境外分支机构,并有实际生产、销售等其他经营行为。

　　除上述基本要求以外,还要满足其他经营条件,即海外资产、销售、雇员等指标要求,才能作为培育对象。联合国贸易发展会议将三个指标进行综合,形成了一个综合指标来体现跨国公司国际经营情况,即跨国经营指数(transnational index, TNI),该指数是三个分指标的非加权平均值,即国外资产比率(国外资产/总资产)、国外销售比率(国外销售额/总销售额)和国外雇员率(国外雇员/总雇员人数)。

联合国贸易发展会议根据 TNI 每年对全球 100 大跨国公司的国际生产进行排名,随着跨国公司国际化经营动机带来经营模式的变化,TNI 中细分指标的变动趋势在分化。例如国外资产比率在提高,国外雇员率在下降,制造业、服务业以及初级部门的 TNI 也在分化,但是 TNI 总体的趋势能够反映跨国公司全球经营的水平。1990 年全球前 100 强跨国公司的 TNI 平均值是 50%,2015 年全球前 100 强跨国公司的 TNI 平均值是 65%,而发展中经济体前 100 强跨国公司的 TNI 平均值是 33%。根据这个目标值,建议我国 TNI 指数设定在 30% 左右,每年选取前 100 位企业作为培育对象。

(二)基于全球价值链提升设定行业目标

跨国公司的培育要与我国境外投资结构的优化目标相一致,因此要选择特定行业和特定主体。根据这个标准我们建议,培育跨国公司应重点选择以下三种类型的行业。

(1)具有较强商业经营能力,已经在海外有一定投资经营基础的企业,以国有企业为主。结合我国建设开放型经济强国和经济发展新常态的内在要求,选择那些具有国际竞争力的国有骨干企业。首先,拥有全球资源整合能力,包括人才、技术、管理、金融等要素和生产资源,拥有明确的国际目标,而且拥有完整的全球运作的架构,以国内总部为核心,具有完整的产业链配套和供应链体系,能够抵御国际化运营的风险。其次,服务于国内经济发展,能够引导和推动我国对外投资结构调整与转型升级,为国内富余产能寻找国际新市场,发展新空间。最后,在东道国合规经营,能够参与国际产业规则制定。这类企业主要集中在能源资源、金融、电信、工程桥梁、高铁等行业和领域。

(2)具有国际经营基础且在细分领域是隐形冠军的企业,以民营企业为主。这些企业早期作为跨国公司的供应商,熟悉国际贸易投资规则,通过融入跨国公司的供应链网络,逐步形成自身的国际生产和营销网络。具有一定的国际视野,能够捕捉生产技术、商业模式的变化,能够做出适应性的调整和创新,在跨国公司供应链和价值链中具有不可替代性。这类企业主要集中在行业开放程度较高、竞争充分的领域,如纺织服装、电子、机电设备、家具等行业。

（3）市场前景好、成长爆发性强，技术、模式和管理理念先进的创新型企业。按照有创新组织、有计划方案、有开放项目、有跨界互动、有成效评估等基本要求，将符合这些要求的创新型企业纳入培育范围。这类企业主要分布在我国数字产业，如电子商务、大数据、在线教育、健康、社交等领域，虽然目前这些行业没有完全开放，但是这些创新型企业通过模仿全球前沿技术和商业模式，利用我国巨大的市场空间，已经获得先发优势。

二、从全球价值链视角推动国有企业改革和提高民营企业资源配置力度

（一）推动国有企业成为商业化、股权多元化、治理法治化的全球市场主体

以培育一批国际一流跨国公司为目标，把国企改革发展置于全球经济环境中，增强其商业性、国际性和合规性的特征。

（1）要明晰培育主体的商业性。我们培育的跨国公司应该是处于完全竞争领域的商业性国企，要彻底实现市场化，以收益为单一目标。国有企业的一个重要使命是承担国家资源能源安全和命脉产业的发展，但是这样的目标要与商业性目标分割，保持国有企业市场主体特征。

（2）要去除行政化管理模式。跨国公司开展国际经营，需要灵活的管理架构，有效的反应机制。我国的国有企业老体制的传统问题根深蒂固，母公司的决策过程缓慢、效率低，需要层层传递到境外分支机构。未来商业性国有企业应该推动行政管理模式，借鉴跨国公司的组织构架，增强海外事业部的决策权力，通过地区总部管理海外机构，积极引进包括外资在内的战略投资者，推动企业整体经营机制的转变，尽快实现国有大企业合规经营。

（3）要完善审查机制。未来我国的海外并购将面临更加严格的审查，这既是我国境外投资的阻力，更是推动我国国有企业合规经营的动力。我国国有企业尤其要加强合规经营，包括遵守东道国的法律法规和道德规范，遵守企业内部规章包括企业的商业定位准则，遵守职业操守和道德规范，尤其要避免各种形式的商业腐败，并且加强在东道国的社会责任。

(二) 扩大对民营企业的资源配置力度

相比于国有企业和外资企业,民营企业尤其是成长型的民营企业,海外投资项目获得政策性银行和商业银行融资支持的难度较大,在贷款审批、额度、利率、优惠政策等方面都不如国有企业方便和优惠,此外海外投资的领域也存在限制。

(1) 完善民营企业"走出去"的信用担保制度,进而提高企业的投融资能力,协助海外投资民营企业获取长期优惠贷款,为其外国银行借款提供必要的担保,落实"外保内贷"的融资模式,鼓励商业银行以民营企业境外资产、股权、矿业开采权、土地等作抵押,由境外银行出具保函,为境外企业在国内取得贷款提供担保。

(2) 鼓励民营企业更多参与海外重大项目和基础设施项目的投资建设,开放能源资源进口资格,让民营企业拥有与国有企业同等的投资机会。对于批发零售、纺织服务、机电设备等具有竞争力领域的境外投资,要简化境外投资的审批手续,进一步下放境外投资的审核权限,减少审批环节,缩短审批周期,对一些重大项目争取"一事一议"。

三、围绕全球价值链的资源优化配置建立境外投资的专业平台

从全球投资布局我们可以发现,大量的外国直接投资主要以区域为中心进行集聚。例如,根据伦敦市政府发布的《2016 年伦敦经济发展指数》,伦敦是欧洲吸引外资最多的城市,约占欧洲吸引外资规模的 30%、英国的 50%。按照《2017 年世界投资报告》发布的数据进行测算,2016 年伦敦吸收外资约 1 269 亿美元。同期,新加坡吸收外资规模为 500 亿美元,香港地区为 1 080 亿美元,两者占亚洲外资规模的比重分别约为 10% 和 20%,成为该区域吸引外资的主要目的地。20 世纪 80 年代之后,城市作为全球经济单元的重要性日益提升,成为跨国公司总部和地区总部的集聚地以及全球贸易投资的主要目的地,这主要是因为这些全球城市具有优质的金融服务、专业服务、创新支持和风险预警服务。

目前在全球城市排名中,相比国内其他城市,北京和上海的全球影响力

最高。我国可以将重要的门户城市作为基地,例如北京作为国有跨国公司的培育基地,上海作为苏浙沪民营企业国际化跃升基地,深圳作为创新型跨国公司培育基地,等等。这些城市作为跨国公司培育的基础,需要构筑海外融资、专业服务和风险预警等基础服务平台,以及创新服务等提升性平台。

(一) 推进跨境资本流动政策突破

境外投资、跨国经营,初始点就是资本的跨境流动,因此对跨境资金调配的效率具有较高的要求,但是目前我国外汇监管政策波动大、程序烦琐,原因就在于我国资本项目可兑换的限制。此外,企业国际化经营难做大、做强,很重要的原因是受困于资金不足,融资渠道单一,融资成本过高。特别是对于中小企业,如遇到投资大、周期长、见效慢的境外项目,通过银行贷款则融资成本较高且审核要求较严,很难在项目要求的既定时间内完成融资要求。

因此,海外投融资平台建设的首要任务是推动跨境资本流动政策突破,并打通人民币和外汇通道、经常项目和资本项目通道以及境内境外资金通道。研究人民币在"一带一路"沿线国家中的流出和回流机制等,加大境外人民币对内投资,推动 QDII、QFII 和境外融资业务。为支持"走出去",境外中资企业、合资合作企业等可在统一授信框架下在金融机构的分账核算单元开立账户,根据自身商务谈判约定的条件办理与投资及境外项目工程类相关的定金和预付款等的跨境结算,在当地开展的商务、贸易、投资活动所需的国际及跨境结算汇兑、担保、融资、流动性以及风险管理等业务。金融机构可根据自身服务提供能力为境外企业提供分账核算单元跨境金融服务,办理当地、跨境以及国际商贸投资活动所需的结算汇兑和投资融资等业务。

其次,牵头组织协调国家开发银行、进出口银行、中国出口信用保险等机构,建立推进政、银、企融资对接工作机制,帮助企业利用丝路基金、亚洲基础设施投资银行等融资途径承接"一带一路"项目,并就重点项目与金融信保等机构召开项目融资对接会,为"走出去"企业提供个性化融资需求对接服务。

最后,近年来随着我国创新创业的驱动,全球各地的投资机构、风险资本等进入国内,开展了资金池业务,目前这些投资机构主要锁定创新模式、业态和企业,建议积极推动这些资金和资本进入境外投融资平台。此外,积极推动金融技术方面与英美法系国际化标准接轨,扩大金融市场准入,集聚更优的国际资本,为民营企业提供更多的融资来源。

(二) 构建海外投资的专业服务平台

香港地区成为海外资本进入我国国内市场、我国企业海外投资的平台,除了其金融中心的作用,更为重要的是大量专业服务的集聚。企业到国外投资需要中介机构提供信息咨询、风险评估、融通资金、商业保险、财税法律等多方面服务。生产性服务是全球价值链的投入要素,是全球价值运作的润滑剂,如果生产性服务不能有效投入,会导致境外投资项目效率减退。目前,我国服务外包已经占到全球市场的 30% 以上[①],但是是以服务境外公司为主,对我国国内企业没有起到支撑作用,对这些企业而言,也丧失了跟随我国制造业开展境外经营的机遇。

(1) 鼓励和支持搭建一批有规模、有实力的国内服务平台和机构,为企业"走出去"提供有效、有力的信息查询、事务办理与业务咨询等综合服务。着力构建国际化、专业化、市场化的"走出去"公共服务体系,打造以服务企业为核心的"走出去"生态圈,为企业提供信息服务、调查服务、投资促进、人才培训、法律等服务,支持企业稳妥高效地"走出去"。在信息服务方面,要持续运营"走出去"信息服务平台,为企业提供国际国内专业服务机构编制的国别和行业领域对外投资指南,以及境外安全风险防范指南和跨国经营行为指引等。并且还要鼓励有偿的信息服务体系,境外投资的目的地广泛,企业凭借自身的能力获取的信息有局限性和不充分性,公共专业平台可以提供有偿信息服务。

(2) 进一步推动服务业开放措施落地。扩大专业服务业开放,推动投资咨询、法律服务、会计审计、人力资源等领域国际知名机构落地,并且落实好为企业选聘人才、上市融资、开展国际经营等提供专业化、国际化服务。

(三) 建立事中事后监管体制和风险防控平台

根据中国出口信用保险公司发布的《"一带一路"65 个国家风险状况分

---

① http://www.cbdio.com/BigData/2015-09/28/content 3893491.htm.

析》，"一带一路"沿线84%的国家都存在投资风险，而随着美国、德国相继加大了对我国境外投资的审查，我国企业境外投资风险进一步加大，因此迫切需要从政府公共服务层面提供相应的支撑。

（1）引导合理有序的对外投资。按照国务院办公厅转发《关于进一步引导和规范境外投资方向指导意见的通知》中的要求，对鼓励开展、限制开展和禁止开展的各类境外投资项目，进行分类管理和指导、服务，规范"走出去"市场秩序，有效促进我国对外投资持续健康发展。

（2）加强对外投资监管和风险防范。进一步完善跨部门境外突发事件应急处置机制建设，编制防范境外安全风险防范指南，实施境外安全风险防范培训计划，在安全风险突出的区域，通过政府间合作机制等强化点对点服务，探索市场化、专业化保险方案。通过随机抽检和现场巡查等方式，加强对企业境外安全风险防范和突发事件应急处置的检查和指导。

（3）规范企业海外经营行为。引导我国对外投资合作企业进一步加强企业社会责任意识，鼓励企业在境外积极参与当地公益事业；注重资源节约，做好环境保护工作；开展属地化经营，实现共同发展，支持和引导企业在海外做"受欢迎的企业"。

（4）培育面向企业境外投资和跨国经营的社会化服务机构，鼓励服务机构"走出去"设立境外服务站点，加强信息、法律、维权等境外服务。充分发挥海外侨商组织和其他华人华侨组织的作用，统筹利用贸促机构境外办事处、境外商会及国际商事调解仲裁机构等组织和网络，为我国民营企业对外投资合作提供便利服务。

（四）设立创新服务平台

随着全球经济进入互联网数字新经济时代，创新型企业不断涌现，这些企业发端于开放的环境之中，并具有国际背景，因此要及时准确把握这些企业的发展趋势，尤其是信息技术和生命健康等领域，并加以集聚和培育。

（1）强化制度供给能力。主动适应产业跨界融合、业态模式创新等经济社会发展新需求，完善新技术、新产业、新业态、新模式加快发展和有效监管的政策体系，推动上海、深圳等城市成为创新型企业发展壮大的热土。

（2）吸引集聚更多创新型企业发展。推进下一代互联网示范城市、数字商务等国家级试点,推动互联网、大数据、人工智能与经济贸易的深度融合,培育和集聚一批市场前景好、成长爆发性强,技术、模式和管理理念先进的创新型企业和大宗商品、中高端消费、生活服务等领域的独角兽企业。

(3)支持各类孵化器建设,为创新创业活动提供"一站式"服务。提高金融支持和专业服务水平。进一步发挥创业投资引导基金、天使投资引导基金和股权投资基金的作用,引导社会资本、国际资本投向初创期、种子期、成长期的创新型企业。

四、以自由贸易投资网络建设推动中国企业对外投资的全球价值链布局

(一) 推动亚太自由贸易区网络建设

由于 WTO 框架下的多边贸易谈判进程缓慢,欧美等发达国家正在加速自由贸易协定(Free Trade Agreement,FTA)网络的建设,以第一代(WTO+)和第二代(WTO-X)谈判议题为核心内容的深层 FTA,正在成为大国重构国际经贸规则的新手段。与此同时,加快实施自由贸易区战略成为我国新一轮对外开放的重要内容,党的十八大和十九大均提出要积极推进自由贸易区建设,国务院发布的《关于加快实施自由贸易区战略的若干意见》更是明确指出,将中国与"一带一路"沿线国家的 FTA 构建作为其面向全球的高标准 FTA 网络体系的重要组成部分。

近年来,全球化的二次松绑和离岸外包的盛行,促进了全球范围内 FTA 的快速增长,并形成了复杂的 FTA 网络。由于参与国经济政治基础差异较大,从而在 FTA 规则领域的广度、深度和法律约束力上存在明显的差异(规则异质性)。从国际分工角度看,越是复杂的产品生产和贸易越需要贸易、投资、服务一体化的高标准国际经贸新规则(WTO,2011)。

因此,我们建议基于 FTA 网络层面,根据参与国 FTA 规则标准的相对高低,以亚洲地区为重点,加快构建周边自由贸易网络,为我国跨国公司产业链、价值链和供应链布局提供制度层面的保障。例如,与条件成熟的发达国家和地区建立双边、多边自由贸易区,实施高标准的贸易投资政策和规则。与经济发展水平较低的国家,通过承诺过渡期、产业项下贸易自由化以

及早期收获计划、框架协议等多种合作形式，先达成浅层次一体化协议，如实施基础设施和产能项下的自由贸易政策。在经济不发达地区，以境外园区合作建设推动产业结构优化，推动形成以原油、木材等资源能源、纺织、服装、皮革、机电等劳动密集型产业为主的境外园区。

（二）完善与欧洲诸国双边的自由贸易投资协定

与美国相比，欧洲国家具有不同的特点，我国企业在过去一段时间内对其的重视程度不足。欧洲市场相对较为分散，欧盟所形成的统一市场在经济危机后受到较大冲击，面临的结构性调整与内部壁垒有所增强。与此同时，英国脱欧给欧洲经济和产业布局造成较大影响，也在一定程度上影响着我国企业的对欧投资决策。作为工业革命的发源地，欧洲许多国家具有独特而成熟的产业实力，我国不仅有巨大且持续升级的消费市场，而且具备完整的工业体系和强大的整合能力。事实上，中国与欧盟几乎所有成员国都签署了双边投资协定。为适应环境的发展，欧盟统一代表所有成员国与中国自 2013 年启动了新的双边投资协定谈判，力争为双向投资提供更为开放、可预期、公平和透明的投资环境和保障。2018 年 7 月举行的第 20 次中欧领导人会晤期间，双方就中欧双边投资协定交换了清单出价，标志着谈判进入新阶段。

与"一带一路"沿线国家不同，欧洲国家具有较高的经济发展水平，尤其是荷比卢地区拥有优越的地理位置，在文化上也有着相对的包容性。笔者建议：①加快推进中欧投资协定谈判进程，准入前国民待遇、负面清单作为谈判的基本原则，为双方的企业提供投资的宽松环境。②开展中欧双边自贸协定谈判，在投资协定谈判已有成果的基础上，减少重复谈判，提高企业在当地经营的效率和成果。③维护 WTO 等多边贸易体制和规则，推动 WTO 改革在均衡和公平上取得实质性进展。④在贸易投资基础上，把相互之间的贸易投资便利化合作放在重要位置，改善营商环境，努力提高货物通关、货币兑换以及跨境贸易投资结算和人员往来的便利性。

（三）加快境外经贸合作区建设

境外经贸合作区是我国推动南南合作的载体，是我国、发展中国家以及转轨经济体合作的载体，也是推动发展中国家工业化的助推器。境外经贸合作区的建设能够带来东道国的工业化进程、城镇化进程。随着"一带一路"倡议的提出,境外经贸合作区作为推进"一带一路"产能合作的平台,更是我国境外投资企业构筑产业价值链的平台。未来,要加快境外经贸合作区建设,推动我国企业境外投资的能级提升。

(1)加强双方政府的政策联动。政策沟通是"一带一路"倡议的前提和保障,同样也是境外经贸合作区建设的前提和保障。在坚持境外经贸合作区建设以市场为导向、以效益为中心、以企业为主体的原则下,政府发挥和东道国政府进行有效的政策沟通、平等协商的作用,为企业境外投资提供稳定的东道国合作环境,保障企业的海外利益。

(2)加强我国市场和东道国市场的联动,甚至是东道国市场和国际市场的联动。苏州工业园作为我国境外合作区建设的参考样本,具有极强的市场导向性,是新加坡市场和中国市场共振联动的结果。我国应积极借鉴新加坡的经验,积极推动我国生产资料、服务通过境外经贸园区拓展海外市场,同时配套境外经贸园区的发展为最终产品出口提供国内市场的支撑。

(3)加强两国产业的联动。我国已经深度融入世界经济体系,并且是全球化坚定的推动者和捍卫者,因此要进一步加强推动两国产业联动,通过产业上下游配套、服务配套,以及建立双向贸易合作渠道,让中国的产业链条和国际的产业体系更深度地融为一体,推动发展中国家融入全球化,成为我国企业国际化的舞台。

(4)加强区内企业的产业协同。境外经贸合作区是一种产业的空间集聚,是通过产业链的密切合作,形成上下游企业的相互配套,实现区域内更高的效率和更高的效益。

参考文献

［1］安邦智库.中资海外并购遇阻的原因和应对之策［EB/OL］.（2016－12－29）［2019－06－23］.http://news.hexun.com/2016-12-29/187552738.html.

［2］白光裕.全球价值链与国际投资关系研究：中国的视角［J］.国际贸易,2015（6）：16－20.

［3］毕吉耀,张哲人.我国对外直接投资取得显著成绩［J］.中国金融,2017（21）：40－42.

［4］岑丽君.中国在全球生产网络中的分工与贸易地位——基于TiVA数据与GVC指数的研究［J］.国际贸易问题,2015（1）：3－14.

［5］钞鹏.中国企业对外投资发展历程和规模分析［J］.武汉商业服务学院学报,2014（2）：9－12.

［6］陈超.中国对欧盟投资与欧盟外资审查最新趋势［J］.全球化,2017（3）：49－58.

［7］陈建勋,吴卫星,罗妍.跨国并购交易结构设计对银行效率的影响［J］.统计研究,2017（4）：72－88.

［8］陈俊聪.对外直接投资对服务出口技术复杂度的影响［J］.国际贸易问题,2015（12）：64－73.

［9］陈俊聪,黄繁华.对外直接投资与出口技术复杂度［J］.世界经济,2013（11）：74－79.

［10］陈松,刘海云.东道国治理水平对中国对外直接投资区位选择的影响［J］.经济与管理研究,2012（6）：71－78.

［11］陈植.美国投资监管扩权　跨境并购借道PE或陷空壳黑名单［N］.21世纪经济报道,2018－05－25.

［12］程聪,谢洪明,池仁勇.中国企业跨国并购的组织合法性聚焦：内部、外部,还是内部＋外部?［J］.管理世界,2017（4）：158－173.

［13］戴翔,金培.产品内分工、制度质量与出口技术复杂度［J］.经济研究,2014（7）：3－17.

［14］戴翔,张二震.中国出口技术复杂度真的赶上发达国家了吗［J］.国际贸易问题,2011（7）：3－16.

［15］邓新明,许洋.双边投资协定对中国对外直接投资的影响［J］.世界经济研究,2015（3）：47－55.

［16］杜玉虎,张传勇.我国海外园区发展现状与探索［R］.中国社会经济论坛,2018.

［17］高厚宾,吴先明.新兴市场企业跨国并购、政治关联与创新绩效——基于并购异质性视角的解释［J］.国际贸易问题,2018(2)：137－148.

［18］功成.2016年我国对外承包工程业务发展概述［J］.国际工程与劳务,2017(4)：20－25.

［19］顾卫平,薛求知.论跨国并购中的文化整合［J］.外国经济与管理,2004(4)：2－7.

［20］观察者网.德媒：美情报机构介入　中企收购德国芯片设备制造商爱思强被叫停［EB/OL］.(2016－10－27)［2019－03－16］.https：//www.guancha.cn/economy/2016_10_27_378507.shtml.

［21］桂畅旎.美外商投资国家安全审查制度的改革动向及对我国影响［EB/OL］.(2018－01－02)［2019－06－17］.https：//www.sohu.com/a/214184853_468736.

［22］郭威,王志强.基于全球价值链重构的民营企业跨国并购路径研究［J］.经济体制改革,2017(5)：96－100.

［23］胡日东,衣长军.我国民营企业对外直接投资中价值链区位选择［J］.宏观经济研究,2008(3)：59－63.

［24］胡润百富.2017中国企业跨境并购特别报告［EB/OL］.(2017－06－06)［2019－02－18］.http：//www.hurun.net/cn/article/details？num=661f96afbdf5.

［25］黄慧德.对“一带一路”沿线国家投资合作情况［J］.世界热带农业信息,2017(6)：43－44.

［26］黄永明,何伟,聂鸣.全球价值链视角下中国纺织服装企业的升级路径选择［J］.中国工业经济,2006(5)：56－63.

［27］贾镜渝,李文,郭斌.经验是如何影响中国企业跨国并购成败的——基于地理距离与政府角色的视角［J］.国际贸易问题,2015(10)：87－97.

［28］贾镜渝,李文.经验与中国企业跨国并购成败——基于非相关经验与政府因素的调节作用［J］.世界经济研究,2015(8)：48－58.

［29］贾玉成,张诚.经济周期、经济政策不确定性与跨国并购——基于中国企业跨国并购的研究［J］.世界经济研究,2018(5)：65－79.

［30］蒋殿春,张宇.经济转型与外商直接投资技术溢出效应［J］.经济研究,2008(7)：26－38.

［31］蒋冠宏,蒋殿春,蒋昕桐.我国技术研发型外向FDI的“生产率效应”［J］.管理世界,2013(9)：44－54.

［32］蒋冠宏,蒋殿春.绿地投资还是跨国并购：中国企业对外直接投资方式的选择［J］.世界经济,2017(7)：126－146.

［33］蒋冠宏.我国企业跨国并购与行业内逆向技术溢出［J］.世界经济研究,2017(1)：60－69.

［34］蒋冠宏.我国企业跨国并购真的失败了吗？——基于企业效率的再讨论［J］.金融研究,2017(4)：46－60.

［35］井百祥,刘平.基于微观经济与战略动因的跨国并购［J］.国际贸易问题,2002(11)：40－43.

[36] 景朝阳. 当前中国对外投资趋势[EB/OL]. (2018-01-25)[2019-01-18]. http://intl. cssn. cn/gj/gj_gwshkx/gj_jj/201801/t20180125_3827750.

[37] 鞠建东,余心玎. 全球价值链上的中国角色——基于中国行业上游度和海关数据的研究[J]. 南开经济研究,2014(5):39-52.

[38] 李超,张诚. 中国对外直接投资与制造业全球价值链升级[J]. 经济问题探索,2017(11):114-126.

[39] 李婧璇. 文化企业跨境并购应注意什么?——访美国高标顾问有限公司总裁武岩[N]. 中国新闻出版广电报,2016-02-22.

[40] 李俊久,蔡琬琳. 对外直接投资与中国全球价值链分工地位升级:基于"一带一路"的视角[J]. 四川大学学报,2018(3):157-168.

[41] 李磊,白道欢,冼国明. 对外直接投资如何影响了母国就业?——基于中国微观企业数据的研究[J]. 经济研究,2016(8):144-158.

[42] 李丽辉. 国企走出去　风险如何防[N]. 人民日报,2017-08-10.

[43] 李梅,柳士昌. 对外直接投资逆向技术溢出的地区差异和门槛效应[J]. 管理世界,2012(1):21-32,66.

[44] 李善民,李昶. 跨国并购还是绿地投资?——FDI 进入模式选择的影响因素研究[J]. 经济研究,2013(12):134-143.

[45] 李宗明,高兴民. 基于 GWR 模型的国际直接投资对全球价值链分工地位空间分异影响的实证研究[J]. 上海交通大学学报(哲学社会科学版),2018,26(3):45-55.

[46] 梁军. 国际直接投资的发展与中国不同地区的引资战略——基于时间和空间视角的研究[D]. 上海:上海社会科学院,2007.

[47] 梁梦雅. 中企海外投资结构不断优化[N]. 中国联合商报,2018-04-18.

[48] 林季红. 国际生产折中理论的局限及进一步发展的新视角[J]. 国际贸易问题,2007(9):93-101,107.

[49] 刘斌,王杰,魏倩. 对外直接投资与价值链参与:分工地位与升级模式[J]. 数量经济技术经济研究,2015(3):39-56.

[50] 刘海云,毛海鸥. 国家国际分工地位及其影响因素——基于"GVC 地位指数"的实证研究[J]. 国际贸易探索,2015(8):44-53.

[51] 刘琳. 中国参与全球价值链的测度与分析——基于附加值贸易的考察[J]. 世界经济研究,2015(6):71-84.

[52] 刘明宇,芮明杰. 价值网络重构、分工演进与产业结构优化[J]. 中国工业经济,2012(5):148-160.

[53] 刘寿先. 跨国并购的中外目标差异及实证研究[J]. 产业经济研究,2004(4):36-45.

[54] 刘维林,李兰冰,刘玉梅. 全球价值链嵌入对中国出口技术复杂度的影响[J]. 中国工业经济,2014(6):83-95.

[55] 刘新宇. 中国对外直接投资对出口商品结构的影响研究[D]. 北京:首都经济贸易大学,2016.

[56] 卢晓明. 蚂蚁金服宣布 8.8 亿并购美国快速汇款机构 MoneyGram [EB/OL]. (2017 -
01 - 26)[2019 - 06 - 10]. http://36kr. com/p/5062785. html.

[57] 鹿朋. 跨国并购比较优势论与实证检验[J]. 世界经济研究,2007(8)：52 - 56.

[58] 罗伯特·吉尔平. 跨国公司与美国霸权[M]. 钟飞腾,译. 北京：东方出版社,2011.

[59] 罗长远,张军. 贸易附加值：基于中国的实证分析[J]. 经济研究,2014(6)：4 - 18.

[60] 罗军,冯章伟. 制造业对外直接投资与全球价值链地位升级[J]. 中国科技论坛,2018
(8)：76 - 82,91.

[61] 罗伟,葛顺奇. 中国对外直接投资区位分布及其决定因素——基于水平型投资的研
究[J]. 经济学(季刊)[J]. 2013.12(4)：1443 - 1464.

[62] 马风涛. 中国制造业全球价值链长度和上游度的测算及其影响因素分析[J]. 世界经
济研究,2015(8)：3 - 11.

[63] 马红旗,陈仲常. 我国制造业垂直专业化生产与全球价值链升级的关系——基于全
球价值链治理视角[J]. 南方经济,2012(9)：83 - 91.

[64] 马述忠,陈亚平,刘梦恒. 对外直接投资逆向技术溢出与全球农业价值链地位提
升——基于 G20 国家的经验研究[J]. 国际商务研究,2017(3)：5 - 17.

[65] 毛海鸥,刘海云. 中国 OFDI 如何影响出口技术含量[J]. 数量经济技术经济研究,
2018(7)：97 - 113.

[66] 南晓莉,张敏. 政府补助是否强化了战略性新兴产业的成本黏性[J]. 财经研究,2018
(8)：114 - 127.

[67] 倪中新,花静云,武凯文. 我国企业的"走出去"战略成功吗？——中国企业跨国并购
绩效的测度及其影响因素的实证研究[J]. 国际贸易问题,2014(8)：156 - 166.

[68] 聂名华. 对外直接投资逆向技术溢出与全球价值链升级研究进展[J]. 科技管理研
究,2016(15)：153 - 158,165.

[69] 彭大伟. 德国最新修法损害投资环境　德国中国商会深表担忧[EB/OL]. (2017 - 07 -
17)[2019 - 01 - 10]. http://news. sina. com. cn/o/2017-07-17/doc-ifyiamif3281429.
shtml.

[70] 祁春凌,黄晓玲. 我国对外直接投资的产业结构与行业分布问题研究[J]. 管理前沿,
2012(2)：9 - 11.

[71] 上海市商务委员会. 上海对外投资合作年度发展报告[EB/OL]. [2019 - 09 - 14].
https://www. pwccn. com/zh/publications/shanghai-investment-cooperation. html.

[72] 邵新建,巫和懋,肖立晟,等. 中国企业跨国并购的战略目标与经营绩效：基于 A 股
市场的评价[J]. 世界经济,2012(5)：81 - 105.

[73] 邵玉君. FDI、OFDI 与国内技术进步[J]. 数量经济技术经济研究. 2017(9)：21 - 38.

[74] 沈桂龙,张晓娣. 跨境建工业园区为何成新动向[N]. 解放日报,2017 - 08 - 22.

[75] 苏庆义,高凌云. 全球价值链分工位置及其演进规律[J]. 统计研究,2015(12)：
38 - 45.

[76] 孙黎,李俊江. 全球价值链视角下中国企业对外直接投资的驱动力研究[J]. 社会科
学战线,2015(12)：56 - 62.

[77] 钛媒体. 中国赴美收购频频受阻　美国 CFIUS 审查是怎样一种机制[EB/OL]. (2018 - 02 - 28)[2019 - 10 - 10]. http://finance. sina. com. cn/roll/2018-02-28/doc-ifyrwsqk2249318. shtml.

[78] 唐海燕,张会清. 产品内国际分工与发展中国家的价值链提升[J]. 经济研究,2009 (9)：81 - 93.

[79] 唐炎钊,王子哲,王校培. 跨国并购文化整合的一个分析框架——论我国企业跨国并购的文化整合[J]. 经济管理,2008(10)：24 - 29.

[80] 田海峰,黄祎,孙广生. 影响企业跨国并购绩效的制度因素分析——基于 2000—2012 年中国上市企业数据的研究[J]. 世界经济研究,2015(6)：111 - 118.

[81] 万解秋,刘亮. 跨国并购效应研究新进展[J]. 经济学动态,2009(5)：109 - 112.

[82] 王碧珺,张明,马剑文. 2016,中国海外并购步伐缘何放缓？[EB/OL]. (2016 - 08 - 31)[2019 - 06 - 17]. http://www. ftchinese. com/story/001069134？ page = 3&archive.

[83] 王海忠,陈增祥,司马博. 跨国并购中品牌重置策略对新产品评价的影响机制研究 [J]. 中国工业经济,2011(11)：100 - 108.

[84] 王军宏. 企业并购的人力资源管理策略——从联想集团与 IBM PC 的并购谈起 [J]. 经济管理,2005(7)：86 - 89.

[85] 王克岭,罗斌,吴东,等. 全球价值链治理模式演进的影响因素研究[J]. 产业经济研究,2013(4)：14 - 20,58.

[86] 王岚,李宏艳. 中国制造业融入全球价值链路径研究——嵌入位置和增值能力的视角[J]. 中国工业经济,2015(2)：76 - 88.

[87] 王岚. 融入全球价值链对中国制造业国际分工地位的影响[J]. 统计研究,2014(5)：17 - 23.

[88] 王利华. 中国跨国公司对外直接投资区位选择研究[D]. 上海：华东师范大学,2010.

[89] 王仁荣. 企业社会责任和中国企业海外并购[J]. 上海经济,2012(1)：38 - 43.

[90] 王天有. 跨国并购的价值评估方法研究[J]. 数量经济技术经济研究,2002(7)：77 - 80.

[91] 王晓红. 我国对外直接投资结构正在转变[EB/OL]. (2017 - 12 - 08)[2019 - 12 - 17]. http://www. sohu. com/a/209322752_123753.

[92] 王晓红. 我国企业对外直接投资现状及对策研究[EB/OL]. (2017 - 12 - 08)[2019 - 03 - 17]. http://finance. huanqiu. com/cjrd/2018-01/11517531. html.

[93] 王晓玉,汪俊. 跨国并购对本土品牌国际化形象的提升效应[J]. 软科学,2017(6)：129 - 133.

[94] 王兴平. 江苏海外产业园区发展的现状、问题和对策研究[EB/OL]. (2016 - 11 - 01)[2019 - 08 - 12]. http://theory. jschina. com. cn/lilunzhuanti/xsdh/zczt/xfzln/201611/t3076431. shtml.

[95] 危平,唐慧泉. 跨国并购的财富效应及其影响因素研究——基于双重差分方法的分析[J]. 世界经济研究,2016(11)：120 - 131.

[96] 文东伟.中国制造业出口的技术复杂度及其跨国比较研究[J].世界经济研究,2011
　　(6):39-45.

[97] 文婧,曾刚.全球价值链治理与地方产业网络升级研究——以上海浦东集成电路产
　　业网络为例[J].中国工业经济,2005(7):20-27.

[98] 吴思.我国企业跨国品牌资源的并购与整合:现状、问题与对策[J].国际贸易问
　　题,2011(11):168-176.

[99] 吴卫群.上海企业对"一带一路"沿线投资进入"加速跑",分领域分国别还有哪些投
　　资机遇?[EB/OL].(2018-07-24)[2019-11-17].http://sh.eastday.com/m/
　　20180724/u1ai11658282.html.

[100] 吴先明,苏志文.将跨国并购作为技术追赶的杠杆:动态能力视角[J].管理世界,
　　　2014(4):146-164.

[101] 谢洪明,王悦悦,张光曦,等.基于全球价值链再造的民营企业跨国并购整合研
　　　究——以卧龙和均胜为例[J].软科学,2015(3):47-51.

[102] 徐晓慧,黄先海,李杰.目标市场负向需求冲击影响企业跨国并购的机理与实证
　　　[J].经济理论与经济管理,2017(3):85-100.

[103] 许晓芹.中国OFDI对产业升级的影响研究[D].长春:吉林大学,2017.

[104] 薛安伟.跨国并购对企业管理效率的影响研究——基于倾向得分匹配方法的实证
　　　分析[J].国际贸易问题,2018(3):24-36.

[105] 薛安伟.跨国并购提高企业绩效了吗——基于中国上市公司的实证分析[J].经济
　　　学家,2017(6):88-95.

[106] 闫海斌.蚂蚁金服并购速汇金失败背后分析,是黑天鹅还是灰犀牛事件?[EB/
　　　OL].(2018-01-18)[2019-06-11].http://www.sohu.com/a/217507019_
　　　100063856.

[107] 阎大颖.中国企业对外直接投资的区位选择及其决定因素[J].国际贸易问题,2013
　　　(7):128-135.

[108] 阎虹戎,冼国明,明秀南.对外直接投资是否改善了母公司的员工结构?[J].世界
　　　经济研究,2018(1):53-66.

[109] 杨丹辉,渠慎宁.私募基金参与跨国并购、核心动机、特定优势及其影响[J].中国工
　　　业经济,2009(3):120-129.

[110] 杨德彬.跨国并购提高了中国企业生产率吗——基于工业企业数据的经验分析
　　　[J].国际贸易问题,2016(4):166-176.

[111] 杨娇辉,王伟,王曦.我国对外直接投资区位分布的风险偏好:悖论还是假象
　　　[J].国际贸易问题,2015(5):133-144.

[112] 杨连星,罗玉辉.中国对外直接投资与全球价值链升级[J].数量经济技术经济研
　　　究,2017(6):54-70.

[113] 姚博,魏玮.参与生产分割对中国工业价值链及收入的影响研究[J].中国工业经
　　　济.2012(10):65-76.

[114] 姚博,魏玮.生产国际分割及其对价值链地位的提升效应[J].山西财经大学学报,

2012(10)：69－76.

[115] 姚战琪.基于全球价值链视角的中国企业海外投资效率问题研究[J].国际贸易，2016(2)：13－17.

[116] 姚战琪,夏杰长.中国对外直接投资对"一带一路"沿线国家攀升全球价值链的影响[J].南京大学学报,2018(4)：35－46.

[117] 叶生洪,王开玉,孙一平.跨国并购对东道国企业竞争力的影响研究——基于中国制造业企业数据的实证分析[J].国际贸易问题,2016(1)：50－59.

[118] 余东华,吕逸楠.政府不当干预与战略性新兴产业产能过剩——以中国光伏产业为例[J].中国工业经济,2015(10)：53－68.

[119] 余官胜,林俐.民营企业因何动机进行对外直接投资？[J].国际经贸探索,2014,30(2)：74－84.

[120] 袁方.美国外资并购中的国家安全审查制度——以中国企业的遭遇为例评析[D].北京：中国人民大学,2008.

[121] 原田逸策.专访张明：如何看待中国对"一带一路"沿线国家的投资现状与前景？[EB/OL].(2017－07－11)[2019－05－17].http://www.sohu.com/a/156264061_784171.

[122] 查日升.中国参与全球经济治理模式研究——基于全球价值链治理视角[J].宏观经济研究,2015(5)：9－17.

[123] 张春萍.中国对外直接投资的贸易效应研究[J].数量经济技术经济研究,2012,6：74－85.

[124] 张海燕.基于附加值贸易测算发对中国出口地位的重新分析[J].国际贸易问题,2013(10)：65－76.

[125] 张辉.全球价值链理论与我国产业发展研究[J].中国工业经济,2004(5)：38－46.

[126] 张建红,卫新红,海柯·艾伯斯.决定中国企业海外收购成败的因素分析[J].管理世界,2010(3)：97－107.

[127] 张娟.服务业跨国公司的贸易效应[M].北京：经济科学出版社,2017.

[128] 张思哲.论中国企业海外并购失败的主要原因及对策[J].中国经贸,2012(16)：28－29.

[129] 张亚莉.企业并购后的人事整合[J].财经科学,2003(S1)：143－144.

[130] 张瑜,杨晓."一带一路"沿线国家投资风险评分方法——企业投资风险解析与对策建议[J].中国货币市场,2017(8)：28－33.

[131] 张中元.东道国外商直接投资限制对中国参与全球价值链构建的影响[J].对外经济合作,2017(10)：31－39.

[132] 赵曙明,张捷.中国企业跨国并购中的文化差异整合策略研究[J].南京大学学报,2005(5)：32－41.

[133] 赵伟,古广东,何元庆.外向FDI与中国技术进步：机理分析与尝试性实证[J].管理世界,2006(7)：53－60.

[134] 中华人民共和国商务部.2015年德国投资经营障碍报告[EB/OL].(2016－06－

09）［2019 - 07 - 17］. www. mofcom. gov. cn/article/i/dxfw/jlyd/201606/20160601335964. shtml.

［135］钟山. 中国对外投资规模不断扩大　结构不断优化［EB/OL］.（2018 - 03 - 11）［2019 - 11 - 16］. http://www. sohu. com/a/225299110_436021.

［136］周升起,兰珍先,付华. 中国制造业在全球价值链国际分工地位再考察——基于Koopman 等的"GVC 地位指数"［J］. 国际贸易问题,2014(2)：3 - 12.

［137］周振华. 崛起中的全球城市：理论框架及中国模式研究［M］. 上海：格致出版社,2008.

［138］周振华. 全球城市演化原理与上海 2050［M］. 上海：上海人民出版社,2017.

［139］朱婕,任荣明. 东道国制度环境、双边投资协议与中国企业跨国并购的区位选择［J］. 世界经济研究,2018(3)：109 - 126.

［140］朱勤,刘垚. 我国上市公司跨国并购财务绩效的影响因素分析［J］. 国际贸易问题,2013(8)：151 - 160.

［141］宗芳宇,路江涌,武常岐. 双边投资协定、制度环境和企业对外直接投资区位选择［J］. 经济研究,2012(5)：71 - 82,146.

［142］AHARONI Y. The foreign investment decision process［D］. Cambridge：Harvard Graduate School of Business,1966.

［143］AKAMATSU K. A historical pattern of economic growth in developing countries［J］. Journal of Developing Economies,1962,1(1)：3 - 25.

［144］ALCÁCER J,et al. Firm rivalry, knowledge accumulation and MNE location choices［J］. Journal of International Business Studies,2013,44(5)：504 - 520.

［145］ALIBER R Z. A theory of direct foreign investment［M］. Cambridge：the MIT Press,1970.

［146］ANTRÀS P, CHOR D, FALLY T, et al. Measuring the upstreamness of production and trade flows［J］. American Economic Review, 2012, 102 (3)：412 - 416.

［147］ARNDT S W, KIERZKOWSKI H. Fragmentation：new production patterns in the world economy［M］. Oxford：Oxford University Press, 2001.

［148］BARRIENTOS S, GEREFFI G, ROSSI A. Economic and social upgrading in global production networks：a new paradigm for a changing world ［J］. International Labour Review, 2011,150(3 - 4)：319 - 340.

［149］BASI R S. Determinants of United States private direct investment in foreign countries［M］. Kent：Kent State University Press, 1963.

［150］BILLETT, Q. Are overconfident managers born or made? evidence of self attribution bias from frequent acquirers ［J］. Management Science, 2008,54(6)：1037 - 1051.

［151］BITZER J, GÖRG H. Foreign direct investment, competition and industry performance［J］. The World Economy, 2009,32(2)：221 - 233.

［152］ BLONIGEN B A. In search of substitution between foreign production and exports ［J］. Journal of International Economics，2001(53)：81 – 104.

［153］ BRACH J, KAPPEL R T. Global value chains, technology transfer and local firm upgrading in Non-OECD countries ［R］. GIGA Working Paper, 2009.

［154］ BUCKLEY P J, CASSON M. The future of the multinational enterprise ［M］. London：The Macmillan Press LTD, 1976.

［155］ BUCKLEY P J, CASSON M. The internalisation theory of the multinational enterprise：a review of the progress of a research agenda after 30 years ［J］. Journal of International Business Studies，2009(40)：1563 – 1580.

［156］ BUCKLEY P J, CASSOn M. The optimal timing of a foreign direct investment ［J］. The Economic Journal, 1981,91(361)：75 – 87.

［157］ BUCKLEY P J, CLEGG L J, CROSS A R, et al. The determinants of Chinese outward foreign direct investment ［J］. Journal of International Business Studies, 2007(38)：499 – 518.

［158］ BUCKLEY P J, ELIA S, KAFOUROS M. Acquisitions by emerging market multinationals：implications for firm performance ［J］. Journal of World Business, 2014,49(4)：611 – 632.

［159］ CANTWELL J, TOLENTINO P E. Technological accumulation and third world multinationals ［C］. Discussion Paper in International Investment and Business Studies, 1990.

［160］ CATTANEO O, GEREFFI G, MIROUDOT S, et al. Joining, upgrading and being competitive in global value chains ［R］. Washington DC：The World Bank, 2013.

［161］ CAVES R E. International corporations：the industrial economics of foreign investment ［J］. Economica, 1971,38(149)：1 – 27.

［162］ CHANG S, CHUNG C, MAHMOOD I P. When and how does business group affiliation promote firm innovation? a tale of two emerging economies ［J］. Organization Science, 2006,17(5)：637 – 656.

［163］ CHEUNG Y, QIAN X. Empirics of China's outward direct investment ［J］. Pacific Economic Review, 2009,14(3)：312 – 341.

［164］ CHO H D, LEE J K. The developmental path of networking capability of catch-up players in Korea's semiconductor industry ［J］. R&D Management，2003,33(4)：411 – 423.

［165］ COASE R H. The nature of the firm ［J］. Economica, 1937,16(4)：386 – 405.

［166］ DEBAERE P, LEE H, LEE J. It matters where you go：outward foreign direct investment and multinational employment growth at home ［J］. Journal of Development Economics, 2010,91(2)：301 – 309.

［167］ DESAI M A, FOLEY C F, HINES J R. Domestic effects of the foreign activities of

U. S. multinationals [J]. American Economic Journal: Economic Policy, 2009,1 (1): 181 - 203.

[168] DRIFFIELD N, CHIANG P C. The effects of offshoring to China: reallocation, employment and productivity in Taiwan [J]. International Journal of the Economics of Business, 2009,16(1): 19 - 38.

[169] DUNNING J H, NARULA R. Foreign direct investment and governments: catalysts for economic restructuring [M]. Foreign Direct Investment and Governments: Routledge, 1998,41(2): 170 - 171.

[170] DUNNING J H, RUGMAN A M. The influence of Hymer's dissertation on the theory of foreign direct investment [J]. The American Economic Review, 1985, 75(2): 228 - 232.

[171] DUNNING J H. Some antecedents of internalization theory [J]. Journal of International Business Studies, 2013,34(2): 108 - 115.

[172] DUNNING J H. The eclectic (OLI) paradigm of international production: past, present and future [J]. International Journal of the Economics of Business, 2001, 8(2): 173 - 190.

[173] DUNNING J H. Toward an eclectic theory of international production: some empirical tests [J]. Journal of International Business Studies, 1980, 11 (1): 9 - 31.

[174] DUNNING J H. Trade, location of economic activity and the mne: a search for an eclectic approach [C]. OHLIN B, et al. The international allocation of economic activity. London: Palgrave Macmillan, 1977: 395 - 418.

[175] DUNNING J. The eclectic paradigm of international production: a restatement and some possible extensions [J]. Journal of International Business Studies, 1988, 19(1): 1 - 31.

[176] DUTRÉNIT G. Building technological capabilities in latecomer firms: a review essay [J]. Science Technology & Society, 2004,9(2): 209 - 241.

[177] FERNANDEZ-STARK K, BAMBER P, GEREFFI G. The offshore services value chain: upgrading trajectories in developing countries [J]. International Journal of Technological Learning, Innovation and Development, 2011(4): 206 - 234.

[178] FLOWERS E B. Oligopolistic reactions in European and Canadian direct investment in the United States [J]. Journal of International Business Studies, 1976,7(2): 43 - 55.

[179] FOSFURI A, MOTTA M. Multinationals without advantages [J]. Scandinavian Journal of Economics, 1999,101(4): 617 - 630.

[180] FUJITA M, KRUGMAN P, VENABLES A. The spatial economy: cities, regions and international trade [M]. Cambridge: the MIT Press, 1999.

[181] GEREFFI, FERNANDEZ-STARK. Global value chain analysis: a primer

[R]. Center on Globalization, Governance &. Competitiveness (CGGC), 2011.

[182] GEREFFI G, FERNANDEZ-STARK K. Global value chain analysis: a primer [M]. Durham: Duke University press, 2016.

[183] GEREFFI G. Global value chains in a post-washington consensus world [J]. Review of International Political Economy, 2014,21(1): 9 - 37.

[184] GEREFFI G, HUMPHREY J, KAPLINSKY R, et al. Introduction: globalization, value chains and development [J]. IDS Bulletin, 2001, 32 (3): 1 - 8.

[185] GEREFFI G, HUMPHREY J, Sturgeon T. The governance of global value chains [J]. Review of International Political Economy, 2005,12(1): 78 - 104.

[186] GEREFFI G. International trade and industrial in the apparel commodity chain [J]. Journal of International Economics, 1999(48): 37 - 70.

[187] GEREFFI G. International trade and industrial upgrading in the apparel commodity chains [J]. Journal of International Economics, 2003(48): 37 - 70.

[188] GEREFFI G, LEE J. Economic and social upgrading in global value chains and industrial clusters: why governance matters [J]. Journal of Business Ethics, 2016, 133(1): 25 - 38.

[189] GEREFFI G. The organization of buyer-driven global commodity chains: how US retailers shape overseas production networks [J]. Contributions in Economics and Economic History, 1994(1): 95.

[190] GIULIANI E, PIETROBELLI C, RABELLOTTI R. Upgrading in global value chains: lessons from Latin American clusters [J]. World Development, 2005, 33(4): 549 - 573.

[191] GOLDSTEIN A. Multinational companies from emerging economies [M]. New York: Palgrave Macmillan, 2007.

[192] GOLINI R, MARCHI V D, BOFFELLI A, et al. Which governance structures drive economic, environmental, and social upgrading? a quantitative analysis in the assembly industries [J]. International Journal of Production Economics, 2018 (203): 13 - 23.

[193] GOPINATH M, PICK D, VASAVADA U. The economics of foreign direct investment and trade with an application to the U. S. food processing industry [J]. American Journal of Agricultural Economics, 1999,81(2): 442 - 452.

[194] GOWRISANKARAN G, HOLMES T. Mergers and the evolution of industry concentration: results from the dominant firm model [R]. Rand, 2004.

[195] GRUBERT H, MUTTI J. Taxes, tariffs and transfer pricing in multinational corporate decision making [J]. The Review of Economics and Statistics, 1991, 73(2): 285 - 293.

[196] Guillén M F, García-Canal E. The American model of the multinational firm and

the "new" multinationals from emerging economies [J]. Academy of Management Perspectives, 2009,23(2): 23 - 35.

[197] Guillén M F. The rise of Spanish multinationals: European business in the global economy [M]. Cambridge: Cambridge University Press, 2005.

[198] HELPMAN E. A simple theory of international trade with multinational corporations [J]. Journal of Political Economy, 1984,92(3): 451 - 471.

[199] HELPMAN E, MELITZ J M, YEAPLE S R. Export versus FDI with heterogeneous firms [J]. American Economic Review, 2004,94(1): 300 - 316.

[200] HIJZEN A, GÖRG H, HINE R C. International outsourcing and the skill structure of labour demand in the United Kingdom [J]. The Economic Journal, 2005,115(506): 860 - 878.

[201] HOBDAY M. East Asian latecomer firms: learning the technology of electronics [J]. World Development, 1995,23(7): 1171 - 1193.

[202] HUMPHREY J, SCHMITZ H. Governance and upgrading: linking industrial cluster and global value chain research [R]. IDS Working Paper No. 120,2000.

[203] HUMPHREY J, SCHMITZ H. Governance in global value chains [J]. IDS Bulletin, 2001,32(3): 19 - 29.

[204] HUMPHREY J, SCHMITZ H. How does insertion in global value chains affect upgrading in industrial clusters? [J]. Regional Studies, 2002,36(9): 1017 - 1027.

[205] HYMER S H. The international operations of national firms: a study of direct foreign investment [M]. Cambridge: the MIT Press, 1976.

[206] JOHNSON H G. The efficiency and welfare implications of the international corporation [M]// KINDLEBERGER C P. The International Corporation. Cambridge: the MIT Press, 1970.

[207] JONES C, HESTERLY W S, BORGATTI S P. A general theory of network governance: exchange conditions and social mechanisms [J]. The Academy of Management Review, 1997,22(4): 911 - 945.

[208] KAPLINSKY R, MORRIS M. A handbook for value chain research [R]. Brighton: University of Sussex, 2002.

[209] KAPLINSKY R. Spreading the gains from globalization: what can be learned from value-chain analysis? [J]. Problems of Economic Transition, 2004, 47 (2): 74 - 115.

[210] KIM L. Imitation to innovation: the dynamics of Korea's technological learning [M]. Harvard Business Press, 1997.

[211] KINDLEBERGER C P. American business abroad: six lectures on direct investment [M]. New Haven: Yale University Press, 1969.

[212] KNICKERBOCKER F T. Oligopolistic reaction and multinational enterprise [M]. Cambridge: Harvard University Press, 1973.

[213] KOGUT B. Designing global strategies: comparative and competitive value-added chains [J]. Sloan Management Review, 1985(Summer): 15 – 28.

[214] KOJIMA K. Direct foreign investment: a Japanese model of multinational business operations [M]. London: Routledge, 1978.

[215] KOLSTAD I, WIIG A. What determines Chinese outward FDI? [J]. Journal of World Business, 2012(47): 26 – 34.

[216] KOOPMAN R, POWERS W, WANG Z et al. Give credit where credit is Due: tracing value added in global production chains [R]. NBER Working Paper No. 16426,2010.

[217] KOWALSKI P, GONZALEZ J P, RAGOUSSIS A, et al. Participation of developing countries in global value chains: implications for trade and trade-related policies [R]. OECD Trade Policy Papers, No. 179. Paris, 2015.

[218] KRAVIS I B, LIPSEY R E. The effect of multinational firms' foreign operations on their domestic employment [R]. Cambridge: National Bureau of Economic Research, 1988.

[219] KRUGMAN P, VENABLES A. Integration, specialization and adjustment [J]. European Economic Review, 1996,40(3 – 5): 959 – 967.

[220] LALL S. New multinationals: spread of third world enterprises [M]. New York: Wiley, 1983.

[221] LALL S, WEISS J, ZHANG J. The "sophistication" of exports: a new trade measure [J]. World Development, 2006,34(2): 222 – 237.

[222] LECRAW D. Direct investment by firms from less developed countries [J]. Oxford Economic Papers, 1977,29(3): 442 – 457.

[223] LEE J, GEREFFI G. Global value chains, rising power firms and economic and social upgrading [J]. Critical Perspectives on International Business, 2015,11(3/4): 319 – 339.

[224] LEWIS W. A. Reflections on the structure of Nigerian manufacturing industry [M]. Ibadan: Ibadan University Press, 1977.

[225] LUO Y, TUNG R L. International expansion of emerging market enterprises: a springboard perspective [J]. Journal of International Business Studies, 2007, 38(04): 481 – 498.

[226] MALHOTRA S, GAUR A S. Spatial geography and control in foreign acquisitions [J]. Journal of International Business Studies, 2014,45(2): 191 – 210.

[227] MASSO J VARBLANE U VAHTER P. The effect of outward foreign direct investment on home-country employment in a low-cost transition economy [J]. Eastern European Economics, 2008,46(6): 25 – 59.

[228] MATHEWS J A, CHO D S. Combinative capabilities and organizational learning in latecomer firms: the case of the Korean semiconductor industry [J]. Journal of

World Business, 1999,34(2): 139 - 156.

[229] MATHEWS J A. Competitive advantages of the latecomer firm: a resource-based account of industrial catch-up strategies [J]. Asia Pacific Journal of Management, 2002,19(4): 467 - 488.

[230] MATHEWS J A. Dragon multinationals: new players in 21st century globalization [J]. Asia Pacific Journal of Management, 2006,23(1): 5 - 27.

[231] MAYER F. Leveraging private governance for public purpose: business, civil society and the state in labour regulation [M]// PAYNE A, PHILIPS N. Handbook on the international political economy of governance. Cheltenham: Edward Elgar, 2014: 344 - 360.

[232] Mundell R A. International trade and factor mobility [J]. The American Economic Review, 1957,47(3): 321 - 335.

[233] MYDRAL G. Economic theory and underdeveloped regions [M]. London: Duckworth, 1957.

[234] NAM K, LI X. Out of passivity: potential role of OFDI in IFDI-based learning trajectory [J]. Industry and Corporate Change, 2013,22(3): 711 - 743.

[235] NAVAS-ALEMAN L. The impact of operating in multiple value chains for upgrading: the case of the Brazilian furniture and footwear industries [J]. World Development, 2011,39(8): 1386 - 1397.

[236] NEARY J P. Cross-border mergers as instruments of comparative advantage [J]. Review of Economic Studies, 2007,74(4): 1229 - 1257.

[237] NOCKE V, YEAPLE S. Cross-border mergers and acquisitions vs. greenfield foreign direct investment: the role of firm heterogeneity [J]. Journal of International Gowrisankaran Economics, 2007,72(2): 336 - 365.

[238] O'CONNOR K. Australian ports, metropolitan areas and trade-related services [J]. The Australian Geographer, 1989,20(2): 170.

[239] O'CONNOR K. Australian ports, metropolitan areas and trade-related services [J]. The Australian Geographer, 1989,20(2): 167 - 172.

[240] OECD-WTO-UNCTAD. Implications of global value chains for trade, investment, development and jobs [R]. 2013.

[241] PALIT A. Technology upgradation through global value chains: challenges before BIMSTEC nations [R]. CSIRD Discussion Paper, 2006.

[242] PANANOND P. Where do we go from here?: globalizing subsidiaries moving up the value chain [J]. Journal of International Management, 2013, 19 (3): 207 - 219.

[243] PEREZ C, SOETE L. Catching up in technology: entry barriers and windows of opportunity [M]// DOSI G, FREEMAN C, NELSON R, et al. Technical change and economic theory. London: Pinter Publishers, 1988: 458 - 479.

[244] PIETROBELLI C, RABELLOTTI R. Global value chains meet innovation systems: are there learning opportunities for developing countries? [J]. World Development, 2011,39(7): 1261 - 1269.

[245] POL ANTRÀS, DAVID C, THIBAULT F, et al. Measuring the upstreamness of production and trade flows [J]. American Economic Review, 2012, 102 (3): 412 - 416.

[246] PONTE S, KELLING I, JESPERSEN K S, et al. The blue revolution in Asia: upgrading and governance in aquaculture value chains [J]. World Development, 2014(64): 52 - 64.

[247] PONTE S, STURGEON T. Explaining governance in global value chains: a modular theory-building effort [J]. Review of International Political Economy, 2014,21(1): 195 - 223.

[248] PORTER M E. Competitive advantage: creating and sustaining superior performance: with a new introduction [M]. New York: Free Press, 1985.

[249] POTTERIE B P, LICHTENBER F. Does foreign direct investment transfer technology across borders? [J]. The Review of Economics and Statistics, 2001,83 (3): 490 - 497.

[250] POWELL W W. Neither market nor hierarchy: network forms of organization [J]. Research in Organizational Behavior, 1990(12): 295 - 336.

[251] RAMASAMY B, YEUNG M, LAFORET S. China's outward foreign direct investment: location choice and firm ownership [J]. Journal of World Business, 2012(47): 17 - 25.

[252] ROSSI A. Economic and social upgrading in global production networks: the case of the garment industry in Morocco [D]. Brighton: University of Sussex, 2011.

[253] RUGMAN A M. Internalization as a general theory of foreign direct investment: a re-appraisal of the literature [J]. Review of World Economics, 1980,116(2): 365 - 379.

[254] RUGMAN A M. The international operations of national firms: a study of direct foreign investment [J]. Journal of International Business Studies, 1978,9(2): 103 - 104.

[255] SALIOLA F, ZANFEI A. Multinational firms, global value chains and the organization of knowledge transfer [J]. Research Policy, 2009(38): 369 - 381.

[256] SCHMITZ H. Global competition and local cooperation: success and failure in the Sinos Valley, Brazil [J]. World Development. 1999. 27(9): 1627 - 1650.

[257] SCHNEIDER F, FREY B S. Economic and political determinants of foreign direct investment [J]. World Development, 1985,13(2): 161 - 175.

[258] SMITH A, RAINNIE A, DUNFORD M, et al. Networks of value, commodities and regions: reworking divisions of labour in macro-regional economies [J].

Progress in Human Geography, 2002,26(1): 41 - 63.

[259] STEVENS G V G, LIPSEY R E. Interactions between domestic and foreign investment [R]. Cambridge: National Bureau of Economic Research, 1988.

[260] STURGEON T, BIESEBROECK J V, GEREFFI G. Value chains, networks and clusters: reframing the global automotive industry [J]. Journal of Economic Geography, 2008(8): 297 - 321.

[261] STURGEON T J, LEE J R. Industry co-evolution and the rise of a shared supply-base for electronics manufacturing [R]. Aalborg, 2001.

[262] STURGEON T J. Modular production networks: a new American model of industrial organization [J]. Industrial and Corporate Change, 2002, 11 (3): 451 - 496.

[263] SUN S L, PENG M W, REN B, et al. A comparative ownership advantage framework for cross-border M&As: the rise of Chinese and Indian MNEs [J]. Journal of World Business, 2012,47(1): 4 - 16.

[264] TEECE D J. Explicating dynamic capabilities: the nature and microfoundations of (sustainable) enterprise performance [J]. Strategic Management Journal, 2007, 28(13): 1319 - 1350.

[265] TEECE D J, PISANO G, SHUEN A. Dynamic capabilities and strategic management [J]. Strategic Management Journal, 1997,18(7): 509 - 533.

[266] UNCTAD. World investment report 2013: global value chains: investment and trade for development [R],2013.

[267] UNIDO. Industrial development report (2002 - 2003) [EB/OL]. [2019 - 11 - 10]. https://www.unido.org/news/industrial-development-report-2002-03.

[268] VACHON S. green supply chain practices and the selection of environmental technologies [J]. International Journal of Production Research [J]. 2007,45 (18 - 19): 4357 - 4379.

[269] VERNON R. International investment and international trade in the product cycle [J]. The Quarterly Journal of Economics, 1966,80(2): 190 - 207.

[270] WELLS L T. Third world multinationals: the rise of foreign investments from developing countries [M]. Cambridge: the MIT Press, 1983.

[271] WILLIAMSON O E. Markets and hierarchies: analysis and antitrust implications [M]. New York: Free Press, 1975.

[272] YAMASHITA N, Fukao K. Expansion abroad and jobs at home: evidence from Japanese multinational enterprises [J]. Japan and the World Economy, 2010, 22 (2): 88 - 97.

[273] YIN R K. Case study research: design and methods [M]. London : Sage Publications, 2009.

索 引

后 记

　　本书是笔者 2016 年国家社科基金重点项目"全球价值链视角下中国对外投资结构优化研究"（16AJY020）的研究成果。本书内容与以往的研究领域有很大不同，主要是关于中国对外投资的研究，而不是过去一直侧重的外商直接投资研究，这也是近年来个人研究转向中国"走出去"的成果。本书从价值链视角研究中国对外投资，更为关注中国对外投资结构与国内产业结构的升级问题，是对原有研究范围的拓展和延伸。

　　本书作为国家社科基金的研究成果，经过反复修改和完善，具体策划和统稿由沈桂龙负责，刘亮负责协调并参与了大部分统稿工作。本书内容具体分工如下：第一章由梅晓颖负责；第二章由张申负责；第三章、第四章由张伯超负责；第五章由刘亮负责；第六章、第七章由詹宇波负责；第八章由张娟负责。

　　本书内容和近年来研究的跨境园区同属于对外投资领域，希望在理论研究和实践总结上有新的发现和拓展，但考虑到知识积累和能力有限，难免出现各种疏漏，期待读者提出宝贵意见。

沈桂龙

上海社会科学院世界中国学研究所